跨越

新时代云南省情十二讲

中共云南省委党校（云南行政学院） 编

中共中央党校出版社

图书在版编目（CIP）数据

跨越：新时代云南省情十二讲/中共云南省委党校
（云南行政学院）编．--北京：中共中央党校出版社，
2024.7

ISBN 978-7-5035-7679-9

Ⅰ.①跨… Ⅱ.①中… Ⅲ.①云南-概况 Ⅳ.
①K927.4

中国国家版本馆 CIP 数据核字（2024）第 002326 号

跨越：新时代云南省情十二讲

策划统筹	任丽娜	
责任编辑	马琳婷　桑月月	
责任印制	陈梦楠	
责任校对	魏学静	
出版发行	中共中央党校出版社	
地　　址	北京市海淀区长春桥路 6 号	
电　　话	（010）68922815（总编室）	（010）68922233（发行部）
传　　真	（010）68922814	
经　　销	全国新华书店	
印　　刷	中煤（北京）印务有限公司	
开　　本	710 毫米×1000 毫米　1/16	
字　　数	260 千字	
印　　张	22	
版　　次	2024 年 7 月第 1 版　2024 年 7 月第 1 次印刷	
定　　价	68.00 元	

微 信 ID：中共中央党校出版社　　　　邮　　箱：zydxcbs2018@163.com

序 ▶ PREFACE

习近平总书记高度关心关注云南发展，心系边疆各族人民，党的十八大以来，两次亲临云南考察指导、三次给云南干部群众回信，多次对云南工作作出重要指示批示，为云南擘画了美好蓝图，是新时代云南发展的行动纲领和根本遵循。十多年来，云南各族干部群众在习近平新时代中国特色社会主义思想指引下，聚焦"三个定位"，全面贯彻新发展理念，确定"3815"战略发展目标谋划，奋楫前行，经济始终保持较快增长、民生有了明显改善、民族团结进步、社会和谐稳定、政治生态逐年向好，把高质量发展和跨越式发展统一起来，以高质量跨越式发展推进中国式现代化云南实践。

中共云南省委党校（云南行政学院）校（院）务委员会认真研究，组织教研团队全面调研，系统分析在推进把云南建设成为我国民族团结进步示范区、生态文明建设排头兵、面向南亚东南亚辐射中心方面的工作成效，结合实际案例系统阐释云南在贯彻创新发展、协调发展、绿色发展、开放发展、共享理念方面的云南实践、云南经验、云南路径，在研究分析"边疆、民族、山区、美丽"新省情的基础上，对云南如何更好贯彻习近平新时代中国特色社会主义思想进行分析阐释，帮助党员领导干部系统把握云南发展的新基础新情况，学好用好新发展理念，积极构建新发展格局，进一步推进云南高质量发展。

本书由韩斌、陶竞翔负责设计撰写提纲，韩斌、陶竞翔、杨勇负责统稿，精心挑选了 12 个专题汇编成册。其中，第一讲由和爱军、罗添仁撰写，第二讲由和爱军、李雪巧撰写，第三讲由杨勇、罗希撰写，第四讲由周洪旭、郭添撰写，第五讲由蒋鑫、周晓琴、杨勇撰写，第六讲由罗添仁、杨勇撰写，第七讲由罗希、杨勇撰写，第八讲由官秀娟、郭添撰写，第九讲由蒋鑫、吕琼梅撰写，第十讲由霍强、周晓琴撰写，第十一讲由周洪旭、周晓琴撰写，第十二讲由陈明君、梁媚撰写。

在编写过程中，参编人员广泛参阅、学习借鉴相关研究成果，特别得到中共云南省委党校（云南行政学院）教务处、科研处等部门及省委政研室、省政府发展研究中心等单位的大力支持，在此深表感谢！由于参编人员能力和水平有限，书中难免有疏漏和错误之处，敬请广大读者对本书提出宝贵意见。

目录 ▶ CONTENTS

第一讲

习近平总书记为云南擘画的美好蓝图

1

习近平总书记高度重视云南发展，心系边疆各族人民，党的十八大以来，两次亲临云南考察指导、三次给云南干部群众回信，多次对云南工作作出重要指示批示，这些都为新时代云南发展提供了行动纲领和根本遵循，为云南擘画了美好蓝图。十多年来，在习近平新时代中国特色社会主义思想及习近平总书记考察云南重要讲话和重要指示精神指引下，云南经济始终保持较快增长、民生有了明显改善、民族团结进步、社会和谐稳定、政治生态逐年向好，与全国同步全面建成小康社会。如今，云南各族人民在省委、省政府的坚强领导下，牢记云南在全国发展大局中的地位和作用，牢记云南"边疆、民族、山区、美丽"四个突出特点，牢记云南应"主动服务和融入国家发展战略，闯出一条跨越式发展的路子来，努力成为我国民族团结进步示范区、生态文明建设排头兵、面向南亚东南亚辐射中心"的嘱托，在全面建设社会主义现代化国家的新征程中，正以团结奋斗的精神风貌一步一个脚印把习近平总书记为云南擘画的美好蓝图变为现实。

第一节

立足边疆优势，
构建兴边富民强边固防新格局

云南地处我国西南边陲，与缅甸、老挝、越南接壤，有 8 个边疆州市的 25 个县与这些国家山脉相连、江河同源，陆上边境线长达 4060 千米，约占全国陆上边境线长度的五分之一，全国排名第三，有出境公路 20 多条，在中国对外交往历史上长期发挥着重要作用，是中国连接东南亚各国的陆路通道。

习近平总书记高度重视边疆地区发展。2013 年 3 月，习近平总书记在参加十二届全国人大一次会议西藏代表团审议时，明确提出了"治国必治边"的重要战略思想；2021 年，他在视察西藏时提出，"抓好稳定、发展、生态、强边四件大事"。习近平总书记在党的二十大报告中指出，"支持革命老区、民族地区加快发展，加强边疆地区建设，推进兴边富民、稳边固边"①。2023 年 6 月，习近平总书记在呼和浩特听取内蒙古自治区党委和政府工作汇报时强调，"从全国来看，推动全体人民共同富裕，最艰巨的任务在一些边疆民族地区。这些边疆民族地区在走向共同富裕的道路上不能掉队"。②

习近平总书记一直心系云南边疆人民。2015 年 1 月，他在考察云南时讲道：随着我国实施"一带一路"倡议，云南将从边缘地区和"末梢"变为开放前沿和辐射中心，发展潜力大，发展空间广。实现"两个一百年"奋斗目标、实现中华民族伟大复兴的中国梦，需要云南更好发展。同时强调：云南经济要发展，优势在区位，出路在开放。同时指出：云南要实现富民强省、稳边固边的目标，关键在加强和改善党的领导；边防管控、非法出入境、跨国婚姻、"跨境学童"、禁毒防艾、境外宗教机构和非政府组织对边境地区进行渗透等问题，

① 习近平：《高举中国特色社会主义伟大旗帜 为全面建设社会主义现代化国家而团结奋斗——在中国共产党第二十次全国代表大会上的报告》，人民出版社 2022 年版，第 32 页。
② 《习近平在内蒙古考察时强调 把握战略定位坚持绿色发展 奋力书写中国式现代化内蒙古新篇章》，《人民日报》2023 年 6 月 9 日。

要加强治理，确保边境地区安全稳定。2020年1月，习近平总书记考察云南时再次指示，云南要主动服务和融入国家重大发展战略，以大开放促进大发展，加快同周边国家互联互通国际大通道建设步伐，在建设我国面向南亚东南亚辐射中心上不断取得新进展。同时作出重要指示：认真贯彻落实党的十九届四中全会精神，不断增强边境民族地区治理能力；"利天下之民者，莫大于治"，要全面提高社会治理系统化、科学化、法治化、智能化水平，努力建设更好水平的平安云南。2021年12月3日，中老铁路建成通车，习近平总书记在通过视频连线出席的中老铁路通车仪式上指出：中老铁路是两国互利合作的旗舰项目。铁路一通，昆明到万象从此山不再高、路不再长。双方要再接再厉、善作善成，把铁路维护好、运营好，把沿线开发好、建设好，打造黄金线路，造福两国民众。

党的十八大以来，边疆云南不再是偏僻落后的代名词。云南主动服务和融入国家重大发展战略，做好内外统筹、双向开放这篇大文章，面向南亚东南亚辐射中心建设开创新局面，边疆的区位优势、开放优势更加凸显。在富民强省的进程中，云南坚持把发展经济的着力点放在实体经济上，大抓产业发展，大力加强基础设施建设，深入推进重点领域改革、"放管服"改革，大力推进创新型云南建设，统筹城乡一体化发展，坚持在发展中保障和改善民生，高质量跨越式发展迈出新步伐。在稳边固边的实践中，云南大力实施兴边富民工程，健全完善党政军警民合力强边固防机制，不断推进平安云南建设，边疆治理能力得到提升，现代化边境幸福村建设取得显著成效。随着中老铁路的通车，云南以通道能力提升、物流枢纽建设、沿线产业开发和市场主体培育为重点，全力推进中老铁路运营和沿线综合开发，交出一份亮眼的成绩单，"黄金通道"展现出蒸蒸日上的良好发展势头。

沿着习近平总书记擘画的蓝图，下一步，云南将准确把握好在全国发展大局中的地位和作用，立足边疆优势，深度融入共建"一带一路"，面向两洋、内外统筹，做好双向开放这篇大文章。对外主动参与中国—中南半岛经济走廊，孟中印缅经济走廊，中缅、中越、中老经济走廊建设，提升澜沧江—湄公河区域开放合作水平，加强与"一带一路"沿线国家特别是南亚东南亚国家的共商、共建、共享，务实深化各方面各领域合作，切实抓好区域性国际经济贸易中心、科技创新中心、金融服务中心和人文交流中心建设，把我国经济、政治、文化、社会、生态文明等各个领域的影响力、塑造力和带动力辐射到南亚东南亚和环印度洋地区。对内深化与长三角、京津冀、粤港澳大湾区、成渝地区双城经济圈的交流合作，构建通道有效支撑、战略有机衔接的发展新格局，在我国构建陆海内外联动、东西双向互济的开放格局中发挥好战略支点作用。同时，要加快发展更高层次的开放型经济，学习东部地区开放先行经验，抓好集成性、原创性改革，推进中国（云南）自由贸易试验区建设，优化沿边重点开发开放试验区、边境经济合作区、跨境经济合作区、综合保税区等各开放合作功能区布局和功能定位，提高昆明市和滇中城市群面向南亚东南亚合作和辐射能力，增强沿边地区资源集聚能力和辐射带动作用，面向南亚东南亚构建符合云南实际的产业链供应链。

沿着习近平总书记擘画的蓝图，下一步，云南将准确把握好在全国发展大局中的地位和作用，牢记守护好边疆、发展好边疆、筑牢祖国西南安全稳定屏障这一神圣使命，努力构建兴边富民、强边固防新格局。要深入学习贯彻习近平总书记关于党的建设的重要思想，牢记忠诚为党护党、全力兴党强党的根本使命，坚定不移全面从严治党，加强政治建设和理论武装，深入开展学习贯彻习近平新时代中国特色社会主义思想主题教育，让忠诚成为云南党员干部最鲜明的政治品格。深化拓展作风革命、效能革命，推动各级领导干部下基层、解难题、抓落实。推进边疆党建长廊建设，深化抓党建促乡村振兴、促基层治理，不断增强基层党组织的组织力和服务力，让党在边疆的执政基础更加牢固。要充分认识云南正处于经济转型升级的攻关期、政策叠加的机遇期、后发赶超的奋斗期，立足更好发挥独特的区位优势、绿色能源优势、矿产资源优势、高原特色农业优势、生物资源优势、文化旅游优势、劳动力优势，持续推进产业强省、打造一流营商环境、开发区振兴等系列三年行动，做好特色农业、旅游业等特色优势经济大文章，发展壮大资源经济、口岸经济、园区经济，推动经济实现质的有效提升和量的合理增长，为推进边疆各民族共同富裕提供更为坚实的物质基础。同时，统筹好发展和安全，把为国守边、筑牢西南安全屏障的重大历史使命和政治责任担当起来，全面加强社会主义民主政治建设，努力建设更高水平的平安云南、法治云南，不断推进边疆民族地区治理能力现代化，把祖国西南边疆建设得更加稳固安全。

第二节

立足民族特点，
带领全省各族人民创造幸福美好生活

云南是中华民族大家庭的缩影，有 25 个世居少数民族、15 个特有民族，16 个少数民族跨境而居，是全国世居少数民族最多、特有民族最多、跨境民族最多的省份，是祖国多民族大家庭的缩影。党的十八大以来，云南各族人民在党的领导下，坚持"各民族都是一家人，一家人都要过上好日子"的信念，做好民族团结进步示范区建设的顶层设计，并将其作为"一把手"工程纳入各级党委重要议事日程，把民族团结进步事业作为党的基础性战略性事业抓紧抓好。党的十八大以来，云南坚持以铸牢中华民族共同体意识为主线，深入开展民族团结进步示范创建活动，有 11 个州市、84 个单位被命名为全国民族团结进步示范单位。

习近平总书记高度重视民族发展问题。2014 年 3 月，习近平总书记在参加全国政协十二届二次会议少数民族界委员联组会时强调："国家的统一，人民的团结，国内各民族的团结，这是我们的事业必定要胜利的基本保证。正确认识和处理民族关系，最根本的是要坚持民族平等，加强民族团结，推动民族互助，促进民族和谐。我们要坚持各民族共同团结奋斗、共同繁荣发展的主题，深入开展民族团结宣传教育，牢固树立汉族离不开少数民族、少数民族离不开汉族、各少数民族之间也相互离不开的思想观念，打牢民族团结的思想基础。"①

---

① 习近平：《论坚持人民当家作主》，中央文献出版社 2021 年版，第 68 页。

同年，在中央民族工作会议上习近平总书记特别强调，"民族地区是我国的资源富集区、水系源头区、生态屏障区、文化特色区、边疆地区、贫困地区。集这么多的'区'于一身，足以说明民族工作在党和国家工作全局中的重要地位。"① 2017年，习近平总书记在党的十九大报告中明确提出，"铸牢中华民族共同体意识，促进各民族像石榴籽一样紧紧抱在一起"②。在党的二十大报告中再次指出，"以铸牢中华民族共同体意识为主线，坚定不移走中国特色解决民族问题的正确道路，坚持和完善民族区域自治制度，加强和改进党的民族工作，全面推进民族团结进步事业"③。2021年4月，习近平总书记在广西考察时指出："各民族共同团结进步、共同繁荣发展是中华民族的生命所在、力量所在、希望所在，在全面建设社会主义现代化国家的新征程上，一个民族都不能少，各族人民要心手相牵、团结奋进，共创中华民族的美好未来，共享民族复兴的伟大荣光。"④

习近平总书记一直心系云南各族人民。2015年1月，对云南提出了努力成为我国民族团结进步示范区的殷切期望，并提出着力推动民族团结进步事业。习近平总书记强调，云南是全国民族工作任务最重的省份之一，同时指出，云南民族关系亲密融洽，云南民族工作成绩突出，这是云南最可宝贵的财富；几十年来，云南形成和积累了一些好经验，其中最重要的一条就是坚持"在云南，不谋民族工作就不足以

---

① 《习近平关于社会主义政治建设论述摘编》，中央文献出版社2017年版，第149页。
② 《习近平著作选读》第2卷，人民出版社2023年版，第33页。
③ 习近平：《高举中国特色社会主义伟大旗帜 为全面建设社会主义现代化国家而团结奋斗——在中国共产党第二十次全国代表大会上的报告》，人民出版社2022年版，第39—40页。
④ 《习近平在广西考察时强调 解放思想深化改革凝心聚力担当实干 建设新时代中国特色社会主义壮美广西》，《人民日报》2021年4月28日。

谋全局"的正确指导思想,坚持"各民族都是一家人,一家人都要过上好日子"的信念。2019年4月,习近平总书记在给云南省贡山县独龙江乡群众的回信中讲道,"脱贫只是第一步,更好的日子还在后头。希望乡亲们再接再厉、奋发图强,同心协力建设好家乡、守护好边疆,努力创造独龙族更加美好的明天"①。2020年1月,习近平总书记再次考察云南时指出,云南是我国少数民族种类最多的省份,民族问题、宗教问题、边境问题相互交织。在腾冲市清水乡三家村调研时又强调,要加快少数民族和民族地区发展,让改革发展成果更多更公平惠及各族人民。2021年8月,习近平总书记在给云南省沧源县边境村老支书们的回信中写道:"希望你们继续发挥模范带头作用,引领乡亲们永远听党话、跟党走,建设好美丽家园,维护好民族团结,守护好神圣国土,唱响新时代阿佤人民的幸福之歌。"② 2023年4月,习近平总书记致云南大学建校100周年的贺信中强调,"在强国建设、民族复兴的新征程上,希望云南大学以新时代中国特色社会主义思想为指引,全面贯彻党的二十大精神和党的教育方针,全面提升办学水平,为党育人、为国育才,推动铸牢中华民族共同体意识,为建设教育强国作出新的更大贡献"③。

党的十八大以来,云南各民族和睦相处、和衷共济、和谐发展。云南全面贯彻党的民族政策,牢牢把握各民族共同团结奋斗、共同繁荣发展的主题,扎实推进民族团结进步示范区建设,深入实施兴边富民工程,改善沿边群众生产生活条件,巩固和发展了各民族和睦相处、和衷共济、和谐发展的良好局面,少数民族群众生活和民族地区

---

① 《习近平书信选集》第1卷,中央文献出版社2022年版,第218页。
② 《习近平书信选集》第1卷,中央文献出版社2022年版,第345页。
③ 《深刻把握"大学之本"》,《光明日报》2023年5月10日。

经济社会发展获得了前所未有的进步，长期落后的面貌发生了根本性变化，各民族手足相亲、守望相助的情感纽带，合力守边固边兴边的内生动力不断彰显，中华民族共同体意识不断增强。在脱贫攻坚进程中，云南省委、省政府带领全省各族人民，在习近平总书记的指引下，如期实现贫困人口全部脱贫。云南各族人民从每一次的见面和回信中都受到了极大鼓舞，由此增强了发展信心，激发出了谋求幸福生活的勇气和力量。

沿着习近平总书记擘画的蓝图，下一步，云南将准确把握好在全国发展大局中的地位和作用，立足民族特点，更加明确民族团结进步始终是工作主题，民族关系始终是最重要的社会关系，各族人民对美好生活的向往始终是我们的奋斗目标。要铸牢中华民族共同体意识，深入实施"枝繁干壮""幸福花开""石榴红"等工程，促进民族团结、宗教和顺。要坚持共同团结奋斗、共同繁荣发展，把民族团结进步示范区建设作为基础性事业抓紧抓好，不断丰富发展"各民族都是一家人，一家人都要过上好日子"的新时代内涵，在践行中国特色解决民族问题的正确道路、铸牢中华民族共同体意识方面体现云南担当、作出云南贡献。要在民族团结、民族和睦基础上，进一步加强少数民族和民族地区发展，实施好促进民族地区和人口较少民族发展、兴边富民行动等规划，让各族人民共创幸福美好生活、共享中华民族新的光荣和梦想。要坚持不懈开展马克思主义祖国观、民族观、文化观、历史观宣传教育，引导各民族牢固树立"三个离不开"思想、传承好民族团结誓词碑精神，巩固好、发展好"中华民族一家亲、同心共筑中国梦"的良好局面。要以加强各民族交往交流交融为根本途径，开展富有特色的群众性交流活动，积极创造各族群众共居、共学、共事、共乐的社会条件，让各族群众像石榴籽那样紧紧抱在一起。要把繁荣发展民族文化作为民族团结之根、民族和睦之魂，把云南多姿多彩的少数民族优秀传统文化传承好、保护好、发展好，要推进文化强省建设，构筑各族群众共同的精神家园。

第三节

立足山区特征，
谱写"绿水青山就是金山银山"的时代新篇

云南是典型的高原山区省份，山区、半山区占全省总面积的94％。矿产资源、农业资源、旅游资源、清洁能源丰富，是我国的"植物王国""动物王国""世界花园""生物基因宝库"，是我国西南生态安全屏障的前沿核心地带。过去受地理条件限制，大部分山区交通不便、信息闭塞、经济文化教育等相对落后。党的十八大以来，云南广大山区发展翻天覆地，城乡面貌沧桑巨变，人民生活蒸蒸日上，立体综合交通网络四通八达，通信物联基本覆盖，呈现出山区气候宜人宜居、生态特色农产品和健康养生资源富集的画卷。

习近平总书记高度重视山区人民群众的发展。2017 年，习近平总书记深入吕梁山区看望深度贫困群众，强调要实践以人民为中心的发展思想，发挥社会主义制度集中力量办大事的优势。2018 年，在毕节试验区建立 30 周年之际，习近平总书记对毕节试验区工作作出重要指示指出，着力推动绿色发展、人力资源开发、体制机制创新，努力把毕节试验区建设成为贯彻新发展理念的示范区。2020 年，习近平总书记再次来到山西调研时强调，要"加强易地搬迁后续扶持""因地制宜发展乡村产业""加强社区建设和管理"。

习近平总书记一直心系云南山区人民。2015 年 1 月考察云南时强调"着力推进现代农业建设"，"发展多样性农业，一定要在'特'上做文章、下功夫，念好'山字经'、唱好'林草戏'。有特，就有市场，就有效益，就有出路"①。习近平总书记还说道，云南要"在加快基础设施建设上下功夫"，"基础设施特别是交通基础设施建设滞后，是制约云南发展的重要因素"②。2020年1月再次考察云南时强调：现在，许多贫困地区一说穷，就说穷在了山高沟深偏远。其实，不妨换个角度看，这些地方要想富，恰恰要在山水上做文章，只要坚持生态优先、绿色发展，锲而不舍，久久为功，就一定能把绿水青山变成金山银山。同时指出：云南农业生产基础好，茶叶、花卉、水果、蔬菜、坚果、咖啡、中药材、牛肉等产品优势明显，为保障国家粮食安全和农产品供给作出了贡献，要做强高原特色农业。2021年6月致金沙江白鹤滩水电站首批机组投产发电的贺信中说道，"希望你们统筹推进白鹤滩水电站后续各项工作，为实现碳达峰、碳中和目标，促进经济社会发展全面绿色转型作出更大贡献"③。

党的十八大以来，云南广大山区的生产生活条件发生了巨大变化。在习近平总书记重要讲话精神指引下，云南团结一心打赢了脱贫攻坚战，同全国人民一道迈进了小康社会，广大山区农民终于摆脱了贫困。云南立足自身实际，充分发挥资源优势，打好高原特色农业这张牌，走出了一条从多到精、由大到强，向绿色发展要效益的高质量前行之路。云南山村遵循自身发展规律，留得住青山绿水，记得住乡愁，掀起了轰轰烈烈的乡村建设行动。从2012年到2021年这十年间，云南高速公路里程突破1万千米，农村公路超过26万千米，均居全国第2位，广大山区实现了通水、通电和通路，基础设施得到快

---

① 万勇：《加快从林草资源大省向林草经济强省迈进》，楚雄彝族自治州林业和草原局，2024年3月28日。

② 《加快交通设施建设 补齐经济发展短板》，云南网，2020年5月14日。

③ 《习近平书信选集》第1卷，中央文献出版社2022年版，第338页。

速发展。全省 933 万农村贫困人口全部脱贫，88 个贫困县全部摘帽，8502 个贫困村全部出列，历史性地消除了绝对贫困，解决了区域性整体贫困问题。11 个"直过民族"和人口较少民族整体脱贫，继一步跨千年进入社会主义社会之后，实现了从贫穷落后到迈入全面小康的第二个"千年跨越"。

沿着习近平总书记擘画的蓝图，下一步，云南将准确把握好在全国发展大局中的地位和作用，立足山区特征，紧紧抓住国家实施长江经济带发展战略和关于新时代推进西部大开发形成新格局以及加快建设西部陆海新通道的重大机遇，系统谋划、精心做好山区综合开发这篇大文章。要正确把握破除旧动能和培育新动能的辩证关系，持之以恒做好供给侧结构性改革这篇大文章，坚持"两型三化"产业发展方向，注重发挥比较优势，强化创新引领，推动传统产业优化升级，加快新兴产业发展，推动产业结构由中低端向中高端迈进，产业体系向创新能力强、质量效益好、结构布局合理、可持续发展能力和竞争力明显增强的方向发展。要严把生态环境准入关，布局项目首先充分考虑环境容量、生态底线，严格控制化工、冶金、建材等产业的规模产能，杜绝浪费资源、破坏环境、低端低效的产业项目，禁止不符合国家产业政策和规划要求的重污染类项目落地，提高绿色发展水平。坚持以促进县域经济发展为支点，精准帮扶脱贫人口素质提升和收入增长，扎实有序做好乡村建设、乡村治理和农村社会事业发展各项工作，推动巩固脱贫成果上台阶、乡村振兴出实效。

第四节

立足美丽基础，
描绘人与自然和谐共生的云南画卷

云南作为中国生态环境最复杂、生态资源最富集、生态功能最重要、生态地位最突出的省份之一，是中国重要的生物多样性宝库和西南生态安全屏障，肩负着维护区域、国家乃至国际生态安全的重大责任，在美丽中国建设中具有独特的生态优势和区域优势。云南素有"彩云之南""七彩云南"美誉，生态环境之美、江河山川之美在全国都是独树一帜。

习近平总书记高度重视生态环境工作。2013 年 5 月，习近平总书记在主持十八届中共中央政治局第六次集体学习时指出，"生态文明是工业文明发展到一定阶段的产物，是实现人与自然和谐发展的新要求"[1]。2016 年 1 月，习近平总书记在省部级主要领导干部学习贯彻党的十八届五中全会精神专题研讨班开班式上指出，"在生态环境保护上，一定要树立大局观、长远观、整体观，不能因小失大、顾此失彼、寅吃卯粮、急功近利"[2]。习近平总书记在党的十九大报告中指出，"我们要建设的现代化是人与自然和谐共生的现代化，既要创造更多物质财富和精神财富以满足人民日益增长的美好生活需要，也要提供更多优质生态产品以满足人民日益增长的优美生态环境需要。必

---

① 习近平：《论坚持人与自然和谐共生》，中央文献出版社 2022 年版，第 29 页。
② 习近平：《论坚持人与自然和谐共生》，中央文献出版社 2022 年版，第 136 页。

须坚持节约优先、保护优先、自然恢复为主的方针，形成节约资源和保护环境的空间格局、产业结构、生产方式、生活方式，还自然以宁静、和谐、美丽"①。2018年5月，习近平总书记在全国生态环境保护大会上指出，"要坚持节约优先、保护优先、自然恢复为主的方针，不能只讲索取不讲投入，不能只讲发展不讲保护，不能只讲利用不讲修复，要像保护眼睛一样保护生态环境，像对待生命一样对待生态环境"②。2020年4月，习近平总书记在主持召开中央财经委员会第七次会议时指出，"越来越多的人类活动不断触及自然生态的边界和底线。要为自然守住安全边界和底线，形成人与自然和谐共生的格局"③。2023年7月，习近平总书记在全国生态环境保护大会上强调，要牢固树立和践行绿水青山就是金山银山的理念，把建设美丽中国摆在强国建设、民族复兴的突出位置，推动城乡人居环境明显改善、美丽中国建设取得显著成效，以高品质生态环境支撑高质量发展，加快推进人与自然和谐共生的现代化。

习近平总书记一直心系云南的生态环境问题。2015年1月，在考察云南时指出，"环境就是民生，青山就是美丽，蓝天也是幸福"。"生态环境是云南的宝贵财富，也是全国的宝贵财富，一定要世世代代保护好"。同时，对云南提出了"努力成为生态文明建设排头兵"的战略定位。2020年1月，再次考察云南时，要求云南"努力在建设我国生态文明建设排头兵上不断取得新进展"。④

党的十八大以来，云南生态文明建设成效明显。美丽云南建设稳步

---

① 习近平：《论坚持人与自然和谐共生》，中央文献出版社2022年版，第187页。
② 习近平：《论坚持人与自然和谐共生》，中央文献出版社2022年版，第10页。
③ 习近平：《论坚持人与自然和谐共生》，中央文献出版社2022年版，第250页。
④ 参见《云南：努力成为全国生态文明建设排头兵》，澎湃云南，2020年12月28日。

推进，空间治理体系初步形成，城乡人居环境明显提升，生态保护修复工程全面实施，污染防治攻坚战取得重大进展，绿色生产生活方式加快形成，建设中国最美丽省份取得实质性进展，注重涵养生态美，创建环境美，提升城市美，塑造乡村美，展现山水美。坚持山水林田湖草是生命共同体，精心装扮山坝河湖路田，做美每一条道路、每一条河流、每一个湖泊，大力推进全域旅游，着力展现云南群山叠翠、四季飞花、清水绿岸的秀美山水。通过大力推进美丽省份建设，以"五个坚持""四个彻底转变"革命性举措推进九大高原湖泊保护治理，系统打造美丽县城、特色小镇、美丽乡村、美丽公路，云南的天更蓝了、水更清了、山更绿了、生态环境更美了，美丽正成为云南亮丽的标签。

沿着习近平总书记擘画的蓝图，下一步，云南将准确把握好在全国发展大局中的地位和作用，立足美丽基础，坚定"成为全国生态文明建设排头兵"的战略定位，锚定"全面推进生态文明建设，努力建设人与自然和谐共生的现代化"的目标。要围绕促进区域和城市群绿色发展、建设人与自然和谐共生的美丽城市、建设绿色生态宜居的美丽乡村、促进绿色建筑高质量发展、提高城乡基础设施体系化水平、加强城乡历史文化保护传承、实现工程建设全过程绿色建造、大力推进绿色生活等八个方面的重点任务，通过厚植云南生态优势，最大可能挖掘生态潜能，让绿美云南建设成果惠及最广大人民群众。要抓住用好碳达峰、碳中和机遇，大力发展清洁能源和绿色低碳产业，鼓励绿色经济试验示范，让生态高颜值与发展高素质齐头并进，守护好七彩云南的蓝天白云、绿水青山、良田沃土，努力把云南建设成为生态美、环境美、山水美、城市美、乡村美相统一的中国最美丽省份，携手描绘出一幅人与自然和谐共生的云南画卷。

第二讲

民族团结进步示范区建设迈上新台阶

2

　　党的十八大以来，以习近平同志为核心的党中央高度重视和关心云南民族宗教工作。习近平总书记两次亲临云南考察、三次给云南各族干部群众回信，指出云南民族关系亲密融洽，云南民族工作成绩突出，这是云南最可宝贵的财富，要求云南努力成为我国民族团结进步示范区，为云南民族工作注入了强大动力，指明了前进方向。省委、省政府按照党中央的统一部署，完整准确全面贯彻习近平总书记关于加强和改进民族工作的重要思想，将示范区建设作为铸牢中华民族共同体意识的实践载体，作为推动民族团结进步事业创新发展的具体路径，作为全省经济社会发展的重大定位，集全省之智、举全省之力推动示范区建设迈上了新台阶。

第一节

云南民族省情基本情况

一、民族人口构成多样

　　云南共有 26 个世居民族，在 25 个世居少数民族中，哈尼族、白族、傣族、傈僳族、拉祜族、佤族、纳西族、景颇族、布朗族、普米族、阿昌族、怒族、基诺族、德昂族、独龙族 15 个少数民族，80%以上的人口分布在云南，为特有少数民族。独龙族、德昂族、基诺族、怒族、阿昌族、普米族、布朗族、景颇族 8 个少数民族，为人口较少民族。彝族、哈尼族、傣族、苗族、壮族、傈僳族、拉祜族、佤族、瑶族、景颇族、布朗族、布依族、阿昌族、怒族、德昂族、独龙族16个少数民族跨国境而居。

第七次全国人口普查数据显示（见表2—1），云南省总人口4720.9万人（2022年末全省常住人口4693万人）。其中，汉族人口3157.3万人，占总人口的66.88%；少数民族人口1563.6万人，占总人口的33.12%，少数民族人口占比与第六次全国人口普查时的33.39%基本持平。与2010年第六次全国人口普查相比，汉族人口增加95.57万人，增长3.12%；少数民族人口增加28.68万人，增长1.87%。

表2—1　第七次全国人口普查云南各民族人口数据

单位：人（persons）

民族	Nationality	人口数	分性别		民族	Nationality	人口数	分性别	
			男	女				男	女
全省	Yunnan	47209277	24420924	22788353	藏族	Tibetan	147935	73364	74571
汉族	Han Nationality	31573245	16476357	15096888	景颇族	Jingpo Nationality	146395	72525	73870
彝族	Yi Nationality	5071002	2573209	2497793	布朗族	Bulang Nationality	119769	61333	58436
白族	Bai Nationality	1603728	801541	802187	普米族	Pumi Nationality	43061	21371	21690
哈尼族	Hani Nationality	1632981	842435	790546	怒族	Nu Nationality	34314	17524	16790
壮族	Zhuang Nationality	1209837	622772	587065	阿昌族	Achang Nationality	3984	19962	20022
傣族	Dai Nationality	1259419	627000	632419	基诺族	Jinuo Nationality	25268	12739	12529
苗族	Miao Nationality	1253291	648704	604587	德昂族	De'ang Nationality	20776	10435	10341
傈僳族	Lisu Nationality	705203	356752	348451	蒙古族	Mongolian	25239	13431	11808
回族	Hui Nationality	737548	370594	366954	独龙族	Dulong Nationality	6735	3307	3428
拉祜族	Lahu Nationality	469301	239582	229719	满族	Manchu Nationality	19285	10672	8956
佤族	Wa Nationality	383569	195228	188341	水族	Shui Nationality	9795	5232	4563
纳西族	Naxi Nationality	304198	151511	152687	布依族	Buyi Nationality	68140	36338	31802
瑶族	Yao Nationality	218825	112813	106012	其他	Other Nationality	80091	44193	35898

数据来源：《2022年云南统计年鉴》。

人口在 6000 人以上的世居少数民族有彝族、哈尼族、白族、傣族、苗族、壮族、回族、傈僳族、拉祜族、佤族、纳西族、瑶族、藏族、景颇族、布朗族、布依族、普米族、阿昌族、怒族、基诺族、蒙古族、德昂族、满族、水族、独龙族 25 个，总人口 1555.6 万人，占全省少数民族人口的 99.49%。人口超过 100 万人的有彝族、哈尼族、白族、傣族、苗族、壮族 6 个，占云南少数民族总人口的 76.94%。人口超过 10 万人不到 100 万人的有回族、傈僳族、拉祜族、佤族、纳西族、瑶族、藏族、景颇族、布朗族 9 个；超过 1 万人不到 10 万人的有布依族、普米族、阿昌族、怒族、基诺族、蒙古族、德昂族、满族、水族 9 个；超过 6000 人不到 1 万人的是独龙族。

二、地域分布大杂居小聚居

云南省是全国少数民族人口数超过千万的 3 个省区（广西、云南、贵州）之一。民族自治地方的土地面积为 27.67 万平方千米，占全省总面积的 70.2%。云南少数民族交错分布，表现为大杂居与小聚居，彝族、回族在全省大多数县均有分布（见表 2—2）。

表 2—2　云南各少数民族分布情况表

民族	Ethnic Minority	分布的主要地方（州、市）
彝族	Yi	楚雄州、红河州、玉溪市、大理州、普洱市、昆明市
白族	Bai	大理州
哈尼族	Hani	红河州、西双版纳州、普洱市、玉溪市
壮族	Zhuang	文山州、红河州、曲靖市
傣族	Dai	西双版纳州、德宏州、普洱市、临沧市
苗族	Miao	文山州、红河州、昭通市

民族	Ethnic Minority	分布的主要地方（州、市）
傈僳族	Lisu	怒江州、迪庆州、丽江市、大理州
回族	Hui	昆明市、大理州、曲靖市、楚雄州、红河州、玉溪市
拉祜族	Lahu	普洱市、临沧市、西双版纳州
佤族	Wa	临沧市、普洱市
纳西族	Naxi	丽江市、迪庆州
瑶族	Yao	文山州、红河州
藏族	Tibetan	迪庆州
景颇族	Jingpo	德宏州
布朗族	Bulang	西双版纳州、普洱市、临沧市
普米族	Pumi	丽江市、怒江州、迪庆州
怒族	Nu	怒江州
阿昌族	Achang	德宏州、保山市
基诺族	Jino	西双版纳州
德昂族	De'ang	德宏州、临沧市
蒙古族	Mongolian	玉溪市
布依族	Buyi	曲靖市
独龙族	Dulong	怒江州
水族	Shui	曲靖市

数据来源：《2022 年云南统计年鉴》。

三、民族文化丰富多彩

（一）语言文字

云南是一个多民族、多语种、多文字的边疆省份，语言文字丰富多彩。全省 25 个少数民族中除回族、水族、满族 3 个民族使用汉语外，其他 22 个少数民族使用 26 种语言，其中景颇族有景颇语和载瓦语，瑶族有勉语和布怒语，怒族有怒苏语、阿侬语、柔若语。云南的汉族语言属北方方言，日益接近普通话。26 种少数民族语言分属汉藏、南亚两大语系的藏缅、壮侗、苗瑶、孟高棉 4 个语族，藏、景颇、彝、缅、苗、瑶、壮傣、佤、德昂 9 个语支。语言使用大体可分为 4 种类型：母语型、双语型、多语型和母语转用型。

在党和政府的帮助下，云南改进和创制了彝族、哈尼族、傣族、苗族、壮族、傈僳族、佤族、拉祜族、纳西族、景颇族、白族、瑶族、独龙族 13 种民族文字；加上藏文等，现在使用的民族文字共22 种。其中，傣族文字和语言与泰国有一定的历史渊源，纳西族的东巴文化历史悠久，东巴文字是迄今还在传承的象形文字，别具特色。

（二）文化事业

2021 年末，云南省共有各种艺术表演团体 99 个，文化馆 149 个，公共图书馆 150 个，博物馆 169 个。全省广播、电视人口覆盖率分别达到 99.60％和 99.63％。中、短波转播发射台 50 座，广播电视播出机构 137 家，有线电视实际用户 335.33 万户。

（三）民族节日

云南省各民族的岁时年节，承载着各民族的历史变迁、社会发展和文化传承，是各民族古风遗俗的综合体现及民族个性的表达。云南省民族众多，形成了多样性的岁时年节。据统计，云南省各民族大大小小的节日有近 400 个，可分为 7 大类。

年节：在云南省少数民族中，彝族、白族、纳西族、傣族等民族有本民族的天文历法，大多有辞旧迎新的年节。年节是民族节日中最隆重的节日，傣族的泼水节、藏族的藏历年、哈尼族（僾尼人）的嘎汤帕节、基诺族的特懋克节、哈尼族的十月年、傈僳族的阔时节等是云南民族年节的典型代表。

祭祀节日：云南省大多数少数民族信仰民间宗教，有自然崇拜、英雄崇拜、祖先崇拜的习俗，这些习俗逐渐演化为祭祀节日。祭祀节日是云南民族节日中最古朴的节日，分为自然崇拜的节日，如彝族的密枝节、普米族的转山会、独龙族的卡雀哇节等；祖先崇拜的节日，如佤族的拉木鼓节、瑶族的盘王节、阿昌族的窝罗节等；英雄崇拜的节日，如傈僳族的刀杆节、怒族的仙女节、满族的颁金节等。

农事节日：云南省各民族由于自然地理原因，在同一区域形成了农业的立体分布，农业生产差异大，不同的农耕文化形成了各自独特的农事节日。分为除害驱虫的节日，如彝族、白族、纳西族等的火把节；祈求丰收的节日，如哈尼族的苦扎扎节（六月年）、壮族的开秧门和关秧门、佤族的播种节、阿昌族的撒种节等；庆贺丰收的节日，如壮族、拉祜族、阿昌族等的尝新节，佤族、傈僳族等的新米节等。

娱乐性节日：云南省民族众多，娱乐活动丰富多彩，娱乐节日种类多样，分为歌舞娱乐节日，如景颇族的目瑙纵歌节、白族的石宝山歌会、彝族的马缨花节等；社交性娱乐节日，如傈僳族的澡堂会、彝族的赛装节、哈尼族的姑娘节、白族的蝴蝶会、德昂族的采花节等；综合性娱乐节日，如苗族的踩花山、壮族的三月三、蒙古族的那达慕大会、藏族的赛马会等。

商贸节日：云南省传统的集市称为街子，每隔一定日子赶一次，称为街天。在漫长的历史发展中，这些自然形成的具有节日气氛的商贸集市活动逐渐发展成为商贸节日。大理白族的三月街、葛根会，丽江纳西族的骡马会、棒棒会，彝族的三月会、高峰花会等。

法定节日：云南省各民族都有许多自己传统的民族节日，但无统一的法定节日。20 世纪 80 年代以后，根据各民族广大群众的要求，各级人民政府或人民代表大会依据《云南省城市民族工作条例》以及自治州、自治县自治条例逐步规定了各民族的法定民族节日，届时由当地政府筹办，安排节日活动。

云南省各民族岁时年节在长期的传承、演化中，一方面是逐渐分化，另一方面不同民族在交往过程中，民族节日相互渗透、相互影响。如汉族进入云南后，受汉族文化影响较深的民族都不同程度地受到汉族节日如春节、清明节、端午节、中秋节的影响，进而接受了这些节日，火把节、泼水节等亦然。

20 世纪 80 年代以后，云南省各民族的传统节日文化随着社会的发展和各民族交往的不断加深出现了很大的变化。部分娱神的宗教节日向娱人的世俗节日转变，如傣族的泼水节等。部分节日从风俗节日向经济文化交流会转变，如彝族的火把节等。

（四）宗教文化

云南省境内现有佛教、道教、伊斯兰教、天主教、基督教以及少数民族传统宗教。它们有悠久的传播历史、相对稳定的信仰民族及信众，各宗教对信众的精神生活和社会生活的影响并不相同，但又相对平衡。各宗教之间关系和谐，发展平稳有序。云南独具特色的宗教文化，成为云南地方历史文化的重要组成部分。

佛教传入云南的时间大约在公元 7 世纪末，传入路径大致有印度、缅甸、西藏和中原几条。由于云南佛教分属佛教三大系列（派别）：即汉传佛教、藏传佛教、南传佛教，因而三大派别传入云南的时间略有先后，但概括而言，佛教三大派别传入云南的时间上起公元 7 世纪的唐代，下至公元 13—14 世纪的元明时期。道教约在东汉末年传入云南。伊斯兰教约在公元 13 世纪传入云南。基督教约在公元 19 世纪后半叶传入云南。天主教约在明末清初传入云南。

此外，云南少数民族存在不同程度的传统宗教遗存，主要有藏族苯教、纳西族东巴教、白族本主崇拜和彝族传统宗教等。遗存的形态活动主要有万物有灵观念、自然崇拜、动植物崇拜、图腾崇拜、祖先崇拜等。云南少数民族传统宗教的一些信仰观念及祭祀活动逐渐演变为云南少数民族传统文化的重要组成部分。

四、民族自治地方全国最多

民族区域自治制度是我国的一项基本政治制度，是中国特色社会主义制度体系的重要组成部分。民族区域自治制度是指在国家统一领导下，各少数民族聚居的地方实行区域自治，设立自治机关，行使自治权的制度。1951 年 5 月，云南省第一个民族区域自治地方——峨山彝族自治区（后改为县）成立。至 2019 年末，云南省共建立 8 个民族自治州，29 个民族自治县。另外，作为民族区域自治的重要补充，曾建立过 197 个民族乡，至 2019 年末，有 57 个已经撤乡建镇或被撤并，尚保留的民族乡有 140 个。

8个民族自治州分别是：西双版纳傣族自治州（1953年1月）、德宏傣族景颇族自治州（1953年7月）、怒江傈僳族自治州（1954年8月）、大理白族自治州（1956年11月）、迪庆藏族自治州（1957年9月）、红河哈尼族彝族自治州（1957年11月）、文山壮族苗族自治州（1958年4月）、楚雄彝族自治州（1958年4月）。

29个民族自治县分别是：峨山彝族自治县（1951年5月）、澜沧拉祜族自治县（1953年4月）、江城哈尼族彝族自治县（1954年5月）、孟连傣族拉祜族佤族自治县（1954年6月）、耿马傣族佤族自治县（1955年10月）、宁蒗彝族自治县（1956年9月）、贡山独龙族怒族自治县（1956年10月）、巍山彝族回族自治县（1956年11月）、石林彝族自治县（1956年12月）、玉龙纳西族自治县（1961年4月）、屏边苗族自治县（1963年7月）、河口瑶族自治县（1963年7月）、沧源佤族自治县（1964年2月）、西盟佤族自治县（1965年3月）、南涧彝族自治县（1965年11月）、墨江哈尼族自治县（1979年11月）、寻甸回族彝族自治县（1979年12月）、元江哈尼族彝族傣族自治县（1980年11月）、新平彝族傣族自治县（1980年11月）、维西傈僳族自治县（1985年10月）、漾濞彝族自治县（1985年11月）、禄劝彝族苗族自治县（1985年11月）、金平苗族瑶族傣族自治县（1985年12月）、普洱哈尼族彝族自治县（1985年12月）、景东彝族自治县（1985年12月）、景谷傣族彝族自治县（1985年12月）、双江拉祜族佤族布朗族傣族自治县（1985年12月）、兰坪白族普米族自治县（1988年5月）、镇沅彝族哈尼族拉祜族自治县（1990年5月）。

第二节

民族团结进步示范区建设取得的成就

一、党对民族宗教工作的领导更加有力

坚持"在云南，不谋民族工作就不足以谋全局"的指导思想，云南把党的全面领导贯穿示范区建设全过程各方面。强化组织领导，成立了省委书记、省长挂帅，相关省直部门主要负责人为成员的示范区建设领导小组，完善示范区建设年度任务承诺、统计监测、考核考评等机制，各级党委、政府坚持"一张蓝图绘到底"，层层抓落实。强化思想引领，实施"红旗飘飘"工程，广泛开展"自强、诚信、感恩""拥护核心、心向北京""身在边疆、心向中央"等主题教育，弘扬民族团结誓词碑精神及一心一德跟党走的优良传统，赓续民族团结精神血脉。强化队伍建设，大力选拔和使用"四个特别"的民族地区好干部，加强宗教工作党政干部、宗教界代表人士、马克思主义宗教学研究"三支队伍"建设。强化制度保障，颁布施行《云南省民族团结进步示范区建设条例》及实施细则、《云南省宗教事务条例》，编制实施示范区建设五年规划，出台关于铸牢中华民族共同体意识、坚持我国宗教中国化方向的一系列政策文件，推动党的民族宗教政策落实落地。

云南各族群众对习近平总书记、对中国共产党发自内心地感恩和热爱，自发把"坚决拥护中国共产党的领导"写入民族团结爱国公约、村规民约，边境一线家家户户屋顶上都飘扬着国旗、党旗，全

省各地许多农户堂屋里都张贴着习近平总书记和各族群众在一起的照片，村村寨寨传唱着感恩共产党、感恩总书记、感恩新时代的歌曲，"党的光辉照边疆，边疆人民心向党"已成为云南各民族的共同心声。

二、中华民族共有精神家园建设全面推进

云南坚持把保护弘扬各民族优秀文化与传承建设各民族共享的中华文化有机结合，着力构筑中华民族共有精神家园。深入推进"文化润滇"行动，启动实施中华民族视觉形象工程和"枝繁干壮"工程，构建铸牢中华民族共同体意识研究体系，命名23个省级研究基地，举办"铸牢中华民族共同体意识·建设全国民族团结进步示范区"专题展览和"守好民族团结生命线、续写民族团结誓词碑"等活动，编纂《云南少数民族中华文化认同文献典藏》《云南省铸牢中华民族共同体意识古籍书系》等，推动中华民族共同体意识深入人心。精心实施少数民族优秀传统文化保护传承工程和精品工程，连续多年被列为全省10件惠民实事，创建102所民族优秀文化教育示范学校，建设85个民族传统文化生态保护区、29个少数民族特色乡镇、780个少数民族特色村寨，促进各民族文化传承保护和创新交融。举办了3届少数民族传统体育运动会、5届民族民间歌舞乐展演、6届七彩云南（国际）民族赛装文化节等，搭建起各民族文化交流的大舞台。大力推广普及国家通用语言文字，巩固国家统编教材全覆盖使用，定期举办"云岭杯"中华经典诵写讲大赛，推进"学前学会普通话"行动和"童语同音"项目，全省3～6岁在园学前儿童普通话普及率达99％，

加大劳动力普通话培训力度，18周岁以上少数民族通晓普通话人口比例达98.63%，有力促进了各民族更好地融入社会、融入中华民族大家庭。各民族文化相互尊重、相互欣赏、相互学习、相互借鉴成为常态，优秀传统文化焕发新活力，反映中华文化认同的精品力作不断涌现，《云南映象》《阿佤人民再唱新歌》《小河淌水》《幸福花山》等一批民族文艺作品广受好评，春节、中秋节、泼水节、火把节、目瑙纵歌节等成为各族人民共同的节日，各民族文化百花齐放、百川归海，交融汇聚成中华文化之"大美"。

三、各族群众共同迈向现代化步伐不断加快

云南围绕各族人民对美好生活的向往，推动民族地区高质量跨越式发展。实施扶持人口较少民族发展规划和全面打赢"直过民族"脱贫攻坚战行动计划，积极推进沪滇、粤滇对口帮扶，协调大型国有企业集团帮扶"直过民族"和人口较少民族聚居区，跨区域跨领域共建美好家园，实施三轮民族团结进步"十县百乡千村万户"示范引领建设工程，打造了36个示范县、301个示范乡镇、4083个示范村（社区），实现示范区建设和脱贫攻坚"双融合、双促进"。

全面加强"五网"基础设施建设，民族地区通航运营机场达到11个，5个民族自治州进入高铁时代，民族地区所有乡镇和行政村100%通硬化路、通邮，4G网络和宽带实现全覆盖，农村饮水水质合格率基本达到全国平均水平。围绕就业、教育、医疗等重点领域，将各类民生工程作为民心工程抓好抓实，开展民族地区农村劳动力稳岗促增收专项行动，推动异地转移就业，整体推进民族地区城乡基本教

育公共服务均等化，全面建立基本医保、大病保险、医疗救助等保障，不断增强各族群众民生福祉。这十多年，曾经贫困落后的民族地区换了新颜，11 个"直过民族"和人口较少民族整族脱贫、全面小康，实现了第二次"一步跨千年"，全省民族自治地方生产总值年均增长 9.5%，高于全省平均水平，2021 年经济总量达到 1.12 万亿元，农村居民人均可支配收入 1.42 万元，分别是 2012 年的 2.8 倍和 2.85 倍，各族群众的获得感、幸福感、安全感大幅提升。

四、各民族交往交流交融持续深化

云南不断拓展各民族交往交流交融的广度和深度，促进各民族手足相亲、守望相助。构建互嵌式社会结构，插花式安置易地扶贫搬迁群众，举办民族团结进步示范本科班、大中专班并实行混班混宿办学模式。大力开展"结对子""手拉手""心连心""一家亲"等多层次多领域多样化的交流联谊活动，启动实施"石榴红"工程、各族青少年交流计划、各族群众互嵌式发展计划、旅游促进各民族交往交流交融计划和《中华民族交往交流交融史料汇编·云南卷》编撰工作。积极打造民族团结进步创建升级版，开展全域创建，深化"十进"工作，实施省、州、县、乡、村五级联创，探索推进"边境地区创建联盟""高铁沿线创建联盟"等创新做法，建设边境民族团结进步示范带，11 个州（市）和 84 个单位被命名为全国民族团结进步示范州（市）和示范单位，3000 多个单位被命名为省级民族团结进步示范单位，1065 所学校被命名为云南省民族团结进步教育示范学校。

这十多年，全省民族人口分布格局持续向"大流动、大融居"深化，越来越多的少数民族群众进入城市就业创业、安居定居，目前，全省城镇流动人口中少数民族占 72%。互嵌式社会结构和社区环境进一步巩固，多民族共居一个村寨、各族学生同校同班、一个家庭中有多种民族成分的情况更加普遍，各族群众交得了知心朋友，做得了和睦邻居，结得了美满姻缘，像石榴籽一样紧紧抱在一起。

五、宗教和谐和顺的局面更加巩固

云南全面贯彻党的宗教工作基本方针，坚持我国宗教中国化方向，积极引导宗教与社会主义社会相适应。加强宗教活动场所管理，推动宗教组织及其活动规范化。深入开展宗教政策法规宣传教育活动，引导宗教界人士和信教群众积极主动学习宗教政策法规，正确看待国法与教规的关系。推进宗教领域联合执法、综合执法，下大力气治理宗教领域非法活动和各种乱象。实施抓党建促农村宗教治理，将宗教事务纳入基层社会治理，推动县（市、区）、乡镇（街道）、村（社区）三级宗教工作网络和乡镇（街道）、村（社区）两级责任制普遍落实。推进"五进"宗教活动场所活动，开展践行"四条标准"思想教育和"爱党爱国爱社会主义"主题教育，指导各宗教团体对教义教规作出符合当代社会进步要求、符合中华优秀传统文化的阐释，引导宗教教职人员使用国家通用语言讲经讲道。坚持独立自主自办原则，支持宗教团体加强自身建设，进一步改善宗教院校办学条件，大力培养爱党爱国爱教宗教人才。这十年，全省宗教工作的政策法规体系日益完善，基层基础进一步夯实，一批突出问题得到有效解决，宗教领域总体保持平稳有序，宗教关系更加健康和谐。我国宗教中国化进程持续推进，宗教界人士和信教群众对伟大祖国、中华民族、中华文化、中国共产党、中国特色社会主义的认同明显增强，宗教与社会主义社会相适应迈出新步伐。

六、边疆民族地区治理能力显著提升

云南自觉担负维护国家安全和边疆安宁的重大政治责任，不断增强边疆民族地区治理能力。全面贯彻民族区域自治制度，健全民族工作法规体系，目前，云南省现行有效的涉民族事务地方性法规 7 件，自治条例 37 件，单行条例 286 件，变通规定 6 件，涉及民族工作的立法数量居全国前列，依法保障各民族合法权益，依法处理涉民族宗教因素的事件，引导各族群众尊法、学法、守法、用法，确保民族宗教事务在法治轨道上运行。深入实施兴边富民工程和两轮改善沿边群众生产生活条件三年行动计划，110 个边境乡镇的 878 个行政村基本实现"五通八有三达到"。

为贯彻落实习近平总书记"建设好美丽家园、维护好民族团结、守护好神圣国土"的要求，云南省按照"基础牢、产业兴、环境美、生活好、边疆稳、党建强"的标准，全面推进现代化边境小康村建设，努力把 25 个边境县（市）的 374 个沿边行政村（含 3824 个自然村）建设成为富边的样板、稳边的示范、守边的屏障。实施"五级书记抓边防"和"五级段长制"，推进人防、物防、技防相结合的边境立体化建设，严厉打击各种跨境违法犯罪活动，建立健全涉及民族宗教因素风险隐患的监测监管、联动处置等机制，将各类矛盾纠纷解决在基层，化解在萌芽状态。这十多年，全省各族群众的国家意识、公民意识、法治意识不断增强，民族宗教事务治理能力不断提升，涉民族宗教因素的矛盾纠纷得到有效化解。25个边境县（市）地区生产总值年均增长速度高于全省平均水平，沿边群众房子新了、钱包鼓了、日子好了，边民的自豪感、认同感和守土固边的责任感、使命感不断增强，边民富、边关美、边疆稳、边防固的良好局面不断巩固。

第三节

典型案例：迪庆州维西县塔城镇铸牢中华民族共同体意识

一、基本概况

塔城镇地处滇西北横断山脉纵谷区的金沙江畔，隶属云南省迪庆藏族自治州维西傈僳族自治县，下辖川达、海尼、柯那、塔城、启别、巴珠、其宗7个行政村，120个村民小组，总人口15607人（2022年统计数），由藏族、傈僳族、纳西族、白族、彝族、普米族等8个世居民族构成，少数民族人口占总人口的98%，是一个多民族聚居、多宗教并存、多元文化交融的涉藏乡镇。村民中曾经出现一家人有5种少数民族，一个人能讲4种民族语言的罕见现象，是一个多民族交往交流交融的沃土。

近年来，塔城镇认真贯彻落实习近平总书记关于加强和改进民族工作的重要思想，始终以"铸牢中华民族共同体意识"为主线，以"中华民族一家亲，同心共筑中国梦"为总目标，紧紧围绕各民族共同团结奋斗、共同繁荣发展的主题，教育引导镇域各族人民牢固树立国家观、民族观、历史观、文化观，增强对伟大祖国、中华民族、中华文化、中国共产党、中国特色社会主义的认同，以"五抓五强"为统揽，铸牢中华民族共同体意识，全力推动民族团结进步示范创建。近年来先后荣获"云南省脱贫攻坚先进集体""云南省第九届文明乡镇""云南省民族文化特色乡镇""云南省民族团结示范镇""云南省民族团结进步示范单位"的称号，真正成为了经济发展、民族和睦、宗教和顺、社会稳定的民族团结进步示范乡镇。

图2—1　塔城镇村容村貌

二、主要做法

（一）紧抓思想教育

塔城镇紧紧围绕"保增长、保民生、保稳定"的目标，全力推进民族团结进步事业，维护社会和谐稳定。广泛深入开展"拥护核心·心向北京"主题教育。以"脱贫攻坚""四美"建设等为契机，以召开相关会议、张贴宣传标语等方式，进村组、进机关学校、进教堂教点，进一步宣传马克思主义民族观、党的民族宗教政策及民族法律、法规，深入宣传爱国主义教育、民族团结教育和"致富思源、脱贫感恩"教育，重点深入宣传学习《云南省迪庆藏族自治州民族团结进步条例》，宣传教育面达100%，使党员干部及群众的民族团结进步意识明显增强，牢固树立了"汉族离不开少数民族，少数民族离不开汉族，少数民族之间也相互离不开"的思想，并使之成为全镇各族人民的思想共识和自觉行动。

（二）紧抓组织管理

塔城镇成立了以党政主要领导为组长，其他班子成员为副组长，各站所负责人和村支书为成员的工作领导小组，全面负责民族团结进步创建工作。同时设镇民族宗教干事 1 人，村级民族宗教干事 7 人，镇党委成立民族宗教工作领导小组，党政班子挂钩联系各行政村成员，要求每年不低于 1 次深入群众中讲解宣传中央民族工作会议精神和全国宗教会议精神，以及民族宗教领域相关政策法规。深入开展民族团结日、民族团结周、民族团结月等宣传活动。把有利于民族团结进步的团结友爱、邻里和睦，心向北京、拥护核心等要求纳入村规民约中，认真制定并落实民族团结进步目标管理责任制，创造性提出"五户联帮联保"机制，建立民族关系监测预警体系，健全民族群体性事件应急预案。

（三）紧抓经济发展

塔城镇以规范建设高标准特色客栈民宿为支撑，引进中旅集团、松赞集团等实力企业，组织成立民宿合作社，规范引导民宿产业发展，建成以"松赞塔城""四鸣精舍"等为代表的精品客栈 29 家，以"漫寻记""哈布达云谷"等为代表的精品民宿 26 家。以"食出生态自然好味道"为目标，大力推进生态有机农业发展，建成一批富民强镇的"绿色食品"基地，同时，在全镇推广种植冰葡萄 1.113 平方千米、达摩生态贡米 1.333 平方千米、景观油菜 1.333 平方千米、藏香猪 26415 头、稻田养鸭 10665 羽、稻田养鱼 1.517 平方千米，培育特色农家乐及餐厅饭馆近 180 家。

（四）紧抓文化引领

塔城镇着力建设非遗传习所、民俗展览馆、腊普书院、乡愁记忆馆等特色文化场馆，大力培养传承人，通过传承人培养延续传统文化，广泛弘扬各民族之间彼此尊重的优良习俗。持续开辟专题音乐坊、哈达组舞台、酒坊、弦子坊等一批传统文化体验区，为村民增收的同时进一步保护和弘扬传统文化。通过抖音等新媒体平台宣传传统文化，组织"二月八""栽秧节""丰收节""赛马节"等各类活动，着力扩大传统文化影响力。积极举办"文化和自然遗产日"系列活动，营造了全社会关注文化遗产保护的良好氛围。利用新时代文明实践所等各类平台开展民族团结教育培训，成立"党员志愿服务队""巡山护河队""红色代办服务队"等特色志愿服务队开展政策宣讲、乡风文明等志愿服务活动。

（五）紧抓生态保护

塔城镇组建巡山队，选聘生态管护员，推行河长制、林长制等措施，让生态文明的理念深入人心，做到依法保护生态与群众自觉自发保护生态的有机统一。目前，已选聘生态管护员 630 人，自发成立女子巡山护河队，制定《乡村生态旅游发展规划》《村庄风貌控制规划》等 6 个专项规划和《风貌管控方案》，提出了"六不准六要求"，开展"土地控制，风貌控制"工程，以高压态势保障村庄界面整体风貌的连续性与协调性。积极申报传统村落项目，有效保护各色传统民居，目前共有朵那阁、拖落顶及塔城一、二组 3 个国家级传统村落。坚持把"四美"（最美城镇、最美村庄、最美家庭、最美人物）创建融入乡村旅游发展全过程，实施厕所革命、道路硬化、饮水管道提升等工程，全面提升农村人居环境。

三、经验启示

（一）通过党建引领，夯实铸牢中华民族共同体意识政治基础

塔城镇始终坚持以党建为引领，把完善和加强组织领导作为开展民族团结进步创建各项工作的关键，注重科学谋划、高位推动，紧盯创建工作推进效率、质量，强化组织保障，全面落实安排部署，层层压实责任，形成党政齐抓共管、上下联动协调、社会广泛参与的工作格局。由此，夯实了铸牢中华民族共同体意识的政治基础。

图 2—2 塔城镇群众庆"七一"联欢活动

（二）通过文化引领，筑牢民族团结进步思想基础

塔城镇通过大力培养文化传承人培植延续传统文化，以建场地、夯基础，抓队伍、重传承，勤交流、助融合，引能人、促增收等方式推动民族文化交往交流交融。与此同时，着力扩大传统文化影响力，营造关注文化遗产保护的良好氛围，以党员带动群众开展乡风文明宣传，进一步弘扬民族团结社会正能量。由此，筑牢了民族团结进步的思想基础。

（三）通过产业发展，筑牢民族团结进步经济基础

塔城镇通过紧紧团结在一起的各族群众和公司企业，让乡村旅游成为共建共享、就业创业和农民致富的大平台，使村庄变成了景区、群众变成了股东、资金变成了股金，企业和当地群众共赢共享乡村旅游发展带来的红利，绑紧了农户与公司等市场主体的利益链条，使得各民族群众齐心支持乡村旅游的发展。由此，筑牢了民族团结进步的经济基础。

（四）通过生态保护，筑牢民族团结进步生态基础

塔城镇是香格里拉和白马雪山国家级自然保护区的重要组成部分，始终秉持"绿水青山就是金山银山"的发展理念，为切实保护好这片绿水青山，加大对生态保护的宣传引导力度，发动各族群众大力植树造林，形成各族群众齐心共管、共同保护生态家园的局面。由此，筑牢了民族团结进步的生态基础。

（五）通过依法治理，筑牢民族团结进步社会基础

塔城镇切实把铸牢中华民族共同体意识作为工作主线，民族团结进步繁荣发展成为了全镇各族人民的思想共识和行动自觉。依法管理宗教事务，针对僧侣开展干部挂联走访、送温暖、送健康活动，让广大僧尼感受到党和国家的关怀，有效营造了宗教和顺、民族团结的良好氛围。由此，筑牢了民族团结进步的社会基础。

四、研讨题

1. 在边疆民族地区，民族团结进步示范区建设的重点难点在哪里？

2. 在民族团结进步示范区建设中，村民应如何发挥作用？

第三讲

生态文明建设排头兵展现新面貌

3

2015 年习近平总书记考察云南时指出，"生态环境是云南的宝贵财富，也是全国的宝贵财富"，要求云南"努力成为生态文明建设排头兵"。2020 年 1 月，习近平总书记再次踏上云岭大地，要求云南"努力在建设我国生态文明建设排头兵上不断取得新进展"。^①云南省委、省政府认真贯彻落实习近平生态文明思想和习近平总书记考察云南重要讲话精神，紧紧围绕努力成为生态文明建设排头兵的战略定位，践行"绿水青山就是金山银山"理念，将生态文明建设作为"国之大者""省之要事"，坚定不移走生态绿色高质量发展之路，在建立健全和完善生态环境保护制度、资源高效利用制度、绿色发展路径的实践中逐步形成了极具云南特色的生态文明建设发展模式，推动习近平生态文明思想在云岭大地落地生根、开花结果，为守护好云南的绿水青山、蓝天白云、良田沃土，建设好祖国西南的美丽家园作出新的更大贡献。

第一节

云南生态省情基本情况

云南拥有得天独厚的生态优势，立体气候丰富多样，动植物资源位居全国前列，以仅占全国 4.1% 的国土面积，囊括了地球上除

---

① 参见《云南：努力成为全国生态文明建设排头兵》，澎湃云南，2020 年 12 月 28 日。

海洋和沙漠外的所有生态系统类型，是我国重要的生物多样性宝库和西南生态安全屏障，又是中国西南林区的核心地带，享有"植物王国""动物王国""有色金属王国""世界花园""物种基因库"等美誉。云南既是我国西南生态安全屏障，又是与南亚东南亚各国人民同为生态命运与生态利益的共同体，承担着维护区域、国家乃至国际生态安全的战略任务和重大职责。同时，云南又是生态环境比较脆弱敏感的地区，保护生态环境和自然资源的责任重大。努力成为生态文明建设排头兵，是习近平总书记交给云南的政治任务。党的十八大以来，云南牢固树立尊重自然、顺应自然、保护自然的生态文明理念，坚持经济建设与生态建设同步进行，坚定不移走绿色发展道路，努力建设"绿色经济强省"，走出了一条生态优先、绿色发展的路子，为成为全国生态文明建设排头兵做出了持续的努力。

一、自然资源禀赋丰富

云南自然资源禀赋得天独厚，良好的生态环境和丰富的自然资源是云南的宝贵财富，是云南加快发展、后来居上的坚实基础，也是云岭大地最基本的生态省情。

地形地貌。云南丰富的地貌类型，迥异的地形地貌也是生态多样性形成的环境基础，全省地势高耸，起伏较大，西北高、东南低，自北向南呈阶梯状逐级下降，海拔高低相差悬殊，海拔最高点卡瓦格博峰海拔 6740 米，最低点南溪河与红河交汇的中越界河处海拔 76.4 米，从北到南的每千米水平直线距离，海拔平均降低 6 米。地形以高原、山地为主，高黎贡山、怒山、云岭、哀牢山等巨大山系和怒江、澜沧江、金沙江等大河自北向南相间排列，高山峡谷相间，地势险峻，山地面积 33.11 万平方千米，占全省国土总面积的 84%；高原面积 3.9 万平方千米，占全省国土总面积的 10%；盆地面积 2.4 万平方千米，占全省国土总面积的 6.0%。云南也是中国喀斯特地貌分布最广泛的省区之一。[①]

水系。云南地跨长江（金沙江）、珠江（南盘江）、红河（元江）、澜沧江（湄公河）、怒江（萨尔温江）、大盈江（伊洛瓦底江）六大水系，除长江、珠江外，分别流往越南、老挝、缅甸等国家，均为国际河流，分别注入太平洋和印度洋，是东南亚国家和中国南方大部分省区的"水塔"。全省河川纵横，湖泊众多，境内径流面积在 100 平方千米以上的河流有 1002 条，水量丰富，水能充足，多数河流具有落差大、水流湍急、水流量变化大的特点，全省水资源总量 2210 亿立方米（多年平均值），居全国第 3 位。有高原湖泊 40 多个，滇池、洱海、抚仙湖、程海、泸沽湖、杞麓湖、星云湖、阳宗海、异龙湖是云南著名的"九大高原湖泊"，滇池面积最大，为 309.5 平方千米，抚仙湖深度全省第一，最深处为 158.9 米，湖泊水域面积约 1100 平方千米，占全省总面积的 0.28%，总蓄水量为 1480.19 亿立方米。[②]

气候。云南的气候具有气候类型多样、高原季风气候显著、立体气候显著的特点，在南北间距不过 900 千米的土地上，有着北热带、南亚热带、中亚热带、北亚热带、南温带、中温带和高原气候区等 7 个气候类型。云南气候区域差异和垂直变化十分明显，"一山分四季，十里不同天"的立体气候特点显著。全省平均气温，最热（7 月）

---

① 《自然概貌》，云南省人民政府网站，2023 年 11 月 17 日。

② 《自然概貌》，云南省人民政府网站，2023 年 11 月 17 日。

月均气温在 20℃～23℃，最冷（1 月）月均气温在 7℃～11℃，年温差一般只有 10℃～12℃。同日早晚较凉，中午较热，尤其是冬、春两季，日温差可达 12℃～20℃。全省降水在季节上和地域上的分配极不均匀，湿季（雨季）为 5—10 月，集中了 85％的降雨量。同时，最多的地方年降水量超过 2300 毫米，最少的仅有 547 毫米，大部分地区年降水量在 900 毫米以上。[①]

土壤。云南土壤垂直分布特点明显，因气候、生物、地质、地形等相互作用，形成了多种多样土壤类型，全省有 16 个土壤类型，占到全国的 1/4。其中，红壤面积占全省土地面积的 50％，是省内分布最广、最重要的土壤资源，故云南有"红土高原""红土地"之称。云南稻田土壤细分有 50 多种，其中，大的类型有 10 多种，大部分呈中性和微酸性，有机质在 1.5％～3.0％，氮磷养分含量比旱地高。旱地土壤分布比较分散，施肥水平不高，加之水土流失，土壤有机质普

图 3—1 东川红土地——落霞沟

① 《气候特点》，云南省人民政府网站，2023 年 11 月 17 日。

遍较水田低。其中，山区旱地土壤约占全省的64%，主要为红土和黄土。坝区旱地土壤约占17%，主要为红土。根据第三次全国国土调查，云南耕地面积539.55万公顷、园地面积257.22万公顷、林地面积2496.90万公顷、草地面积132.29万公顷、湿地面积3.98万公顷。[①]

植被。云南是全国植物种类最多的省份，被誉为"植物王国"。热带、亚热带、温带、寒温带等植物类型都有分布，古老的、衍生的、外来的植物种类和类群很多，藻类、蕨类、地衣、苔藓植物、裸子植物、被子植物在云南均有分布。云南作为西南地区的生态屏障，森林面积约占据了西南地区的34%，居全国第3位。云南树种繁多，类型多样，优良、速生、珍贵树种多，药用植物、香料植物、观赏植物等品种在全省范围内均有分布，其中，高等植物19333种，占全国的60%以上，分别列入国家一、二、三级重点保护和发展的树种有150多种，在全国34种名贵中药材中，云南就有18种；

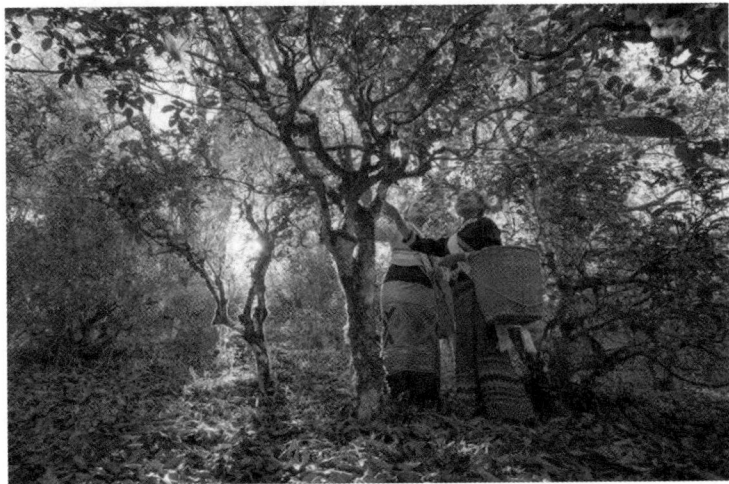

图3—2　普洱市景迈山古茶林

---

① 《自然资源》，云南省人民政府网站，2023年11月17日。

在全国已开发利用的植物资源中，粮食作物云南超过 10000 个品种，薯类 200 多种，豆类 17 种，水果 1000 多种，观赏植物超过 2400 种。故云南还有"药物宝库""香料之乡""天然花园"之称。[1]

动物。云南动物种类数为全国之冠，素有"动物王国"之称。脊椎动物达 2273 种，占全国的 51.4%。其中，鸟类 793 种，占 63.7%；兽类 300 种，占 51.1%；鱼类 366 种，占 45.7%；爬行类 143 种，占 37.6%；两栖类 102 种，占 46.4%。全国见于名录的 2.5 万种昆虫类中云南有 1 万余种。云南珍稀保护动物较多，许多动物在国内仅分布在云南。蜂猴、滇金丝猴、野象、野牛、长臂猿、印支虎、犀鸟、白尾梢虹雉等 46 种均属国家一类保护动物；熊猴、猕猴、灰叶猴、穿山甲、麝、小熊猫、绿孔雀、蟒蛇等 154 种均属国家二类保护动物；此外，还有大量小型珍稀动物种类。[2]

图 3—3　滇金丝猴

---

[1] 《自然资源》，云南省人民政府网站，2023 年 11 月 17 日。
[2] 《自然资源》，云南省人民政府网站，2023 年 11 月 17 日。

矿产。云南地质现象种类繁多，成矿条件优越，矿产资源极为丰富，尤以有色金属及磷矿著称，被誉为"有色金属王国"，是得天独厚的矿产资源宝地。全省有 82 种（含亚矿种、矿物）矿产，查明资源储量排在全国前 10 位，其中，铅、锌、锡、磷、铜、银等 31 种矿产含量居全国前 3 位。云南矿产资源具有如下特点，一是矿种全，已发现的矿产有 157 种，已探明储量的有 85 种；二是分布广，金属矿遍及 108 个县（市、区），煤矿在 116 个县（市、区）发现，其他非金属矿产各县（市、区）都有；三是共生、伴生矿多，利用价值高，全省共生、伴生矿床约占矿床总量的 31%。[①]

能源。云南能源资源得天独厚，尤以水能、煤炭资源储量较大，开发条件优越；地热能、太阳能、风能、生物能有较好的开发前景。云南河流众多，全省水资源总量 2210 亿立方米（多年平均值）；水能资源蕴藏量达 1.04 亿千瓦，居全国第 3 位，水能资源主要集中

图 3—4 白鹤滩水电站

---

① 《自然资源》，云南省人民政府网站，2023 年 11 月 17 日。

于滇西北的金沙江、澜沧江、怒江三大水系；可开发装机容量 0.9 亿千瓦，居全国第 2 位。煤炭资源主要分布在滇东北，全省煤炭资源量为 363.85 亿吨（其中：探明资源量 102.76 亿吨，控制资源量 131.64 亿吨，推断资源量 129.45 亿吨），居全国第 7 位。地热资源以滇西腾冲地区的分布最为集中，全省有露出地面的天然温热泉约 700 处，居全国之冠，年出水量 3.6 亿立方米，水温最低的为 25℃，高的在 100℃ 以上。太阳能资源较丰富，全省年日照时数 1000—2800 小时，年太阳总辐射量每平方厘米 90～150 千卡。[1]

旅游资源。云南以独特的高原风光，热带、亚热带的边疆风物和多彩多姿的民族风情而闻名于海内外。全省有景区、景点 1000 余个，国家级 A 级以上景区有 624 个，其中，有 9 个 5A 级景区，分别为文山州普者黑旅游景区、保山市腾冲火山热海旅游区、昆明市昆明世博园景区、迪庆州香格里拉普达措景区、大理市崇圣寺三塔文化旅游区、丽江市丽江古城景区、中国科学院西双版纳热带植物园、丽江市玉龙雪山景区、昆明市石林风景区；国家级风景名胜区有石林、大理、西双版纳、三江并流、昆明滇池、丽江玉龙雪山、腾冲地热火山、瑞丽江—大盈江、宜良九乡、建水等 12 处，省级风景名胜区有陆良彩色沙林、禄劝轿子雪山等 53 处；有昆明、大理、丽江、建水、巍山、会泽、通海、剑川等 8 座国家级历史文化名城，有腾冲、威信、保山、石屏、广南、漾濞、香格里拉等 7 座省级历史文化名城，有禄丰县黑井镇、会泽县娜姑镇白雾街村、剑川县沙溪镇、腾冲市和顺镇、云龙县诺邓镇诺邓村、石屏县郑营村、巍山县永建镇东莲花村、孟连县娜允镇等 22 座国家历史文化名镇名村，有 15 个

---

① 《自然资源》，云南省人民政府网站，2023 年 11 月 17 日。

省级历史文化名镇、27 个省级历史文化名村和 34 片省级历史文化街区。丽江古城、红河哈尼梯田、普洱景迈山古茶林文化景观被列入世界文化遗产名录，三江并流、帽天山、石林被列入世界自然遗产名录。①

自然保护地。全省先后划建国家公园体制试点区、自然保护区、风景名胜区等 11 种类型的自然保护地 362 处，全省自然保护地面积达 549.58 万公顷，约占全省面积的 14.32%。

二、生态环境保持优良

《2022 年云南省生态环境状况公报》显示，2022 年全省生态环境质量稳步提升，空气环境质量持续保持优良，地表水水质优良比例不断提高，九大高原湖泊水质基本稳定，土壤环境质量总体稳定，城市声环境、辐射环境质量良好，自然生态环境状况保持稳定，生物多样性得到有效保护。

大气环境。16 个州（市）政府所在地 6 项污染物年均值及相应百分位数平均值均达到《环境空气质量标准》（GB 3095—2012）二级标准要求，优良天数比率为 99.7%，排名全国前列，与 2021 年相比提高 1.1 个百分点。平均环境空气质量综合指数为 2.32，比 2021 年下降 11.8%，全省 129 个县（市、区）城市环境空气质量总体保持良好，空气质量优良天数比率为 99.7%，较 2021 年上升 1.1 个百分点；平均环境空气质量综合指数为 2.25，较 2021 年下降 10.7%，空气质量有所提升。

---

① 《旅游资源》，云南省人民政府网站，2023 年 11 月 17 日。

表 3—1　2022 年度云南省 16 个城市环境空气质量类别评价表

城市	SO₂ 年均值	NO₂ 年均值	PM 10 年均值	CO 95 百分位数	O₃ 90 百分位数	PM 2.5 年均值	达标情况
昆明	8	20	33	0.7	126	20	Ⅱ级
曲靖	8	14	33	1.0	135	22	Ⅱ级
玉溪	8	17	31	1.3	122	18	Ⅱ级
保山	5	8	26	0.7	116	13	Ⅱ级
昭通	9	13	33	0.8	127	23	Ⅱ级
丽江	6	10	22	0.7	106	14	Ⅱ级
普洱	7	14	24	1.0	107	14	Ⅱ级
临沧	7	12	40	0.9	113	24	Ⅱ级
楚雄	10	14	26	0.8	116	18	Ⅱ级
蒙自	11	8	31	0.8	122	23	Ⅱ级
文山	6	1	30	0.7	114	22	Ⅱ级
景洪	7	13	27	0.7	110	16	Ⅱ级
大理	6	10	26	0.8	110	12	Ⅱ级
芒市	10	14	42	0.9	117	22	Ⅱ级
泸水	8	14	32	1.1	90	20	Ⅱ级
香格里拉	8	9	18	0.8	112	13	Ⅱ级

数据来源：《2022 年云南省生态环境状况公报》。

与 2021 年相比，全省降水 pH 年平均值由 6.43 变为 6.35，酸雨频率由 0.8% 变为 0.4%，出现酸雨的城市有 3 个（河口、个旧、临沧），全省境内降水酸度及雨频基本稳定。

水环境。红河、澜沧江、怒江、伊洛瓦底江水系水质优，长江、珠江水系水质良好。2022 年，云南开展监测的 219 条主要河流（河段）的 389 个国控、省控断面中，352 个断面水质优良（Ⅲ类标准及以上），占比 90.5%，全省河流总体水质优。

表 3—2　2022 年度云南省主要河流（河段）断面水质类别表　单位：个

水系名称	Ⅰ类	Ⅱ类	Ⅲ类	Ⅳ类	Ⅴ类	劣于Ⅴ类	合计
长江	23	73	32	11	6	2	147
珠江	4	30	17	8	1	2	62
红河	3	50	10	2	0	0	65
澜沧江	4	49	11	1	2	1	68
怒江	4	16	6	1	0	0	27
伊洛瓦底江	2	14	4	0	0	0	20
小计	40	232	80	23	9	5	389

数据来源：《2022 年云南省生态环境状况公报》。

49 个出境、跨界河流监测断面中 47 个断面符合Ⅰ～Ⅱ类标准，水质优；2 个断面符合Ⅲ类标准，水质良好。云南湖库水质总体良好，水质优良符合Ⅰ～Ⅲ类标准的占 86.7%；水质重度污染劣于Ⅴ类标准的占 4.4%。全年州市级集中式饮水水源地累计达标率达 97.9%，与 2021 年相比提高 14.9 个百分点。

表 3—3　2022 年度云南省州市级集中式饮水水源地水质达标率统计

水源类型	水源总数（个）	达标水源数（个）	达标率（%）
河流型饮用水源	6	6	100
潮库型饮用水源	41	40	97.6
合计（个）	47	46	97.9

数据来源：《2022 年云南省生态环境状况公报》。

县级城镇集中式饮水水源地累计达标率达 94.1%，比 2021 年提高 2.5 个百分点。

表 3—4　2022 年云南省县级集中式饮水水源地水质达标率统计

水源类型	水源总数（个）	达标水源数（个）	达标率（%）
河流型饮用水源	72	72	100
潮库型饮用水源	124	114	91.9
地下水饮用水源	7	5	71.4
合计（个）	203	191	94.1

数据来源：《2022 年云南省生态环境状况公报》。

城市污水处理厂日处理能力达到 493.28 万立方米，比 2021 年末上升 2.2%，城市污水处理率达到 97.0%，比 2021 年下降 0.9%。全省城市建成区绿地率达到 38.9%，比 2021 年提高 3.4%。

城市声环境。与 2021 年相比，16 个州（市）道路交通声环境质量、区域声环境质量保持基本稳定；城市功能区声环境各类功能区总达标率 94.1%，较 2021 年下降 2.8 个百分点，功能区声环境质量略有下降。

辐射环境。云南 158 个电磁辐射环境质量监测点综合电场强度低于《电磁环境控制限值》（GB 8702—2014）中规定的公众曝露控制限值。2022 年全省辐射环境质量总体良好，保持相对稳定，未出现异常变化。

自然保护地。自 1958 年云南建立第一处自然保护地——西双版纳自然保护区以来，全省先后划建国家公园体制试点区、自然保护区、风景名胜区等 11 种类型的自然保护地 362 处，全省自然保护地面积达 549.58 万公顷，约占全省面积的 14.32%，初步形成了类型丰富、功能多样的自然保护地体系，有效保护了全省 90% 的重要生态系统和 85% 的重点保护野生动植物以及绝大多数重要的自然遗迹。

第二节

生态文明建设排头兵工作取得的成就

党的十八大以来，云南认真贯彻落实习近平生态文明思想和习近平总书记考察云南重要讲话精神，立足努力成为我国生态文明建设排头兵的战略发展定位，践行绿色发展理念，以保护为先，治污为重，扩绿为基，通过"生态文明排头兵""最美丽省份建设"和"生态环境建设"等政策的有效落地，在完善体系、优化空间和筑牢屏障的同时，生态价值观念深入人心，生态文明意识更加牢固，生态文化产业取得新的发展，民族优秀生态文化更加繁荣发展，人民群众共建共享生态文明的理念深入人心，巩固夯实生态绿色本底，推动生态高颜值和发展高质量齐头并进，为中国生态文明建设作出了积极贡献，走出了一条具有云南特色的生态文明建设之路。

一、污染防治攻坚战取得显著成效

深入推进污染防治攻坚战，统筹打好以九大高原湖泊保护治理、六大水系保护修复等为重点的 8 个标志性战役。十多年来，全省生态环境质量显著改善，空气质量持续保持领先，全省 16 个州（市）政府所在地城市空气质量优良天数比率持续超过 98％。九大高原湖泊水质总体向优向好，滇池、星云湖摘掉"劣 V 类帽子"；六大水系水质持续改善，出境跨界断面水质 100％达标。

二、滇池沿岸违规违建整治力度空前

省委、省政府坚决落实习近平总书记对云南工作重要讲话指示批示精神，扛牢扛实滇池沿岸违规违建整治政治责任，以破局姿态、根治气魄、雷霆手段抓拆违、强整改、促治理。拆除或迁出建（构）筑物面积 110.69 万平方米，环湖路临湖一侧减少建设用地 1150 万平方米、建筑面积 639 万平方米，恢复生态湖滨带 14 千米，一、二、三级保护区内新增绿地面积约 192 万平方米，滇池沿岸过度开发、无序开发、贴线开发现象得到全面遏制和根本扭转，为全省生态环境保护树立了铁规矩、新标杆，整改工作取得决定性成效。

三、成功举办联合国《生物多样性公约》第十五次缔约方大会（COP15）第一阶段会议

2021 年 10 月，克服了疫情防控等诸多困难，145 个国家，10 位国家领导人和联合国秘书长古特雷斯、120 位各国部长级官员、60 余个国家驻华使节，超过 5000 名代表线下、线上参会。习近平主席以视频方式出席 COP15 领导人峰会并发表主旨讲话。会议收获了昆明宣言、东道国举措、昆明生物多样性基金等重大成果，大会圆满、精彩和成功。云南利用 COP15 这个国际平台，组织生态文明论坛，大力宣传习近平生态文明思想；举办生物多样性展览，充分展示云南生物多样性保护成效。

四、中央生态环境保护督察整改成效显著

省委、省政府以鲜明的态度、坚决的措施推进中央生态环境保护督察整改。第一轮中央督察和"回头看"反馈云南的 110 个问题全部完成整改。第二轮中央督察反馈的 50 个问题已完成整改 8 个，其他问题整改按时序推进；督察曝光的 5 个典型案例，完成整改 2 个，其余 3 个问题正按时序推进。3069 件群众投诉举报问题，办结 2896 件，阶段性办结 32 件，办结率 95.4%。2022 年 7 月 11 日，滇池沿岸长腰山过度开发问题整改作为正面典型案例在央视《焦点访谈》栏目进行了报道。

五、国家西南生态安全屏障逐步牢固

云南主动融入和服务国家生态安全体系，先后发布了丽江宣言、腾冲纲领、版纳约定，在全国较早实施省级《云南省生物多样性保护战略与行动计划（2012—2030 年）》，率先制定地方性法规《云南省生物多样性保护条例》，率先发布生物物种名录。全省划定生态保护红线 11.84 万平方千米，占全省国土面积的 30.9%，其中，生物多样性重要区域占红线面积的 55.2%。建成中国西南野生生物种质资源库，累计建立各类自然保护地 362 个，人与自然和谐共生正在从愿景变为现实。

六、生态文明理念日益深入人心

云南坚持把生态文明建设摆在突出位置，牢固树立"绿水青山

就是金山银山"理念，成功创建国家生态文明建设示范区 12 个、国家"绿水青山就是金山银山"实践创新基地 6 个，建成省级生态文明州（市）和省级生态文明县（市、区）22 个。创建云南省生态文明教育基地 35 个，为弘扬生态文化、传播生态文明理念奠定了坚实基础。

七、生态环境治理能力进一步提升

云南积极探索生态环境监督体制机制创新，系统集成改革举措，推动生态环境保护治理走深走实。着力破解环评审批条块分割、周期较长等难题，走活环评审批一盘棋；统筹谋划生态环境保护治理，实现全省生态环境保护工作任务一张图；厘清压实问题整改责任，构建全省生态环境保护责任一张表；健全生态环境高效治理机制，织密全省生态环境执法监管一张网。

八、生态文明制度体系加快形成

省委、省政府印发《关于努力成为生态文明建设排头兵的实施意见》等文件，逐步健全主体功能区制度，国家重点生态功能区增加到 39 个。累计完成 146 项生态文明体制改革任务，构建起生态文明制度建设的"四梁八柱"。建立生态转移支付制度，"十三五"期间争取到生态转移支付资金 227.98 亿元，年均递增 20.3％。强化"一张蓝图管控"，编制完成"三线一单"。

典型案例："普洱景迈山古茶林文化景观"成功申遗

一、基本概况

（一）遗产地概况及构成

被誉为"茶树自然博物馆"的景迈山是全球生物多样性热点地区。"普洱景迈山古茶林文化景观"遗产地总面积 19095.74 公顷，其中遗产区面积 7167.89 公顷，缓冲区面积 11927.85 公顷，位于澜沧拉祜族自治县惠民镇东南部，属亚热带山地立体季风气候，平均海拔 1400 米，年均气温 18.4℃，日均负氧离子含量高达每立方厘米 2 万个。在这座千年古茶山中，生活在这里的布朗族、傣族等群众世代与茶山和谐相处，通过长期探索，逐步认识到普洱茶树的生长特性，形成了智慧的林下茶种植技术，培育了目前世界发现连片面积最大、保存最完整、年代最久远的人工栽培型古茶园。完好地保留了生物多样性，记录有原生种子植物 134 科，524 属，约 1500 种。"乔木层—灌木层—草本层"的立体群落结构中，生长着茱萸、杜鹃花科、禾本科和蕨类、药材等草本植物。

"普洱景迈山古茶林文化景观"至今仍保持着蓬勃生命力，是我国农耕文明的智慧结晶，是人与自然良性互动和可持续发展的典范。它体现了尊重自然、保护山林的朴素生态伦理思想，蕴含因地制宜、绿色发展的传统农耕知识体系，承载和平友好、开放包容的多民族社会治理理念，生动展现了中华文明的突出特性。

其构成包括：一是保存完好的 5 片古茶林（面积 1180 公顷）、包含在古茶林中的 9 个传统村寨、古茶林之间的 3 片分隔防护林。二是景迈山世居民族在认识自然、尊重自然、利用自然的漫长生产生活中，探索出的"林中开垦、林下种植"的种茶方式，"依山而建、向心布局"的村落建设技术。三是以种茶、制茶、吃茶、饮茶、祭茶、护茶为主的茶文化。

（二）"普洱景迈山古茶林文化景观"申遗的价值和意义

"普洱景迈山古茶林文化景观"申遗符合习近平总书记提出的"世界文化遗产申报项目要有利于突出中华文明历史文化价值、有利于体现中华民族精神追求、有利于向世人展示全面真实的古代中国和现代中国"[①] 的指示要求。"普洱景迈山古茶林文化景观"成功申遗的价值，不仅体现在对经过千年传承下来的"人、茶、林共生"的山地人居环境典范的成功保护，还彰显在对"两山转化"的高质量发展之路的创新和探索，是践行习近平生态文明思想的生动实践。其意义体现在：一是可填补世界茶类遗产空白。迄今为止，全球尚无茶类世界遗产，中国、印度、日本、斯里兰卡等国家也正在积极筹备茶文化景观申报世界遗产工作，全力推动"普洱景迈山古茶林文化景观"申遗，能够填补目前世界遗产中没有茶文化遗产的空白，有效捍卫中国在世界种茶、制茶及饮茶领域的主体地位，有力维护国家权益和文化安全。二是具有突出普遍价值。景迈山古茶林是世界上现代茶园种植技术普及前传统的"林下茶种植"方式保存至今的实物例证和典型代表，符合世界遗产突出普遍价值标准。

---

① 《千载天地人　万古山水茶》，《云南经济日报》2023 年 9 月 20 日。

（三）遗产保护管理现状

制定实施了相关法律法规和村规民约，使景迈山古茶林遗产价值得到严格和可持续的保护，遗产地广大人民群众积极支持并参与申遗。5片古茶林和3片分隔防护林生态系统稳定，管理措施到位，古茶树长势良好，无古茶林遭到人为或自然损害的情况发生。9个传统村寨格局完好，其中价值较高的传统民居分别被公布为全国重点文物保护单位和县级文物保护单位，遗产区范围内的传统民居和文物建筑均得到较好的日常养护和维修保护，拆除和整治了破坏和影响遗产价值的建（构）筑物，传统村寨的真实性和完整性得到恢复和体现。与种茶、制茶、吃茶、饮茶、祭茶、护茶有关的非物质文化遗产得到有效保护和传承。

二、主要做法

（一）理思路、明标准，找准工作方向

根据《保护世界文化和自然遗产公约》规定，符合6项遗产标准规定的其中一项或几项，才能够被提名列入《世界遗产名录》的文化遗产项目，通过发动政府相关部门及社区，并依靠专业团队的力量，深入挖掘和阐释符合标准三和标准五的理由，把自身的价值讲清楚、说明白。同时，通过政府和社区居民的共同努力，对遗产提名地实施系统、专业、有效的保护管理，推动遗产可持续演进，体现其价值的真实性和完整性。

（二）建机构、强保障，健全工作机制

保护管理机构逐步完善。自 2010 年启动申遗以来，先后成立了景迈芒景景区、澜沧县旅游景区管理局，组建了澜沧县茶祖历史文化旅游区管理委员会。2019 年 3 月成立了普洱景迈山古茶林保护管理局，属于市政府直属事业单位，负责统筹协调景迈山申遗各项工作。2020 年 5 月成立了普洱市景迈投资开发管理有限公司，形成了由市委、市政府领导，管理局统筹协调，市县有关部门配合，景迈投资开发管理有限公司具体实施的工作模式。2020 年，为解决指挥体系存在的问题，市委、市政府成立以主要领导为双组长，分管副市长为申遗直接负责人，澜沧县委、县政府主要领导为直接责任人，景迈山管理局和市级有关单位为具体落实单位的领导小组，下设综合协调组、现场考察评估组、专业咨询组、社区工作组等 11 个工作组的申遗迎检指挥部，形成了扁平化的指挥体系，实行月调度、周例会，第一时间作出部署，做到调度及时、指挥高效、推动有效。

发挥专业咨询指导作用。一方面，以普洱景迈山古茶林保护管理局为主体，通过购买服务的方式，与北京大学遗产中心、清华同衡规划设计院、国信司南等专业机构合作，在遗产管理、申遗迎检指导、遗产价值阐释等方面给予专业指导，保证工作的针对性和有效性。另一方面，2022 年 2 月至 9 月，国家文物局组织国内专家开展模拟考察评估 2 次，市政府邀请国内专家开展模拟考察评估 2 次，4 次模拟考察评估均按照国际专家现场评估的程序，采用会议和现场考察相结合的方式展开，共提出 128 个问题建议，并限期完成整改，通过 4 次模拟演练，在自我检验、以训代练中让准备保障和现场评估的各个环节

更完善、更专业、更顺畅。

全力保障申遗工作经费。一是在市县财政困难的情况下，加大资金投入力度，自 2019 年以来，市级每年投入 3000 万元，县级每年投入 1000 万元，用于保障申遗工作开展。二是积极争取上级资金支持，国家文物局先后下达国保项目资金共计 1.59 亿元，主要开展传统村落环境整治、民居修缮、展示利用和消防基础设施建设，传统村落、传统民居、历史遗迹等文物本体和要素得到有效保护。三是通过对景迈山茶林文化 4A 国家级旅游景区基础设施、普洱市澜沧县景迈茶产业农村产业融合发展示范园等项目进行包装。四是通过普洱市景迈投资开发管理有限公司向农发行贷款 2.5 亿元，进一步拓宽资金渠道。

（三）制规划、立法规，确保保护成效

坚持规划先行。通过聘请北京大学陈耀华和清华同衡邹怡情两位专家，组建申遗文本编制团队，一是顺利完成申遗文本编制，并按时递交巴黎世界遗产中心，2021 年 5 月，申遗文本通过国际古迹遗址理事会格式和内容审查。二是编制完成《全国重点文物保护单位景迈古茶园文物保护规划》《普洱景迈山古茶林文化景观遗产保护管理规划》《景迈山景迈、芒景行政村村庄规划》《普洱景迈山古茶林文化景观遗产价值阐释与展示规划》，形成以文物保护规划为统领的"多规合一"规划体系。

坚持依法依规管理。颁布实施《云南省澜沧拉祜族自治县景迈山保护条例》《云南省澜沧拉祜族自治县景迈山保护条例实施办法》《景迈山古茶林及古茶树管护技术规定》《普洱景迈山古茶林传统村落和传统民居建筑保护奖补办法（试行）》等，完成现行相关法律法规的

收集整理工作，共 177 项，其中法律 27 项，行政法规 39 项，部门规章 55 项，司法解释 13 项，地方性法规 37 项，国际国内公约 6 项，确保遗产保护管理工作有章可循、有法可依。

坚持建管并重。一是以《景迈山建设活动导则》为引领，实现对遗产地建设动态的有效管理。坚持"山上做减法、山下做加法"发展模式，"点线面"协同发力，多部门强力推进景迈山环境综合整治，完成不协调建（构）筑风貌整治 350 栋（处），拆除破坏景观建（构）筑物 242 栋（处）；修缮 F1 类传统民居展台 117 个，改造传统民居卫生间 72 户，提升改造 F1 类、F2 类传统民居室内电气线路 667 户；完成核心区 10 个村寨消防工程管网铺设及室外消火栓、微型消防站、消防控制室等建设和"一水两污"、网线入地、绿化美化等工程。二是不断夯实基础设施建设。景迈山茶林文化 4A 国家级旅游景区基础设施建设项目累计完成投资 67758.63 万元。

加强科研合作。一是与云南农大、省林科院等合作开展古茶林病虫害防治工作，持续开展森林巡护巡查工作，对濒危植物和珍贵树种进行重点保护，目前 5 片古茶林和 3 片分隔防护林生态系统稳定，管理措施到位，古茶林及森林生存状况良好，未出现遭到人为或自然损害的情况。二是为延续景迈山传统种植模式，加强景迈山古茶树和古茶林的保护管理，制定《景迈山古茶林及古茶树管护技术规定》。三是开展本土濒危树种和古树名木抢救性保护工作，同时景迈山投资管理有限公司投入乡土树种苗木 19250 株，对惠民镇辖区范围内流转的 5.54 平方千米茶地进行生态改造。

强化社区共建。一是以村民自治共享理念为抓手，组建 141 个同心互助组形成社区式管理。二是指导完善村规民约，协助村两委组建景迈村和芒景村遗产保护管理委员会，成立景迈山茶叶协会、餐饮协会等组织，充分发挥景迈山群众"主人翁"精神，助力遗产保护管理工作顺利推进。三是抽调 163 名工作人员，入户宣传动员 14556 户次，召开群众会议 21 次，全方位开展群众访谈培训、驻村包户、社区共建等宣传教育工作，构建起全社会共建共治共享新格局。

提高监测能力。2021 年 8 月完成普洱景迈山监测预警系统建设，制定了监测预警机制和管理制度，明确了监测对象、监测周期、责任部门和责任人，使用卫星遥感技术、无人机航飞技术、高清摄像机及前端环境监测设备，结合人工使用移动 App 巡查等手段对景迈山 191 平方千米全覆盖监测，重点监测遗产区内 9 个传统村落、5 片古茶林、3 片分隔防护林等区域。在核心区传统村落翁基和糯岗配置 6 名专职消防队员并配套消防设施器材，其余 13 个村寨组建消防救援快速反应队伍，同时组建森林防火巡护和救援队伍。

三、经验启示

（一）党的领导是核心

习近平总书记就申遗保护工作提出"有利于突出中华文明历史文化价值、有利于体现中华民族精神追求、有利于向世人展示全面真实的古代中国和现代中国"① 的指示要求，为遗产申报、保护和管理指明了发展的方向，提供了根本的遵循。自景迈山启动申遗以来，国家文物局领导 17 次亲临现场指导，省委、省政府领导 22 次深入一线调

---

① 《千载天地人　万古山水茶》，《云南经济日报》2023 年 9 月 20 日。

研，省文物局明确专人、派出团队驻扎景迈山参与具体工作，给予了精准性督导、专业性指导、实操性示范。市委、市政府主要领导亲临一线督战，分管领导驻扎一线参战，在申遗工作中做出榜样、形成示范，为遗产申报工作提供了保障。

（二）保障有力是前提

一是组织保障。自启动申遗工作以来，特别是在申遗迎检期间，市委、市政府成立以书记、市长任双组长的申遗迎检指挥部，整合市、县、镇、村、组5级单位和市县有关部门力量，充分依托专家团队，形成了高位化统筹、扁平化协调、集成化作战、一体化落实的畅行机制。成立了直属于市政府管理的正处级事业单位，并成立了景迈投资公司，形成市委、市政府领导，管理局统筹协调，市县有关部门配合，公司具体实施的运行体系。二是制度保障。严格执行周例会、月调度、季小结制度，截至2023年9月下旬，共召开调度会议26次、专题会议23次，及时将来自国家、省、市各项决策指令具体化、清单化，安排到各个工作组，做到上下贯通、左右互通，调度及时、落实有效。三是资金保障。国家文物局支持国保资金1.59亿元，市、县两级自2019年每年投入4000万元，发行专债11.08亿元，贷款2.5亿元，合计17.05亿元用于"普洱景迈山古茶林文化景观"保护、管理、监测、展示等工作。

（三）多方参与是重点

始终坚持"保护依靠人民，保护为了人民"，突出社区居民主体作用，最大限度引导他们参与到遗产申报中来。一是形成了"自下而上和自上而下结合"的联动共治机制。在制定管理规划、村庄规划、行政法规、技术规范过程中，政府都要召开利益相关者座谈会，反复征求居民意见，认真进行修改完善，以此实现政府所需和居民所盼的高度统一。成立社区工作组，抽调社区工作经验丰富的 90 名工作人员，按照"周走访、月分析、季总结"要求，深入社区开展宣传，引导群众思想，了解群众诉求，解决群众困难。二是形成了"政府、社区、老人、宗教"的协同共管机制。政府侧重于组织制定法律规划、加强保护管理、完善基础设施、引导工作方向等；社区侧重于组织制定村规民约、成立自治组织、开展节庆活动等；老人侧重于更好地宣传道德规范和遗产价值，传承弘扬茶祖文化和民族文化等；宗教侧重于通过佛事活动宣传遗产价值等，以此实现遗产要素安全、真实、完整，形成多方力量参与协同共管的管理机制。三是形成了"政府讲管理、专家讲价值、社区讲传承"的合力阐释机制。在申遗迎检过程中，按照政府、专家、群众三方身份定位，政府重点讲遗产保护管理状况，专家重点讲遗产价值内容，群众重点讲文化传承，培养群众讲解员 34 名，在国际古迹遗址理事会（ICOMOS）现场评估中，共有 81 个讲解点位，其中 29 个点位由群众负责讲解。

（四）立法树规是根本

一是政府制定法规。聚焦整个古茶林文化景观保护管理，普洱市组织修订了《普洱市景迈山古茶林文化景观保护条例》；聚焦古茶树保护管理，云南省出台《云南省古茶树保护条例》，普洱市出台《普洱古茶树资源保护条例》等地方性法规，正在制定《景迈山古茶林及古茶树管护技术规定》；聚焦村落民居保护管理，普洱市颁布《景迈山遗产地建设活动导则》《普洱景迈山古茶林传统村落和传统民居建筑保护奖补办法（试行）》等。二是村级、行业制定规范。景迈村、芒景村根据各自的民族特点，制定了村规民约，从古茶林采摘、管护，民居修缮、建设，森林保护、管养等方面作出要求。同时，正在组织景迈山客栈、餐饮组建协会，分别制定行业规范，实现村级和行业自我管理、自我监督、自我提升。

四、研讨题

1. "普洱景迈山古茶林文化景观"成功申遗给我们哪些启发？

2. 实践中应该如何破解"两山"转化的难题？

第四讲

面向南亚东南亚辐射中心建设开创新局面

4

把云南建设成为我国面向南亚东南亚辐射中心是以习近平同志为核心的党中央对云南在我国全方位对外开放格局中的精准定位、在周边外交战略中的使命要求、在高质量发展全局中的科学指引，是中央赋予云南的重大政治责任，也是我们实现高质量跨越式发展的最大潜力所在。云南背靠中国西南腹地，北上连接丝绸之路经济带，南下连接海上丝绸之路，东向连接长江经济带，面向南亚东南亚地区和印度洋周边经济圈，是我国面向南亚东南亚和环印度洋地区开放的大通道和桥头堡。随着"一带一路"建设、长江经济带发展、西部大开发等国家重大发展战略和政策在云南交汇叠加，云南正从对外开放的边缘地区和末梢变为开放前沿和辐射中心。云南省委、省政府深入贯彻落实党的二十大精神和习近平总书记考察云南重要讲话精神，全省上下牢记嘱托，担当实干，充分发挥云南区位、资源、人文优势，主动服务和融入"一带一路"建设，全方位、多领域、深层次抓好对外开放，辐射带动能力不断增强、深化改革创新闯出新路，不断开创面向南亚东南亚辐射中心建设新局面。

第一节

云南开放省情基本情况

云南是我国毗邻周边国家数量和陆上边境线长度都位居第三的省份。在中国对外交往史上，云南发挥了重要作用。"一带一路"倡议深入推进，特别是在加快形成以国内大循环为主体、国内国际双循环相互促进的新发展格局中，云南对外开放的大门越开越大。云南在面向南亚东南亚辐射中心建设中具有地理区位优势突出、人文交流基础深厚和经贸往来源远流长等良好基础。

一、地理区位优势突出

自古以来云南就是中国通往东南亚、南亚之间的通道，古代的"南方丝绸之路""茶马古道"把云南与印度洋沿岸国家紧密联系在一起，并长期保持着密切的经济文化联系。第二次世界反法西斯战争中，开辟了"史迪威公路""驼峰航线""中印输油管道"等通道，这些通道成为当时中国对外的"生命线"，为世界反法西斯战争的胜利作出了重要贡献。特别是随着中国"一带一路"倡议的推进，云南发挥了中国与这些地区国家交往的重要通道作用。

（一）通往南亚东南亚的重要窗口和门户

云南省北上可通过四川、陕西两省连接"丝绸之路经济带"，南下可通过"中国—中南半岛经济走廊"连接"21世纪海上丝绸之路"，向东可通过长江经济带连接太平洋地区，向西则可通过"孟中印缅经济走廊"与印度洋相连。

云南位于中国与南亚东南亚接合部，与缅甸、老挝、越南接壤，是中国通往南亚东南亚的重要通道和唯一能够通过公路、铁路和水路进入环太平洋和环印度洋地区的省份。云南边境线长4060千米，其中中缅边界1997千米，中老边界710千米，中越边界1353千米，涉及 8 个边境州（市）、25 个边境县（市）、110 个沿边乡镇（街道）、374 个沿边行政村（社区）。

截至 2024 年 1 月 21 日，云南省共有 28 个口岸，数量排在广东、黑龙江、江苏之后，位居全国第 4。其中一类口岸 22 个、二类口岸 6 个。其中，航空口岸有 4 个（如表 4—1 所示），昆明空运口岸是云南省出入境旅客最多、国际货物吞吐量最大的航空口岸。从"十三五"到"十四五"，昆明空运口岸定位也从面向南亚东南亚的门户型航空口岸发展到国际枢纽航空口岸。水运口岸有 3 个（如表 4—1 所示），位于澜沧江—湄公河云南段内，而澜沧江—湄公河流经中国、缅甸、老挝、泰国、柬埔寨、越南，是中国通往东南亚最便捷的黄金水道。思茅港、景洪港是云南最早对外开放的水运口岸。关累港是东南亚诸国经湄公河进入我国的第一港。

表 4—1　云南省航空口岸、水运口岸情况

	口岸名称	地点	批准时间	线路
空运口岸	昆明长水国际机场	昆明市官渡区	1955 年	开通国际（地区）航线达 92 条，其中南亚东南亚通航点达 45 个。
	西双版纳嘎洒国际机场	西双版纳州景洪市	1995 年 12 月	开通西双版纳至老挝琅勃拉邦、泰国清迈、柬埔寨暹粒的国际航线。
	丽江三义国际机场	丽江市古城区	2011 年 11 月	开通丽江至香港、台北、高雄、新加坡、首尔、曼谷、吉隆坡的国际航线。
	德宏芒市国际机场	德宏州芒市	2016 年 5 月	开通芒市至缅甸曼德勒、仰光的国际航线。
水运口岸	景洪港	西双版纳州景洪市	1993 年 7 月	——
	思茅港	普洱市思茅区	1993 年 7 月	——
	关累港	西双版纳州勐腊县	2020 年 6 月	——

数据来源：据云南省口岸办官网及商务厅资料整理。

云南陆路口岸共 21 个，其中铁路口岸 2 个，公路口岸 19 个。（如表 4—2 所示）西双版纳州勐腊县的磨憨和红河州河口县的河口既有铁路口岸又有公路口岸，德宏州瑞丽市的瑞丽铁路口岸已经纳入《国家"十四五"口岸发展规划》。在陆路口岸中，对缅甸口岸 11 个（6 个为二类口岸），对老挝口岸 4 个，对越南口岸 6 个。

表 4—2　云南省陆路（公路、铁路）口岸情况

中方口岸名称		所在城市	外方口岸名称	所在城市	批准时间	口岸等级
对缅口岸	片马	怒江州泸水市	大田坝	克钦邦密支那县	1991.8	二类
	腾冲猴桥	保山市腾冲市	甘拜地	克钦邦密支那县	2000.4	一类
	那邦	德宏州盈江县	拉咱	克钦邦八莫县	1991.8	二类
	章凤	德宏州陇川县	雷基	克钦邦八莫县	1991.8	二类
	瑞丽	德宏州瑞丽市	木姐	掸邦木姐县	1987	一类
	畹町	德宏州瑞丽市	九谷	掸邦木姐县	1952.8	一类
	南伞	临沧市镇康县	杨龙寨	掸邦第一特区（果敢）老街市	1991.8	二类
	孟定清水河	临沧市耿马县	清水河	掸邦第一特区（果敢）清水河市	2004.10	一类
	永和	临沧市沧源县	绍帕	掸邦第二特区（佤邦）勐冒县	1996.9	二类
	孟连	普洱市孟连县	邦康	掸邦第二特区（佤邦）邦康市	1991.8	二类
	打洛	西双版纳州勐海县	勐拉	掸邦第四特区（小勐拉）勐拉县	2007.11	一类
对老口岸	磨憨公路	西双版纳州勐腊县	磨丁公路	南塔省南塔县	1992.3	一类
	磨憨铁路	西双版纳州勐腊县	磨丁铁路	南塔省南塔县	2022.11	一类
	勐康	普洱市江城县	兰堆	丰沙里省约乌县	2011.7	一类
	勐满	西双版纳州勐腊县	班海	南塔省勐新县	2024.1	一类
对越口岸	金水河	红河州金平县	马鹿塘	莱州省封土县	1993.5	一类
	河口公路	红河州河口县	老街公路	老街省老街市	1993.5	一类

中方口岸名称		所在城市	外方口岸名称	所在城市	批准时间	口岸等级
对越口岸	河口铁路	红河州河口县	老街铁路	老街省老街市	1993.5	一类
	都龙	文山州马关县	箐门	河江省箐门县	2015.1	一类
	天保	文山州麻栗坡县	清水	河江省清水县	1993.6	一类
	田蓬	文山州富宁县	上蓬	河江省苗旺县	2018.2	一类

数据来源：据云南省口岸办官网及商务厅资料整理。

除口岸的建设外，云南还参与打造国际综合交通经济走廊。一是参与打造中国—中南半岛国际综合交通经济走廊。依托中越、中老泰通道及昆明、西双版纳等机场的国际航线，连接越南河内、老挝万象、泰国曼谷、柬埔寨金边等重要节点城市。二是参与打造孟中印缅国际综合交通经济走廊，依托中缅、中缅印通道及昆明、芒市等机场的国际航线，连接缅甸内比都、仰光、曼德勒，印度阿萨姆邦等重要节点城市。云南还正在构建5条国际综合交通运输通道，分别是中越通道（昆明—河口—越南）、中老泰通道（昆明—磨憨—老挝—泰国）、中缅瑞丽通道（昆明—瑞丽—缅甸）、中缅清水河通道（昆明—清水河—缅甸）、中缅印通道（昆明—猴桥—缅甸—印度）。

（二）东亚、南亚、东南亚经济圈的接合部

东亚、南亚、东南亚地区人力资源丰富。从国家数量来看，世界人口排名前10的国家分别是印度、中国、美国、印度尼西亚、巴基斯坦、尼日利亚、巴西、孟加拉国、俄罗斯、墨西哥。其中，东亚、南亚、东南亚地区国家就占了一半。在东亚、南亚、东南亚23个国家中，人口过亿的国家有7个。从总人数占比来看，东亚、南亚、东南亚地区人数占全球总人数的比例已超过全球的一半，可以说东亚、

南亚、东南亚地区是全球人力资源最丰富的地区。

东亚、南亚、东南亚地区经济总量大。从 GDP 体量看，根据国际货币基金组织（IMF）2022 年统计数据，世界各国（及地区）GDP 总量排名前 50 名中，东亚、南亚、东南亚地区国家上榜 12 国，其中，东亚有中国、日本、韩国 3 国，南亚有印度、孟加拉国、巴基斯坦 3 国，东南亚有印尼、新加坡、泰国、马来西亚、越南、菲律宾 6 国。特别是中国、日本、印度排名前 5。从总体 GDP 占比看，东亚、南亚、东南亚地区国家 GDP 总额约占全球的 1/3。从 GDP 增速来看，根据 IMF 2022 年统计数据，蒙古、孟加拉国、尼泊尔、马尔代夫、印度尼西亚、新加坡、文莱增速超过 10%。

二、人文交流基础深厚

云南与南亚、东南亚国家地缘相近、人缘相亲、文缘相通，有着深厚的人文交流基础。近年来不断密切与南亚、东南亚国家的人文交流，坚持"与邻为善、以邻为伴"，与周边国家构建多层次民心相通合作平台、建立更多交流合作渠道。

（一）"胞波"情谊历久弥坚

中缅山水相连，世代比邻而居。在缅语中，"胞波"意为一母同胞的兄弟。两国人民自古相亲相融，"胞波"情谊源远流长。近年来，云南省深入贯彻落实习近平主席 2020 年 1 月历史性访缅成果，积极开展对缅交往合作，与缅方在抗击新冠疫情、促进互联互通、深化人文交流等方面的合作取得明显成效，滇缅合作不断走向深入，传统"胞波"情谊焕发出新的光彩。

（二）跨境民族发挥积极作用

在云南国境线两侧分别居住着壮族、傣族、苗族、瑶族、彝族、景颇族、布依族、哈尼族、傈僳族、拉祜族、佤族、布朗族等 16 个跨境民族，他们分别跨居在 8 个州（市）、25 个县（市）的边境沿线。长期以来，跨境民族之间基于族缘、亲缘以及血缘纽带，在语言文字、婚姻、宗教、节日、教育、学术、新闻媒体、政府联谊、演艺等多个领域存在着广泛的文化交流和互动。

（三）华侨华人构建友好交流纽带

云南是全国五大侨乡之一。全球华侨华人 6000 多万人，其中有超过 70％的华侨华人集中在东南亚地区，仅印度尼西亚、泰国、马来西亚三国的华侨华人就占世界华侨华人总数的 60％。而云南省约有 250 万的云南籍华侨华人，分散在缅甸、泰国等 70 多个国家和地区，省内的归侨、侨眷达 50 多万人。

近年来，云南以"走出去"和"请进来"的方式，引导海外华侨华人、华文媒体用海外听得进、乐于听的语言和形式，讲述中国故事、云南故事，打开让世界了解云南的一扇窗。在"走出去"方面，每年春节、中秋等传统节日期间，云南在各国侨社侨团的协助下，组织具有民族文化特色的艺术团队，赴马来西亚等国家举办"文化中国·七彩云南""相约彩云南"等民族文化展演活动。在"请进来"方面，云南举办多期华裔青年精英研习班，邀请周边国家华裔新生代代表来滇学习交流，他们在亲身感知中国、深入了解云南后，将所见所闻带回住在国，不断帮助当地民众理解中国"一带一路"倡议以及云南对外开放政策。云南还通过"海外华文媒体云南行"活动平台，邀请数十个国家和地区的海外华文媒体来云南采访报道，全面客观介绍了中国国情、云南省情，让中国道路、中国方案、中国主张得到国际社会更广泛的理解和认同。特别是在新冠疫情常态化防控背景下，云南积极帮助海外侨胞抗击新冠疫情，开展"同心抗疫·中医关怀"活动，通过图文、视频、直播、在线问诊等方式，及时分享抗疫信息、提供远程诊疗方案，引导华侨华人在住在国率先做好自身防护的同时，分享防疫经验，同住在国民众携手抗疫、共克时艰。

三、经贸往来源远流长

早在春秋战国时期，云南就与中南半岛及南亚地区发展了贸易联系。自先秦荆楚、巴蜀经由南中通往南亚、中南半岛的对外贸易通道，进一步把云南同外部世界联系在一起，这条被称为西南"丝绸之路"的商道开通，成为云南对外贸易悠久历史的佐证。随着 2013 年"一带一路"倡议的提出，云南凭借着独特的区位优势，获得了前所未有的发展机遇。云南大型国有企业积极开拓周边市场，在缅甸、老挝、越南、柬埔寨等国实施了水电开发、基础设施、场馆建设、农业科技示范园等项目，带动了当地经济发展、促进了就业，赢得了褒奖和广泛赞誉。例如，云南建工集团因承建老挝东昌酒店获得老挝发展勋章，承建第 25 届东南亚运动会场馆获老挝劳动勋章，承建老挝北部饲料厂获老挝国家三级劳动勋章。云南国际公司承建老挝首个年产 20 万吨的现代化企业万荣水泥厂，结束了老挝不能生产水泥的历史，水泥厂入选老挝国家货币图案。

第二节

面向南亚东南亚辐射中心建设取得的成效

2015 年以来，习近平总书记两次考察云南，对云南提出了面向南亚东南亚辐射中心建设的总体要求，为新时代云南对外开放工作指明前进方向、明确发展目标、赋予重大使命，是新时代云南高水平对外开放工作的行动纲领和根本遵循。云南省认真贯彻落实习近平新时代中国特色社会主义思想和习近平总书记考察云南的重要讲话精神，面向南亚东南亚辐射中心的建设成果丰硕。

一、开放合作机制建设迈出新步伐

党和国家领导人多次出访南亚东南亚国家，谋划部署并引领推动中国与南亚东南亚国家交流合作。省委、省政府高位统筹推动、精心部署落实，成立了由省委、省政府主要领导担任组长的云南省推进"一带一路"建设工作、建设面向南亚东南亚辐射中心，以及组织实施昆明市托管西双版纳州磨憨镇工作等领导小组，进一步强化组织领导，统筹推进对外开放工作。

（一）组织领导强化，政策引领加强

云南搭建起了推进辐射中心建设的"四梁八柱"政策体系。先后制定出台了《中共云南省委　云南省人民政府关于加快建设我国面向南亚东南亚辐射中心的实施意见》《云南省建设我国面向南亚

东南亚辐射中心规划（2016—2020 年）》《云南省人民政府关于建设面向南亚东南亚金融服务中心的实施意见》《云南省建设面向南亚东南亚经济贸易中心实施方案》《贯彻落实习近平总书记重要讲话精神维护好运营好中老铁路开发好建设好中老铁路沿线三年行动计划（2022—2024 年）》《云南省推动对外贸易高质量发展三年行动（2022—2024 年）》等系列规划和政策文件。云南还积极争取到国家层面出台支持云南加快建设辐射中心的意见，2019 年 2 月，经国务院同意，国家发展改革委印发《关于支持云南省加快建设面向南亚东南亚辐射中心的政策措施》；2022 年 11 月，国务院出台了《关于支持云南加快建设我国面向南亚东南亚辐射中心的意见》，为云南建设我国面向南亚东南亚辐射中心提供了至关重要的制度保障；教育部办公厅 2023 年制定印发政策措施，支持云南加快建设我国面向南亚东南亚教育辐射中心。有效构建高位推动、上下协同的政策体系。

（二）战略对接深入，多双边合作加强

云南主动服务和融入国家发展战略，与 9 个国家建立了 12 个多双边合作机制，建立的双边合作机制实现澜湄 5 国全覆盖。积极参与澜湄合作、大湄公河次区域合作、孟中印缅地区合作论坛、云南—老挝（北部）合作工作组会议、滇缅合作论坛、滇越合作等多双边合作。截至 2023 年底，云南已举办 7 届中国—南亚博览会、1 次"永不落幕的南博会"在线展、3 届南亚东南亚国家商品展暨投资贸易洽谈会、4 届中国—南亚合作论坛、12 次中国云南—老挝北部合作工作组会议，共承办 15 届 GMS 经济走廊省长论坛。2021 年 5 月 18 日，中

国云南省与越南老街、河江、莱州、奠边省省委书记会晤以视频形式举行，标志着"中国云南省与越南老街、河江、莱州、奠边省省委书记会晤机制"正式启动。截至 2023 年底，该会晤机制已经成功举行 3 次会议。

（三）国际"朋友圈"扩大，携手世界奏响友谊乐章

截至 2022 年底，云南省与五大洲 37 个国家建立了 105 对友城关系，与南亚东南亚国家友城总数达 49 对，与周边国家建立了 28 对友好村寨。2022 年，云南省与乌兹别克斯坦布哈拉州、昆明市与布哈拉市缔结友城关系，实现了云南省中亚方向友城零的突破。[①] 国际友好城市间的经贸、教育、科技、文化、卫生、体育、抗疫等领域交流与合作取得了丰硕成果，不断增加的国际友城日益成为云南对外开放的重要标志和重要渠道，成为"走出去""引进来"的重要载体。

二、国际大通道建设取得新突破

通过 10 年的努力建设，截至 2023 年底，云南"七出省五出境"高速公路网基本形成、"八出省五出境"铁路网不断延伸、"两网络一枢纽"航空网加快推进、"两出省三出境"水路网持续拓展，外联内畅的综合运输大通道加快形成。

---

① 《云南加快建设我国面向南亚东南亚辐射中心新闻发布会》，云南省人民政府网站，2023 年 2 月 24 日。

（一）"七出省五出境"高速公路网[①]基本形成

云南东连黔桂通沿海，北经川渝进中原，南下越老达泰新，西接缅甸连印孟，是我国唯一可同时与三亚（东亚、南亚、东南亚）、两洋（太平洋、印度洋）相通相连的关键省份。同时，云南北上连接丝绸之路经济带，南下连接海上丝绸之路，西进可复兴南方丝绸之路，是中国唯一可以同时从陆上沟通南亚东南亚，融入三大丝绸之路的省区。云南通往周边国家及毗邻省份的国际国内公路运输通道加快构建，"七出省五出境"高速公路网已基本形成（如图4—1所示）。

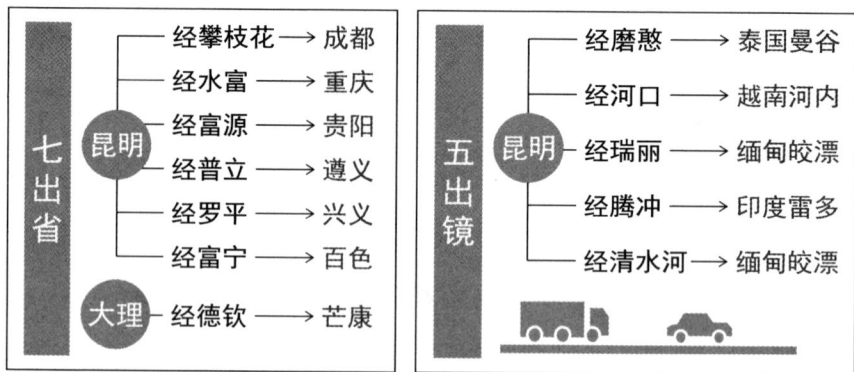

图4—1 云南公路"七出省五出境"路网示意图[②]

"七出省"通道中除昆明至拉萨通道香格里拉至德钦（隔界河）

---

① "七出省"通道分别是昆明经攀枝花至成都通道，昆明经水富至重庆通道，昆明经富源至贵阳通道，昆明经普立至遵义通道，昆明经罗平至兴义通道，昆明经富宁至百色通道，大理经德钦至芒康通道。"五出境"通道则分别是昆明经磨憨至泰国曼谷公路通道，昆明经河口至越南河内公路通道，昆明经瑞丽至缅甸皎漂公路通道，昆明经腾冲至印度雷多公路通道，昆明经清水河至缅甸皎漂公路通道。

② 《云南日报》美编谭冰制图，云南省人民政府网站，2015年9月6日。

段外，其余 6 个通道均实现高速化，共形成 14 个高速公路省际出口，其中四川方向 7 个、贵州方向 5 个、广西方向 2 个；云南高速公路出省通道已达到 5 个，除香格里拉至德钦（隔界河）未启动外，另有宣曲、江召、香丽三段高速已经在建。"五出境"通道实现境内段高速公路全线贯通，共形成 5 个高速公路国际出口，其中越南方向 1 个、老挝方向 1 个、缅甸方向 3 个。国际运输便利化程度不断提升，国际道路运输合作范围扩展到越南 6 省和老挝 10 省，开通 29 条国际道路运输线。2020 年底，沿边干线公路 G219 全面贯通，提高云南对外开放水平。云南"内联、外通、省内成网"的高速公路建设全面推进，截至 2022 年底，云南共新增 13 条高速公路通车，全省 129 个县（市、区）中，已有 120 个通高速公路。全省高速公路里程已突破 1 万千米，2025 年全省高速公路通车里程将力争达到 1.3 万千米，实现除承担生态功能的福贡、贡山县外，其他 127 个县（市、区）全部通高速公路。

（二）"八出省五出境"铁路网①不断延伸

1949 年，云南铁路通车里程仅 650 千米，2022 年发展到 4981 千米，增长了 7.66 倍，历史上几个主要年份末交通运输线路长度见图 4—2。高铁更是经历了从无到有的跨越式发展，截至 2022 年底，云南省高速铁路（时速 200 千米以上）的运营里程已达 1180 千米，位居全国第 18 位。

---

① "八出省"铁路通道是指贵昆、成昆、南昆、内昆、沪昆客专、云桂、渝昆、滇藏铁路；"五出境"铁路通道是指中越昆明至玉溪至河口、中老泰昆明至磨憨、中缅昆明至大理至瑞丽、中缅昆明至大理至临沧清水河、中缅印昆明至大理至芒市至腾冲猴桥铁路。

单位：万千米

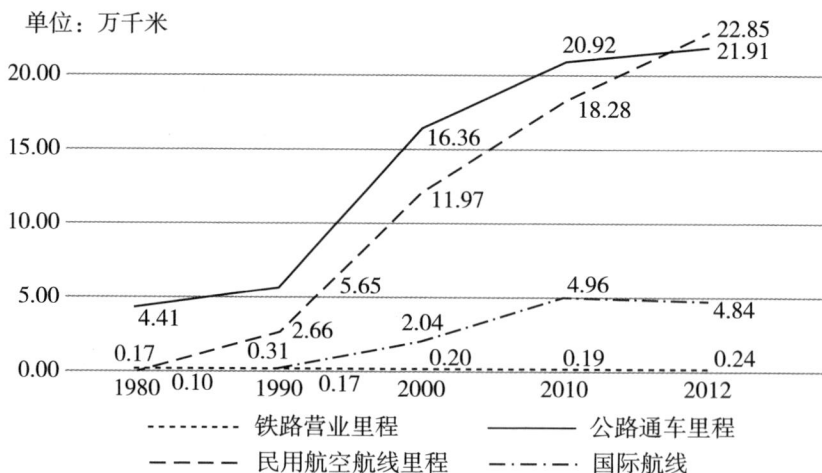

图4—2　历史上云南省主要年份末交通运输线路长度

云南高铁已基本形成了 1 小时覆盖滇中城市群，2—3 小时覆盖滇西、滇南、滇东南地区，2—5 小时通达周边省会城市，6—11 小时辐射华南珠三角、华中湘粤豫、华北京津冀、华东江浙沪以及东南沿海地区的高铁交通圈。根据云南省人民政府办公厅印发的《云南省推进多式联运发展优化调整运输结构工作实施方案（2022—2025 年）》，到 2025 年全省铁路营运里程力争达到 6000 千米。[2] 目前，云南昆明、曲靖、红河、文山、玉溪、楚雄、大理、丽江、临沧、昭通、保山、普洱、西双版纳均已跨入动车时代。未来几年，迪庆州、德宏州也将开通铁路，结束不通铁路的历史。此外，聚焦客运"零换乘"组织和货运"无缝化"衔接，推动干线铁路、城际铁路、市域铁路、城市轨道交通"四网融

---

① 数据来源：中共云南省委宣传部、云南日报社编著：《不忘初心　牢记使命——云南省庆祝中国共产党成立 100 周年成就展 1921—2021》，云南人民出版社 2021 年版。

② 《云南省推进多式联运发展优化调整运输结构工作实施方案（2022—2025 年）》，云南省人民政府网站，2022 年 8 月 26 日。

合"，并与机场高效衔接，完善货运枢纽集疏运体系、城市配送体系、多式联运体系、换装转运体系"四位一体"功能，助推经济社会发展。目前，云南建成运营"铁路货运无轨站"16个，覆盖云南9个州市，基本实现"连网成片"。云南铁路全面参与现代流通、综合交通、国际物流体系和自由贸易试验区建设，协同共建中缅、中越、中老经济走廊和跨境经济合作区，积极参与推动跨境物流中心建设、布局境外物流市场、搭建便利运输合作机制，创新培育新产业、新业态和自主品牌。以中老昆万铁路标志性工程为引领，推进中国铁路技术标准走出去。加快推动与周边国家铁路互联互通，加快推动中老泰、中缅、中越、中缅印国际铁路通道境外段建设。

中老铁路"黄金线路"效应持续扩大。抢抓中老铁路开通重大机遇，实施通道能力提升、物流枢纽建设、沿线产业开发、市场主体培育"四大行动"，到货地点和货物来源地已覆盖泰国、缅甸、老挝、马来西亚等8个主要国家，货物品类由开通初期的橡胶、化肥、百货扩展到电子、光伏、通信、汽车、鲜花等1200多种，在中国和东盟间构建起一条内外联动、便捷高效的国际物流大通道。

（三）"两网络一枢纽"航空网①加快推进

目前，云南全省共运营民用运输机场15个，机场数量排名全国第3位（仅次于新疆和内蒙古），机场密度达到3.9个/10万平方千米，高于全国2.5个/10万平方千米的平均水平，形成了以昆明机场

---

① "两网络"指机场网络和航线网络，"一枢纽"指昆明国际航空枢纽。

为枢纽，丽江、西双版纳、芒市机场为重要节点，其他支线机场为支撑的机场网络体系。保山、普洱、丽江、临沧4个地级市拥有双机场。全省机场客货航线达到666条，国内外通航城市185个，昆明机场至南亚东南亚通航点达43个，保持全国第一，基本实现南亚东南亚国家首都和重点旅游城市客运全覆盖，南亚东南亚的航空辐射中心加速成型。[①] 2023年6月29日，由缅甸国家航空公司执飞的中国芒市至缅甸仰光（经停曼德勒）国际航线首航成功。这标志着中缅国际航空服务产业合作迈出新步伐，中缅互联互通开启"空中新丝路"。支线机场航线网络通达性进一步加强，共开通省外直飞航线192条（包括国际地区航线10条），开通省内环飞航线10条。

（四）"二出省三出境"水路网持续拓展

云南水资源十分丰富，主要河流有6条，即金沙江—长江、澜沧江、红河、南盘江、怒江和伊洛瓦底江，加上600多条干支流河道总长14200千米。其中，可开发利用航道8000多千米，可发展航运的湖泊30多个，各种水库5500多座。澜沧江—湄公河、红河、伊洛瓦底江等出境水运通道，金沙江—长江和右江—珠江为出省水运通道，其中澜沧江—湄公河一江连六国。云南构建"二出省三出境"水运大通道格局优势突出，内河航运开发潜力巨大，建设与发展前景广阔。全省水运行业主动融入和服务"一带一路"建设、长江经济带发展战略，持续拓展"二出省三出境"。水运大通道加快形成，金沙江—长江、澜沧江—湄公河航运通道不断提级延伸，右江—珠江出省通道建

---

① 《云南加快建设我国面向南亚东南亚辐射中心新闻发布会》，云南省人民政府网站，2023年2月24日。

设取得重大突破。水路交通在惠及民生助推区域经济社会发展、大通道建设助力区域开放合作交流、农村渡船客运助力贫困地区脱贫攻坚等方面积极贡献力量。

（五）跨境能源通道建设加快推进

云南"缺油少气"的历史彻底改变。2013年，中缅天然气管道建成投产，2017年，中缅原油管道和中石油云南1300万吨/年炼油项目相继建成投产。中缅油气管道成为我国第四大能源战略通道，累计输送原油超过5000万吨、输送天然气超过350亿立方米，中石油云南炼油项目累计加工原油超过5000万吨、生产成品油超过4000万吨，昭通页岩气累计产气超过5亿立方米，全省油气管道总里程超过6000千米，原油、成品油、天然气三大管网格局初步形成。

云南建成技术最先进的送端大电网。云南统筹省内省外、国内国外，统筹安全与保供，始终坚持协同发展、科技赋能，建成了世界上技术最先进、特性最复杂、电力最绿色的省级异步送端大电网，构建起"省内交直流并联运行、国内多回直流远距离大容量输电、国际多个方向送受电"的电力跨省跨区优化配置格局。截至2023年9月底，云南省已累计建成14条110千伏及以上高压线路与越南、老挝、缅甸相连，形成了"有进有出"的双向电力贸易格局。

（六）国际通信枢纽初具雏形

云南用信息通信技术为"数字云南"面向南亚东南亚辐射中心建设作出积极贡献。云南省信息通信行业不断加强信息通信基础设施建设，解决边远、贫困地区通信网络的覆盖问题，持续推进面向南亚东南亚国际通信枢纽建设，全省固定网络实现光纤网络普遍覆盖。截至2022年9月，光缆线路达到246.8万千米，位居全国第9。近年来，云南省信息通信行业大幅提升辐射南亚东南亚能力。中国电信集团公司拓展了昆明区域性国际通信业务出入口业务种类，中国移动和中国联通集团公司在昆明增设了区域性国际通信业务出入口，昆明国际通信业务疏导能力得到明显提升，成为继北上广之后第四个三家基础电信企业均设置了国际通信业务出入口的城市。陆续建成13条与老挝、缅甸连通的跨境陆地光缆，国际出口带宽达到1.03T。① 中老、中缅实现网络设施互联互通，国际通信服务覆盖周边8个国家。

云南建成昆明国际互联网数据专用通道，为自由贸易试验区发展外向型经济提供高品质的国际通信和互联网服务。早在2015年5月，中国电信昆明区域性国际通信出入口局的经营范围就扩展至印度、孟加拉国、斯里兰卡等国，新增数据专线、互联网转接业务。截至2022年9月，全省建成4G基站23.1万个，实现4G和固定宽带100%行政村覆盖，5G基站达到5.4万个，16个州（市）政府所在地城区实现5G网络连续覆盖；建成省际光缆27条，互联网出省方向达到18个，出省总带宽能力达到32Tbps（太比特/秒）；建成跨境陆地光缆13条，国际出口带宽达1.03Tbps。建成数据中心50个，其中，超大型1个、大型1个。昆明国际互联网数据专用通道获批设置，为自由贸易试验区发展外向型经济提供高品质的国际通信和互联网服务。全省区块链基础平台和服务网络完成部署，服务能力全国领先。2013年5月组建"云南省驻外企业（机构）信息通信服务中心"。2016年

---

① 《"云南这十年"系列新闻发布会·数字经济专场发布会》，云南省人民政府网站，2022年8月26日。

6月，大湄公河次区域跨境电子商务合作平台落户昆明，平台目前已经与老挝、缅甸和孟加拉国等国当地电商、物流企业达成合作协议，网站可提供包括中文和英语在内的9种语言服务，其中南亚有孟加拉语和乌尔都语等。2019年12月，云南跨境电子商务公共服务平台建成，打通了多条通往南亚东南亚及欧美的电商线路。

三、开放型经济建设取得新成效

云南主动服务和融入"一带一路"建设，以建设面向南亚东南亚辐射中心为目标，全方位多领域深层次推进开放型经济建设，取得瞩目的成绩。

（一）对外贸易持续增长

云南抓住对外开放新变化、新特点和新增点，不断加大对外贸易力度。云南外贸进出口总额从2012年的1325.9亿元增长至2021年的3143.8亿元，十年累计利用外资124.8亿美元。云南全力聚焦《区域全面经济伙伴关系协定》（RCEP），出台了《云南省加快对接RCEP行动计划》，与RCEP国家贸易比重呈上升趋势，实际利用RCEP国家外资有所增长，与部分RCEP国家跨境电商增长显著。通过用活国内国外"两个市场""两种资源"，"走出去""引进来"内外兼修，外资产业结构不断优化，物流业成为全省首个引进外资超亿美元的重点产业链。2021年，云南对"一带一路"沿线国家、RCEP贸易伙伴分别进出口1810亿元、1407亿元，同比分别增长7.5%、5.1%。2022年，全省外贸进出口总额实现3342.4亿元，增长6.3%，进出口总额在全国排名第 20 位，在西部 12 个省区市中排名第 5 位。2019—2021 年 3 年内连续跨上 2000 亿元、3000 亿元两个台阶。贸易市场增至 200 多个，2022 年对东盟国家贸易额实现 1273.7 亿元，占全省外贸总额比重达 38.1%，东盟第一大贸易伙伴地位持续巩固。中缅新通道海公铁联运已累计运输 20 批次，货运量超过 2 万吨，极大地优化了我国内陆地区出海的国际物流模式和路线。双向投资稳步提升，10 年来累计利用外资 71.5 亿美元，入滇发展的世界 500 强企业累计近 140 家。

（二）通关便利化程度不断提升

2020 年，云南全省口岸进口整体通关时间 14.02 小时，比全国平均进口通关时间少 27.8 小时，位列全国进口整体通关时间最短省区第 4 位；全省口岸出口整体通关时间 0.12 小时，比全国平均出口通关时间少 2.07 小时，全国出口整体通关时间位列全国最短省区第 1 位。2022 年 12 月，云南省进口、出口整体通关时间均排名全国第 1 位，2022 年全年进口、出口整体通关时间分别排名全国第 2、第 3 位。

（三）多层次开放平台体系不断完善

云南建成了以中国（云南）自由贸易试验区为引领，2 个国家级重点开发开放试验区（瑞丽、磨憨）、5 个国家级经开区（昆明、曲靖、蒙自、嵩明杨林、大理）、2 个综合保税区（昆明、红河）、3 个跨境经济合作区（中老、中缅、中越）、4 个国家级边境经济合作区（瑞丽、畹町、河口、临沧）为纽带，27 个口岸为窗口的多层次开放平台体系。云南全省各类开放型园区持续优化提升，开放型园区在改革创新、扩大开放、促进产业集聚、带动区域发展等方面取得了积极作用。尤为值得一提的是，昆明市正式托管磨憨镇，将在体制、机制、政策壁垒上进一步积累有益经验，加快推动一体化发展。以更加开放的视野、更加主动的姿态融入全球一体化，云南构建了面向全球开放的窗口和工作平台，在全球 31 个国家（地区）设立商务代表处。

四、区域性金融服务能力得到新提升

云南在推动区域跨境金融交流合作、提升企业跨境贸易收支便利化、建设跨境投融资高效通道、加快推动人民币国际化进程等方面积极探索创新，加大信贷支持力度，畅通金融"血脉"，持续为服务推动共建"一带一路"高质量发展注入金融动能。

（一）跨境人民币业务不断扩大

人民币在云南涉外经济中的地位和作用不断提升。全省跨境人民币业务覆盖边境贸易、全部经常项目和资本项目投融资领域，结算主体从企业延伸到个人。跨境人民币在云南省本外币收付中的占比长期保持在 30％以上的较高水平，跨境人民币业务已覆盖全省 16 个州市和 23 个口岸，提供结算服务的银行 29 家，参与结算的企业 4500 余家。云南大幅减少行政审批事项，外商投资企业外汇资本金意愿结汇、直接投资外汇登记全面下放，优化跨境业务办理流程，推广人民币跨境支付系统（CIPS）应用。建成了以云南为枢纽，辐射南亚、东南亚，延伸至欧洲、美洲、大洋洲及非洲的跨境人民币清算、结算网络。跨境人民币业务不断扩大，截至 2022 年底，已同 120 个国家

（地区）建立了跨境人民币结算渠道，跨境人民币累计结算金额7197.98亿元，实现已建交南亚东南亚国家全覆盖。[①] 加大跨境反假人民币工作力度，构建"省、市、县"三级跨境反假货币工作组织体系，净化人民币流通环境，强化跨境反假货币力度。

（二）多层次区域货币交易模式加快推进

云南推动完善以银行间市场区域交易为主、银行柜台交易为辅、特许兑换为补充的全方位、多层次人民币与周边国家货币区域交易的"云南模式"。全国首例人民币对泰铢区域交易由云南发端，并成功实现在全国银行间市场挂牌。本外币兑换特许机构挂牌交易货币达40余种。搭建了与越南盾、泰铢、老挝基普现钞的直供平台和调运通道。中国银行沿边金融合作服务中心推出"东盟七国产品体系""越老缅产品体系""南亚国产品体系"等；农业银行泛亚业务中心、建设银行跨境金融服务中心积极开展周边外汇业务办理；浦东发展银行离岸业务创新中心形成离岸业务前中后台有效融合，集产品推广、客户营销、运营延伸服务为一体的组织管理体系。老中银行成为国内银行机构在老挝开展业务的首选代理行。中国银行与中银香港联动，开通人民币直汇业务，实现东南亚人民币业务全覆盖。工商银行云南省分行与仰光工行联动推出"中缅通"产品，打通中缅两国经贸往来人民币结算通道。人民银行总行授权人行昆明中心支行深化与周边国家金融监管交流合作，持续深化与缅甸、老挝、泰国等国家央行跨境金融合作。中国人民银行与老挝银行签署了双边本币合作协议，缅甸央行允

[①] 《云南加快建设我国面向南亚东南亚辐射中心新闻发布会》，云南省人民政府网站，2023年2月24日。

许外汇持牌银行进行人民币和日元的外汇买卖，并放宽了边境地区使用人民币直接结算的政策限制。

（三）金融机构"走出去""引进来"步伐不断加快

云南不断创新金融机构对外开放举措。富滇银行和太平洋证券获批到老挝合资设立老中银行和老中证券，开创地方法人金融机构"走出去"全国先例。富滇银行到老挝合资设立老中银行，成为全国第一家走出国门、在境外设立附属机构的城市商业银行。截至2023年底，云南有8家外资银行分支机构，有5家外资保险公司省级分公司。云南还进一步优化沿边网点布局，增强沿边地区金融服务覆盖性和普惠性。截至2022年底，全省25个边境县银行网点超700个，保险网点超400个。

五、对外人文科技交流合作取得新进展

以建设面向南亚东南亚科技创新中心为重点，在共建创新合作平台、推动技术转移、开展科技人文交流、加强医疗合作等方面，与南亚东南亚国家持续加强合作，为我国面向南亚东南亚辐射中心建设提供了有力支撑。

（一）教育合作持续深化

着力推进教育开放。做优"留学云南"品牌，将云南建设成为南亚东南亚国家留学生来华留学的重要目的地。来滇留学生人数不断增加，生源结构不断优化。目前在云南留学的外国留学生达1.93万人，

云南已建成 31 个中外合作办学项目,在海外建成 15 个孔子学院(课堂);每年通过公派留学项目选派 600 余名师生出国留学。云南大学发起成立 16 国 120 多所高校参加的南亚东南亚大学联盟,举办 2 届"南亚东南亚大学校长论坛",实施"留学云南大学计划",实现来华留学生南亚东南亚国家全覆盖。"云南民族大学中印瑜伽学院""云南财经大学曼谷商学院"等一批合作办学项目落地实施,第三届澜湄职业教育联盟圆桌会议等活动成功举办。2022 年 11 月 21 日,第五届南亚东南亚教育合作昆明论坛举行。论坛签订了 10 个教育合作协议,涉及部省合作、汉语国际教育、医学教育合作、农业教育合作、交通运输领域职业教育等多个领域,全方位展现了云南积极推进国际教育交流合作的代表性成果。其中,云南交通运输职业学院与缅甸云华师范学院合作成立了"南亚东南亚交通职业教育联盟",这是自首届南亚东南亚教育合作昆明论坛举办以来成立的第 7 个联盟,代表着云南省高校走出了一条"联通国际,盟友万邦"的新时代友好合作联盟之路。同时,云南省凭借独特的区位优势,在职业教育领域与南亚东南亚地区学校开展了丰富的教育交流合作,目前已在泰国、老挝、缅甸、孟加拉国等国家建成职业教育中心,澜湄职业教育联盟正在建设。

(二)文化交流精彩纷呈

云南持续举办"七彩云南·文化周边行"访演活动,以及澜沧江—湄公河流域国家文化艺术节、澜湄电视周、中缅胞波狂欢节等民族文化节庆活动,《吴哥的微笑》等一批文化产品成功走出国门。云南广播电视台、云南广电传媒集团旗下的云南无线数字电视文化传媒股份有限公司以中国地面数字电视标准海外推广为契机，主要与老挝、柬埔寨积极开展国际数字电视项目合作。

（三）旅游合作提质升级

大力推进区域文化合作。在中国文化部和柬埔寨文化部共同支持下，由云南文投集团投资，于 2010 年打造出《吴哥的微笑》这台全方位展示柬埔寨吴哥王朝的大型文化旅游驻场演出。节目自公演以来，经久不衰，已经连续多年被评为全国文化出口重点项目，被柬埔寨政府授予"柬埔寨旅游特殊贡献奖"。2016 年 10 月，在习近平主席和柬埔寨首相洪森的共同见证下，金边中国文化中心揭牌成立，成为深化中柬交流、展示中国形象的重要窗口。2017 年 11 月，云南省政府与文化部共建的缅甸仰光中国文化中心宣告成立。自此，云南成为全国唯一一个拥有两个部省合作共建海外中国文化中心的省份。

不断拓展跨境旅游合作。组织编制了中老、中越、中缅跨境旅游合作区建设规划方案及边境旅游试验区建设实施方案，承办了中缅旅游合作论坛、跨境旅游合作论坛、澜湄流域国家文化遗产保护与推广研讨会，推动澜湄旅游城市合作联盟筹建等。充分利用中国国际旅游交易会、中国—南亚博览会、商洽会等国际国内专业性展会平台，大力宣传展示云南民族文化特色和旅游品牌形象。

（四）科技合作成果丰硕

积极推进与南亚东南亚之间的科技合作。2018 年在云南建设的中国—南亚东南亚国际技术转移交易平台，以"互联网＋大数据＋科技成果"的服务模式，为国内外的大学、科研机构、创新型企业提供信息供给、知识产权保护、技术转移、法律援助、项目开发、技术合作等专业化服务。目前，中国—南亚东南亚国际技术转移交易平台入驻技术服务机构超过 90 家，入驻国内外专家 239 名，上线知识产权成果累计达 20 余万项，上线技术成果 3249 项。截至 2020 年 6 月，累计实现技术有效服务对接超过 100 项，第三方技术服务超过 200 项，访问量达 1500 万人次。云南的科技创新成果正在成为促进南亚东南亚国家民生福祉的重要依托。在巴基斯坦，杂交小麦技术援助与试验示范项目大幅提高了当地小麦单产水平；云南玉米专家番兴明在中老农业科技合作中作出重要贡献，荣获老挝人民民主共和国杰出贡献奖；在南亚东南亚许多地方，来自云南的"国际科技特派员"带来了先进的技术和理念。2013 年起，云南便探索出了国际科技特派员制度，先后分 5 批选派了 92 名国际科技特派员，赴南亚、东南亚国家开展国际科技合作研究、技术咨询、技术培训等工作。作为最早一批认定选派的国际科技特派员，云南师范大学教授陈玉保在老挝科技部新能源与材料研究所、国家妇女儿童医院、万象省孤儿学校（初中）、万象市相关医院，参与建成了 20 余个可再生能源集中示范区。云南农业大学教授文建成在担任国际科技特派员期间，为亚洲农业（缅甸）公司的新品种选育、良种繁育、优质米生产、人才培养提供技术服务。他筛选出 2 个优质香米常规籼稻品种"TP1268"和"TP1262"，通过缅甸国家审定（登记）新品种 1 个，进行新品种示范推广 130 余万平方千米。这些成果，都是云南建设面向南亚东南亚科技创新中心取得积极进展的直观展示。

云南省注重与接壤的缅甸、老挝和越南三国的跨境区域科技合作。缅甸方向：临沧市承担了中缅合作"双高"优质蔗糖基地建设科技示范项目，与相邻缅甸地区开展甘蔗种植技术合作。老挝方向：云南省通过与老挝乌多姆赛省合作在乌多姆赛省共建农业科技示范园和农业技术示范中心，与南塔省合作建立中来南塔农业科技示范园，帮助老挝北部地区提升农业科技发展水平。越南方向：云南省与老街省合作建设云南—老街特色农业产品科技示范园，云南保山市与越南河内市合作推动中越河内农业科技示范园和越中保山农业科技示范园。另外，云南省及其沿边州（市）还帮助周边三国相邻相近地区进行农业科技人才培训，如云南省通过开展"南亚东南亚蔬菜资源与栽培技术培训班""友好畜牧、种植技术培训班"或组织科技人才前往实地进行人才培训或者现场指导。另外，各州（市）充分利用友好城市、友好乡镇和友好村寨结对提供农业科技服务。[①]

（五）医疗合作持续推进

云南省及各沿边州（市）与邻国相邻相近地区在跨境医疗卫生及传染病联防联控方面不断深化合作。在省级层面，云南省积极推动澜沧江—湄公河流域四国边境地区（中国、老挝、缅甸、越南）传染病联合防控，探索湄公河流域四国传染病联防联控机制，并在已建立的云南—老北合作机制、滇越边境四省联合工作组会议机制等双边机制下推动卫生领域的合作。在市级层面，保山市、德宏州、临沧市、普洱市等都建立了与缅甸相邻地区的卫生医疗合作；普洱市和西双版纳州建立了与老挝相邻地区的卫生医疗合作；红河州、文山州主要面对越南相邻地区建立卫生合作关系。有的沿边州（市）在口岸或通道处

---

① 张高原：《中国与缅甸老挝越南跨境地方政府合作研究——以云南省跨境合作为例》，中共中央党校（国家行政学院）博士学位论文，2020年。

开设"绿色通道"，为邻国相邻地区危急重症患者、重伤患者就医提供便利，如普洱市江城县为老挝约乌县开通就医"绿色通道"，普洱市孟连县为缅甸掸邦第二特区开通"阳光紧急救助"通道。另外，云南省还为周边国家提供医疗援助，如"光明行""爱心行"等国际公益医疗活动，各沿边州（市）（包括其沿边县），也定期或不定期到邻国相邻地区进行义诊活动。

第三节

典型案例：中国—南亚博览会

一、基本概况

中国—南亚博览会（以下简称南博会）的前身是"南亚国家商品展"，始于 2007 年，给南亚商品提供了专门的推广平台。2013 年 6 月，首届南博会在昆明举办，从此，云南与世界许下"南博之约"。从 2013 年到 2023 年，南博会完成了从单一进口商品交易会向国家级综合性博览会的华丽转变。如今，南博会这一集货物贸易、投资促进、旅游合作、文化交流等于一体的综合性博览会平台，已成为云南的一张闪亮名片。南博会是我国唯一明确以南亚国家为合作对象的高层次国际性展会，是促进周边外交、发展周边经贸关系的重要举措，是面向南亚东南亚辐射中心建设的重要平台和新抓手。

10 年来，南博会让云南与世界的联系越来越紧密。10 年来，南博会见证了云南以更加开放的姿态、更加宽容的胸怀、更加优惠的政策拥抱世界。南博会举办的这 10 年，也是云南加快对外开放阔步前行的 10 年。从首届到第 7 届，南博会展馆从 6 个增加到 15 个，展览面积从 5.11 万平方米增加到 15 万平方米，参展参会国家、地区和国际组织从 42 个增加到 85 个。

二、主要做法

南亚东南亚是世界最大的新兴市场，也是世界经济增长最快、最富活力的地区之一，云南与南亚东南亚国家深化互利合作，有共同的意愿、厚实的基础，更有无限的潜力。南博会举办的这 10 年，也是云南加快对外开放阔步前行的 10 年。云南的对外开放与南博 10 年齐头并进，云南用好南博机遇，牵手世界，开放共赢。主要做法具体表现为以下五点。

（一）凝聚共谋发展共识

每一届南博会都会安排一个"主题国"和"主宾国"，并邀请高规格来宾共谋发展凝聚共识。以第 7 届南博会为例，此届博览会由尼泊尔担任主题国，缅甸担任主宾国，国际性、知名度、影响力进一步提升，开幕式隆重热烈，受到国家领导人、与会外国政要、驻华使节和其他重要中外嘉宾的广泛赞扬。来自 85 个国家、地区和国际组织的 3000 余名外国嘉宾以线下线上方式出席南博会，其中，线上线下 7 位外国政要与会，超过历届，省部级官员 55 位、驻华使节 9 位、驻华总领事 13 位；国内 14 个国家部委、社会团体和 27 个省（区、市）、5 个副省级城市和计划单列市的 22 名省部级领导莅会指导。中共中央政治局委员、中央外办主任王毅在昆明出席此届南博会开幕式并致辞。斯里兰卡总理古纳瓦德纳、老挝国家副主席巴妮、尼泊尔副总统亚达夫、越南副总理陈流光等出席并致辞。各方表示，博览会主题顺应时代潮流，符合各国发展需要，感谢中方打造高效合作平台，助力南亚国家搭乘中国发展快车，期待同中方加强团结协作，为区域开放包容、和平稳定和共同发展作出贡献。

（二）拓宽团结协作渠道

南博会期间安排专场活动、专业论坛、配套活动、系列活动等会期活动，涵盖专业论坛、洽谈签约、产品推介等形式，充分利用南博会平台拓展团结协作渠道。以第 7 届南博会为例，通过强化统筹协调，精心组织筹备，展会期间共举办了 40 场会期活动，除专业论坛、洽谈签约和产品推介外，还引入直播带货等新兴形式，累计共有内宾约 7000 人次、外宾约 600 人次现场参会。展会期间，发布了《南博十年》《RCEP 重点规则运用指引（2023）》《沿边开放发展报告（2022—2023）》《大湄公河次区域经济走廊省长论坛专家委员会关于深化澜湄区域农产品贸易和农业投资合作的倡议》《南亚区域合作联盟投资前景》《凝聚共识 汇聚合力 共同营造区域优质营商环境昆明倡议》等一批促进共同发展的研究报告、合作倡议等重要成果，相关国家智库达成了成立中国—印度洋蓝色经济智库联盟的共识。

（三）凸显展会招商成效

南博会正以广聚贸易商机的强劲引力、广计天下之利的宽广胸怀、广汇创新成果的智慧赋能，释放出共享发展的新机遇。南博会突出招商引资的特点，展会招商成效进一步凸显。以第 7 届南博会为例，展会共设置 15 个展馆，围绕云南省"3815"战略发展目标和省委、省政府重大工作部署，首次设置资源经济馆、口岸经济馆、园区经济馆、区域合作馆等 4 个展馆。展览面积 15 万平方米，共有 2050

家企业、10063 人线下参展，设置 310 个特装展位，特装比例达到 79.68%，89 家世界 500 强企业、42 家中国 500 强企业及 68 家境内外行业龙头企业线下参展参会，参展国家（地区）数量位居全国同类展会前列，世界和中国两类"500 强"企业参展参会数量创南博会新高。云南通过抓住盛会契机，下足会前功夫，积极搭建招商引资平台，营造云南全省上下"大抓产业、大抓发展、大抓招商、大抓项目"的浓厚发展氛围，吸引了一批重要客商，共达成签约项目 483 个，其中，签约投资项目 342 个、投资额 4126.54 亿元人民币，同比增长 2.2%；签约商贸合同 141 个、金额 105.11 亿美元，同比增长 3.9%。

（四）数字赋能延伸机遇

南博会注重线上线下融合的数字化平台功能，通过数字赋能使得南博会承载的机遇得以延伸。作为中国与南亚东南亚开展多边外交、经贸合作、人文交流的重要平台和推动中国与南亚东南亚开放合作的重要载体，南博会发挥了巨大作用。但与南亚东南亚协作发展是一个长期任务，在集中举办几天的南博会落下帷幕之后，如何持续发挥云南作为南亚东南亚桥头堡的作用，如何持续推进打通南亚东南亚的贸易之路，实现"一带一路"合作共赢，以及如何促进南亚东南亚各国文化交流，展现中国文化优势，就成了不得不思考的问题。"永不落幕的南博会"通过整合各国资源，加入最新数字技术，由虚拟主播向世界各地推送各国文化、产品、云南特色商品，建立了打通时间、空间的线上平台。南博会注重线上线下活动的融合推进，也取得了超预期成果。以第 7 届南博会为例，通过升级线下线上融合的数字化平台功能，吸引了线上注册参展商 27479 家、采购商 9425 家，免费为线下参展商搭建线上展台 15581 个、展品 46270 种，办展形式不断优化。1000 余家云企入驻"云品乐购"专区，商品涵盖云茶、云咖、云果、云花等众多品类，实现"云"参展、"云"洽谈、"云"签约、"云"采购，"云企卖云品、云品卖全国"累计实现线上销售额 2.29 亿元。采用"展览展示+百名达人现场直播带货"双线融合方式，扩大南博会线上影响力，以展促贸，促成更多经贸成果。截至 2023 年 8 月 20 日，共 120 个直播间、135 个主播开展直播带货，直播场次达 391 场，观看人次达 3.2 亿人次，累计销售额达 2.1 亿元人民币。首次举办的南亚商品（茶叶）节直播实现交易额近 5000 万元人民币。

（五）彰显云南对外开放新风貌

借南博会之窗，云南充分展示形象，借鉴先进经验，在扩大对外开放中寻找更多合作机会，实现高质量发展。以第 7 届南博会为例，展会期间共有 14 场会期活动以及系列配套活动，围绕与会各方共同关注的贸易投资、产能合作、文化交流等热点，设置议题，突出创新。南博会的亮点不仅是展品，更是内容的集中性和专业性，也彰显出云南对外开放合作的积极态度和主动作为。南博会聚焦世界先进、中国一流、云南特色，精心设计、精心安排开幕式和展览展示及各项活动。开幕式、场馆、主 VI 设计实现政治性、思想性、艺术性的统一，以应有的格局、气势和令人耳目一新的表现形式，让各方来宾留下深刻的南博印象。高水平创新搭建了主题国尼泊尔馆、主宾国缅甸馆，得到国内外嘉宾一致好评。构建央地媒体四级联动、国内外媒体良性互动的全媒体矩阵。全网关于南博会的相关信息超 2.6 万条，累计阅读量超 2 亿次，媒体报道超 1700 篇，抖音话题"去逛南博会"

等累计播放量超 5000 万次，滚动刊播南博会宣传标语达 1.3 亿次以上，截至 2023 年 8 月 20 日 16 时，累计 33.53 万人次入馆观展，形成了全省人民"逛南博"的热潮，宣传规模、数量、水平和国际影响力显著提升。

三、经验启示

10 年来，南博会见证了"一带一路"建设的辉煌成就。从已举办的 7 届南博会来看，其在推动云南服务和融入"一带一路"建设、完整准确全面贯彻新发展理念、加快构建新发展格局、着力推动高质量发展、推进高水平对外开放、加快我国面向南亚东南亚辐射中心建设中发挥了积极作用。主要体现在以下三个方面。

一是在促进多边外交方面。10 年来，通过举办南博会，在南亚东南亚国家形成了办好南博会、用好南博会以及团结协作、共谋发展的广泛共识，每届展会都有南亚国家作为主题国，东南亚国家作为主宾国；累计出席南博会的外国政要有 40 多人次，开展重要会谈会晤 30 多场；累计出席南博会的外国省部级官员、国际组织代表、商界知名人士等重要嘉宾有 6000 多位，南博会在促进多双边外交方面发挥了积极作用。

二是在深化经贸合作方面。10 年来，通过举办南博会，培育了中国—南亚合作论坛、中国—印度洋地区发展合作论坛、中国—南亚商务论坛等一批品牌论坛。推动成立中国贸促会（云南）南亚东南亚法律服务中心等机构，对深化经贸合作发挥了重要作用。云南与南亚国家的贸易总额增长了 2.5 倍。

三是在增进人文交流方面。10 年来，通过举办南博会，搭建了相互展示经济社会发展和人文交流的平台。比如，在艺术交流方面，举办了多届澜湄视听周、南亚东南亚艺术周等活动。又如，在教育合作方面，云南省 46 所大学与 62 个国家和地区的教育机构建立了合作关系；建立了 11 个国际人才培养基地，赴云南的留学生最多时达到 4 万余人；云南大学牵头与南亚东南亚国家 75 所大学共同成立了南亚东南亚大学联盟。再如，促进中国与南亚东南亚国家之间掀起了跨国旅游的热潮。

未来，云南省将继续办好南博会、用好南博会平台，不断拓展南亚和国外参展覆盖面，聚焦经贸合作，策划更多务实撮合活动，推动更深层次的国内协作，汇聚全省更多资源平台，一年比一年新、一年比一年好，打造国际合作、区域协调发展的典范，谱写中国与南亚东南亚共谋发展的新篇章，助力面向南亚东南亚辐射中心建设不断开创新局面。

四、研讨题

1. 南博会在推动云南与南亚东南亚交流合作以及对外开放方面有哪些意义和作用？

2. 如何理解南博会是面向南亚东南亚辐射中心建设的重要平台和新抓手？

第五讲

贯彻创新发展理念　强化战略支撑

5

党的二十大报告强调，坚持创新在我国现代化建设全局中的核心地位，加快实施创新驱动发展战略，加快实现高水平科技自立自强，加快建设科技强国。云南省坚定不移贯彻习近平总书记重要指示批示精神和党中央决策部署，完整、准确、全面贯彻新发展理念，把创新作为引领发展的第一动力，坚定不移实施创新驱动发展战略，主动融入和服务国家发展战略，加强统筹谋划，全面深化科技体制改革，着力推动创新型云南建设，着力完善创新政策体系，大力推进创新改革举措，科技人才队伍持续扩大，创新体系逐步完善，创新能力显著增强，科技实力迈上了新台阶，科技创新对全省经济社会高质量发展发挥了重要的支撑引领作用，为国家科技自立自强作出了重要的云南贡献。

第一节

云南贯彻创新发展理念的举措

党的十八大以来，云南审时度势，深刻认识自身在全国创新发展格局中的突出特点和使命担当，调整战略方向，找准定位坐标，在提高能力、健全机制、创新政策、打造样板等方面持续发力，提升云南科技创新在国家层面的影响力和显示度，更好服务和融入国家发展战略。云南区域创新能力从 2012 年的全国第 28 位提高到 2021 年的第

21 位；全社会研究与试验发展经费投入实现翻两番，从全国第 24 位提升到第 19 位；全社会研发投入强度从全国第 27 位提升到第 24 位；规模以上工业企业研发经费占主营业务收入比重从全国第 28 位提升到第 18 位；主持完成的 17 项科技成果获国家科学技术奖，综合获奖情况居西部第 4 位；公民具备科学素质的比例从 2015 年的 3.29％提高到 2020 年的 7.34％。

一、提升区域创新能力建设

主动服务和融入国家科技自立自强，强化顶层设计，持续深化改革，推动各项任务扎实落地，科技支撑引领全省经济社会发展的作用显著增强，全省区域科技创新能力大幅提升。

（一）积极融入国家战略部署

一是实施创新型云南行动计划。成立建设创新型云南行动计划领导小组，先后推出 30 项支持创新改革举措，从多个方面不断深化制度改革、体制机制创新，为各创新主体创造宽松的干事环境，分别于 2008 年、2013 年启动实施了两轮创新型云南行动计划，依托科技进步转变经济增长方式，创新驱动发展的作用与成效进一步凸显，为全省跨越式发展提供了有力支撑。聚焦产业发展基础，针对云南省优势产业，特别是战略性新兴产业，不断完善产业创新体系建设，围绕新材料、绿色能源、数字经济、现代装备制造、高原特色现代农业、生物医药等重点产业，全面落实工业强省战略，推进关键核心技术攻关，组织实施重大科技项目，累计突破重大关键核心技术 1000 余项，研发具有自主知识产权重大新产品 1000 余个，自主创新能力显著增强，进入领跑、并跑、跟跑"三跑并存"新阶段，形成助推产业发展的强大力量。将创新与创业一体推进，充分发挥省推进大众创业万众创新部门联席会议制度的统筹作用，加强"双创"政策、措施、项目、资金的协同衔接，聚焦重点，激发全省创新活力。建设院士专家工作站 673 个，成功举办了 5 届科技入滇对接活动，签约项目 3000 余项，推动了一大批科研平台、科技型企业、科技成果、人才团队入滇落地，昆明、玉溪、楚雄 3 个国家高新区全国综合评价排名进一步提升，曲靖、文山、临沧等省级高新区"以升促建"工作顺利开展。

表 5—1　云南创新发展指标统计

	2012 年	2021 年
区域创新能力	全国第 28 位	全国第 21 位
全社会研究与试验发展经费投入（亿元）	8.75 （全国第 24 位）	245.99 （全国第 19 位）
全社会研发投入强度（%）	0.62 全国第 27 位	1 全国第 24 位
规模以上工业企业研发经费占主营业务收入比重（%）	0.43 全国第 28 位	0.97 全国第 18 位
每万名就业人员中研发人员（人年）	9.81	21.51
每万人口发明专栏拥有量（件）	0.89	4.02
技术合同成交金额（亿元）	45.78	106.1
公民具备科学素质的比例（%）	3.29	7.34

数据来源：根据国家统计局、云南省统计局公布数据整理。

二是进一步开创云南科技创新服务国家"一带一路"建设新局面。落实国家"一带一路"科技创新行动计划，实施积极高质量发展开放创新行动、科技人文交流促进民心相通行动、积极争取国家"一带一路"科技创新支持行动等五大行动，深化与南亚东南亚国家国际科技交流合作，实施"智汇云南"计划，建立了中国—南亚技术转移中心等3个国家级国际创新合作平台，吸引了一批南亚东南亚国家青年科学家、企业家来滇创新创业。

三是实施融入粤港澳大湾区科技协调创新行动。重点在科研平台对接、创新主体对接、离地飞地创新合作等方面提出一系列政策措施，深度对接融入粤港澳大湾区。

四是打造科技助力脱贫攻坚样板，探索科技扶贫新模式、创新科技扶贫新机制，着力打造科技扶贫"试验田"和科技扶贫云南样板，形成了澜沧科技扶贫经验和模式。

图5—1　科技扶贫"试验田"

（二）鼓励创新发展的先行先试

一是建设国家可持续发展创新议程示范区。临沧市作为全国第二批成功创建示范区的3个城市之一，云南省从2020年开始连续 3 年每年给予其 5000 万元的资金支持，鼓励其探索边疆多民族欠发达地区实现创新驱动发展的新路子。二是围绕中国（云南）自由贸易试验区建设，着力加大科技领域国际合作力度，引导各类创新主体在"一带一路"沿线国家（地区）共建创新平台。三是创建国家自主创新示范区，依托昆明、玉溪与楚雄 3 个国家级高新区，高水平筹备申报国家自主创新示范区。四是创建国家科技成果转化示范区，建设云南西南一线的绿色科技成果转化示范带与技术转移辐射带，打造滇中绿色科技成果供给与转移转化高地。五是建设创新型市、县，昆明创新型城市建设试点通过国家评估，玉溪市获批建设国家创新型城市，通海县获批国家创新型试点县。

（三）强化创新发展的政策保障

一是建设面向南亚东南亚科技创新中心，出台《建设面向南亚东南亚科技创新中心专项规划》，目前已完成中期建设阶段。二是建立部、省科技工作会商制度，自 2006 年起科技部与云南省人民政府双方围绕国家重大科技战略目标和云南省经济社会发展的重大需求开展会商工作，推动云南更好服务和融入国家战略。三是建立"科技入滇"长效机制，自 2012 年起，成功举办三届对接活动，累计实现"四个落地"1907 项，为欠发达地区创新驱动发展创造了重要平台。四是科技创新支撑世界一流"三张牌"，从 2019 年开始，省科技计划支持"三张牌"的新立项目科技经费占年度新立项目科技经费比例不低于 70％，每年安排支持"三张牌"的新立项目科技经费每张牌不低于 2 亿元。

二、提高市场主体创新能力

高度重视、多措并举持续推进企业创新能力提升，通过完善培育体系、强化协同机制、加强指导服务，推动创新主体持续做大做强，关键核心技术攻关成效凸显，科技成果转化能力快速提升。

（一）"一企一策"加大培育力度

组建紧密协作的创新联合体，加速促进创新要素向企业集聚。全省以支持领军企业创新能力提升、国有企业创新能力跃升、高新技术企业"三倍增"、科技型中小企业孵化为主线，实现大中小企业融通创新格局。在高新技术企业培育方面，围绕工业企业、农业企业等，全面发掘大批优质企业资源，快速扩大高新技术企业后备培育力量。围绕高新技术企业后备培育企业，实施"省—州（市）—服务团队"联合培育机制，省、州（市）协同组织技术、财务专家，建立服务团队，按照高新技术企业培育发展路径，结合企业自身科技创新基础，开展"一企一策"培育服务工作。同时，针对高新技术企业高质量发展需求，支持高新技术企业牵头承担省重大科技专项计划项目及参与揭榜制、军令状制等科技计划项目。针对科技型中小企业，引导激发创新创业理念、支持科研人员创办科技型中小企业、引进省外优质企业来云南创办科技型企业，支持鼓励高新技术产业开发区、科技园区、领军型企业等面向科技型中小企业建立和开放产品小试中试、试验生产线、检验检测等公共服务平台，并配套投资融资、市场开拓、技术培训服务等功能。

（二）推动形成云南品牌科技企业

引导国有企业加强科技联合攻关，围绕行业和企业创新短板，突破核心关键"卡脖子"技术。在资金支持上，采取后补助形式，鼓励国有企业主动组织实施重大研发任务，加强技术攻关与集成、装备研制及大规模应用，增强原始创新和自主创新能力。支持国有企业积极融入国内外创新网络，在更大范围整合经济资源和创新要素，在产业集中度较高、具有主导优势的行业领域打造更多创新研发平台。围绕生物医药、数字经济、先进制造等重点产业，在全省有效期内的高新技术企业和云南省科技型中小企业中，每年动态评选发布拥有核心自主知识产权、组织管理水平高、主营业务集中度高、科技创新投入强度大、科技成果转化能力强、高新技术产品（服务）市场竞争力强的"云南省高新技术企业50强"和"云南省科技型中小企业50强"榜单，推动其成为具有竞争力和较高知名度的云南品牌科技企业。支持领军型科技企业搭建高水平研发平台、共性技术研发转化类平台，开放共享创新资源。支持领军型科技企业、大型国有企业、高新技术企业牵头，联合产业链、供应链上下游的科技型中小企业，深化产学研合作，促进科学家与企业家联合创新，组建重大产业创新联合体。鼓励领军型科技企业、大型国有企业，面向产业链的中小企业建立技术研发"揭榜挂帅"制度，形成融通创新发展模式。探索建立科技型中小企业、高新技术企业创新积分评价指标体系，统筹银行信贷、风险补偿、融资担保等完善企业创新积分与涉企金融政策支持联动机制，支持科技型中小企业、高新技术企业"创新换资"，积极引导金融机构支持科技型中小企业、高新技术企业开展研发和科技成果转移转化活动。

（三）支持各类企业开展研发活动

引导有研发活动的规上企业设立各类研发机构，力争实现国有规上工业企业研发机构全覆盖。各州（市）在分配省级财政研发经费投入奖补资金时，对建立研发准备金制度并有效运行的企业适当提高奖补比例。优先支持研发经费投入数额较大的开发区建设各类省级创新平台，同时推行企业科技特派员制度。

三、强化科技人才队伍建设

高度重视科技人才工作，遵循科技发展规律和人才成长规律，把科技人才资源开发摆在科技事业优先发展的突出位置，深入实施人才强省战略，从规划、政策、平台建设等方面建立健全机制，营造尊重知识、尊重人才、尊重创造的社会氛围，科技创新人才队伍不断壮大，人才结构日趋完善，人才素质持续提高，逐步形成了一批稳定支撑云南经济社会发展的科技创新人才队伍。

（一）深入实施"兴滇英才支持计划"

加强高层次科技人才队伍建设。按照科技人才成长规律，分层次递进式启动实施了包括院士自由探索、科技领军人才、高端外国专家、人才团队、省中青年学术和技术带头人及省技术创新人才培养等科技人才计划专项，实现了对我省高层次科技人才的分阶段、全方位培养引进。一大批高层次人才和高技能人才在云岭大地建功立业，为推动云南经济社会高质量发展提供了有力的人才支撑和智力支持。全省专业技术人才由 2012 年的 119.8 万人增加到 2022 年的 190.4 万人，高技能人才由 2012 年的 56.5 万人增加到 2022 年的 139.5 万人。其中，733 名省内外知名专家到我省县级以下基层设立专家基层科研工作站，连续 3 个增选年份共 7 名高层次人才成功当选"两院"院士，实现历史性突破，在滇"两院"院士达 13 人，居西部省（市、区）第 4 位。共入选国家高层次人才特殊支持计划科技创新创业领军人才 58 人，培育省级创新团队 278 个，遴选省中青年学术和技术带头人后备人才及省技术创新人才培养对象 2343 人。季维智院士当选欧洲科学院外籍院士，朱有勇院士被中宣部授予"时代楷模"称号。朱兆云院士团队完成的云南特色彝族药物"痛舒胶囊"，是我国第一个获 FDA 批准进入临床研究的民族药。

（二）加大平台聚集人才的力度

坚持"筑巢"和"引凤"相结合，以重大科技项目为牵引、以重大创新平台为支撑、以重大机制创新为保障。国家植物博物馆（图 5—2）、中国科学院天元数学中心、景东 120 米脉冲星射电望远镜等重大科学研究基地平台落地云南。省部共建非人灵长类生物医学国家重点实验室获批。启动贵金属等 3 个云南实验室建设工作，丽江入选国家文化和科技融合示范基地。昆明理工大学、西南林业大学入选科技部"高等学校学科创新引智计划（111 计划）"。加快推动建设云南循环农业产业研究院、山东大学云南创新研究院等 32 家新型研发机构。通过这些重点创新平台的建设，加速了高层次人才的集聚。加快推进创新主体培育、科技人才引培、创新平台建设等工作。启用云南首个外国人才一站式服务专区，外国人才工作许可与居留许可 2 项事项审批时限缩短 50％以上。

图 5—2　国家植物博物馆效果图

（三）加强高层次科技人才培养和跟踪服务工作

不断探索和创新人才培养的思路和方法，推进我省高层次科技人才培养工作取得更大的进步。积极探索并不断完善以人才所在单位为主体，政府加强激励与引导，社会各界大力支持的多元化人才培养工作机制，如围绕生物医药产业，支持中国工程院朱兆云院士牵头实施"云南特色大品种三七中药Ⅰ类心血管疾病创新药物临床前研究开发"项目，开展全三七片的研发攻关，实现三七植物地上部分和地下部分的全利用，加快三七产业的发展。

四、健全科技体制保障体系

云南省充分认清自身在全国现代化建设全局中的定位，在健全科技体制保障体系方面持续发力，主动服务高水平科技自立自强，以激发创新创业活力为重点，多措并举从构建创新生态、汇聚力量、创新成果产出等几个方面，加快创新型云南建设步伐。

（一）构建良好创新生态

加快推进科技体制改革，进一步健全符合科研规律的科技管理体制和政策体系。为鼓励科研人员积极探索、勇于创新，营造出鼓励创新、宽容失败、敢于担当的良好氛围，出台了《云南省科技创新容错纠错实施办法（试行）》，支持和保护科研人员创新的积极性和创造性，消除对创新风险的顾虑，在尊重科技创新规律、重视科研试错探索价值、加快机制创新等方面，云南走在了全国前列。在科研管理方面舍得"做减法"。认真落实《云南省财政科研项目和经费管理改革20条措施》，在科技人才和平台计划项目中推行经费"包干制"，开展"揭榜挂帅"改革，扩大科研项目经费"包干制"试点。人才激励方面敢于"做加法"。落实"创新29条"对科研人员的绩效激励力度，在人才评价方面善于"有破有立""破四唯"和"立新标"并举，实行代表性成果评价，突出评价研究成果质量、原创价值和对经济社会发展实际贡献，探索建立以创新能力、质量、贡献、绩效为导向的科技人才分类评价考核指标体系。构建省州（市）一体化财政科技投入机制，在激发区域创新动能上持续发力，鼓励有条件的州（市）、县（市、区）设立研发投入后补助资金，支持以高新区为主的各类园区依靠科技创新增强发展动能。在扩大开放合作上持续发力，成功举办2023腾冲科学家论坛，带动人才、资金、项目落地云南。

（二）搭建金融服务平台

将金融活水源源不断引入科技创新企业和新兴产业，以科技创新驱动产业升级。为建立健全支持科技创新成果转化及产业化的全链条一体化服务体系，探索创新体制机制，逐步形成云南"科技—产业—金融"良好生态圈，云南省成立了科技创新基金联合体。该联合体旨在构建多元化科技投入体系，发挥政府"牵线搭桥"作用，以基金等创业投资行业较为灵活的股权投资为手段，以科技、产业项目融资需求为牵引，运用市场逻辑谋划创新、以资本力量撬动创新，引导激励企业和社会力量加大科技投入，培育壮大省内科技型企业，支持云南科技创新，支持初创期、早期科技型企业加速成长，推动形成科技、产业、金融良性循环格局，为云南经济社会高质量发展提供有力支撑。

（三）健全技术创新市场导向机制

促进企业真正成为技术创新决策、研发投入、科研组织和成果转化的主体。按照产业发展重大需求部署创新链的科研运行机制和政策导向，扩大企业在创新决策中的话语权，引导和支持龙头骨干企业编制产业技术发展规划和技术路线图，建立技术研发支撑产品创新的发展体系，鼓励有条件的企业牵头组织实施重大科技项目。按照国家有关规定，加大研发费用、职工教育经费税前扣除，高新技术企业税收优惠，研发设备折旧等财税政策的落实力度，激励企业加大研发投入。强化"一企一策"培育指导服务，组建云南贵金属实验室、云南特色植物提取实验室、云南种子种业实验室、云南疫苗实验室、云南大观实验室 5 个云南实验室，截至 2022 年，云南省共有省重点实验室 124 个、省工程技术研究中心 123 个、省技术创新中心 5 个、省野外科学观测站 36 个。

（四）加快创新成果产出

云南省在基础与应用基础研究领域及关键核心技术攻关上持续发力，全省科技创新步伐加快，创新成果不断涌现。在加快科技成果转化方面，云南省推进技术市场规范化、专业化建设，2022年全省技术合同成交额达219.2亿元，增速全国第2。在基础研究领域，省级财政基础研究投入从2012年的0.39亿元增加到2023年的2.26亿元，年均增长17.32%，2022年，云南省获国家自然科学基金项目数及直接经费数均创历史新高。在核心技术攻关方面，云南省在全国率先实现利用固态储氢技术储存离网光伏电量后稳定发电并网，"丽薯6号""云薯505""云薯304"入选《国家农作物优良品种推广目录（2023年）》，一批工业、农业、生态环保等领域重大成果实现应用示范。2022年底以来，云南大学胡凤益团队多年生稻研究成果、云南农业大学董扬教授团队关于葡萄全球生物资源研究成果、中国科学院昆明动物研究所牵头发起的灵长类基因组计划研究成果等一批科研成果，相继在全球顶尖科学杂志发表，标志着云南省相关领域基础研究成果处于世界领先水平。

第二节

典型案例：云南腾冲科学家论坛

一、基本概况

党的二十大报告指出，必须坚持科技是第一生产力、人才是第一资源、创新是第一动力，深入实施科教兴国战略、人才强国战略、创新驱动发展战略，把我国科教、人才、创新战略提升到了新的高度，也对我国加快实现高水平科技自立自强提出了新的要求。2022 年 12 月 1 日至 3 日在云南举办了首届腾冲科学家论坛，截至目前已成功举办两届。该论坛的举办，是深入贯彻党的二十大精神、全面贯彻落实习近平总书记关于科技创新的重要论述和考察云南重要讲话精神、赓续西南联大精神、汇聚国内外科技创新资源、服务科技赋能云南高质量发展的重要举措。

腾冲科学家论坛坚持国际视野、国家需求，坚持"科技是第一生产力、人才是第一资源、创新是第一动力"，以"科技引领未来"为宗旨，弘扬科学精神和科学家精神，搭建先进学术思想交流平台、政产学研互动平台、科技成果转化平台、中国与南亚东南亚科技合作平台，打造国际化、高端化、特色化的"科技达沃斯论坛"。

二、主要做法

（一）借论坛之势，打造特色科普品牌

作为"2021—2025 年度全国科普示范市"的腾冲市，以每年举办腾冲科学家论坛为契机，创新落实各项举措，聚焦靶心、多点发力，打造具有腾冲特色的科普品牌，争当全国科普标杆，为建设新时代幸福腾冲提供强智力支撑。自 2022 年以来，腾冲科学家论坛的成功举办，积极推动了科学技术的普及与推广，在全市营造出浓厚的"爱科学、讲科学、学科学、用科学"的良好氛围，夯实了全国科普示范市的基础。为加强腾冲科普人才队伍建设，切实发挥科技专家、专业技术人才在科普工作中的积极作用，腾冲市科协联合市委组织部、教体局、人社局、农业农村局、卫健局，采取"个人自荐、组织推荐、同行评议"相结合的方式，共同组建了腾冲市科普专家人才库。

2023 年 5 月 12 日，莅腾参加 2023 腾冲科学家论坛·第三届"美丽中国中脊带"可持续发展论坛的中国科学院院士郭华东到腾冲一中结合"梦想""创新"两个话题，回忆了自己的青春岁月，以及自身的学习、从军、科研经历，并分享了"美丽中国中脊带"可持续发展论坛中的相关研讨，现场为青少年解答科学奥秘，引导他们心怀科学梦想、树立创新志向。5 月 21 日，腾冲市在和顺古镇举行 2023 腾冲科学家论坛·生命科学科普与民生普惠"让科学走向大众"科普马拉松活动。

近年来，腾冲市积极顺应旅游发展新趋势，大力开发研学旅游产品，创建腾冲"我行我塑"生态研学旅行品牌，打造"生态研学第一

城"的品牌形象，让师生在研学旅行中感受腾冲历史文化，感受生态宜人的自然环境，感受地域特色文化，实现"寓教于游""寓学于游"教学理念。腾冲市坚持以自然、科学、文化为教材、以旅行为载体，深度挖掘资源，开发了独具特色的研学路线及课程。

（二）借论坛之力，加快科技成果落地

腾冲科学家论坛为科学家与企业家搭建起沟通交流的平台，推动科技创新从实验室走向生产线。论坛举办以来，众多科学家、企业家围绕高等教育发展、生物医药、现代农业、健康产业等领域，提出了新的学术见解和科技成果转移转化、产业应用的真知灼见。比如，在腾冲科学家论坛·生命科学科普与民生普惠和顺活动上种下的超级物种多年生稻。多年生稻是云南大学胡凤益教授团队以非洲长雄野生稻为父本、亚洲栽培稻为母本，通过种间远缘杂交、结合分子标记辅助选择，经过 20 多年探索，原创性培育出的多年生稻品种是唯一可商业化的多年生粮食作物，水稻从一年生变成了多年生，实现一次种植，多次收割，农民不必重新买种、插秧，节约了大量的资金和人力投入，入选《科学》2022 年度十大科学突破，是中国近年来唯一入选的科技创新项目，也是该年度全球唯一入选的农业科技项目。

除此之外，中国工程院院士朱有勇在腾冲启迪科学家小镇、曲石镇双龙社区等地实施杂交稻山地旱种栽培技术试种 320 亩；由昆明生物制造研究院与腾冲启迪孵化器管理有限公司共同建立的拉丝酸奶生产基地已成功落地腾冲启迪科学家小镇并开启运营；云南农业大学、云南润垚农业开发有限公司在腾冲投资建设林下天麻种植项目，目前已在腾冲示范 1900 余亩，带动全市种植 2200 余亩；纪韵祚教授团队

作为腾冲首个以种业培育为主的专家工作站，通过良种培育，提供优质苗种，引导农民科学种植、规范管理，全面提高蔬菜产量品质，工作站先后累计免费为荷花镇辖区农户免费发放小瓜、辣椒、茄子、番茄等优质蔬种苗 10 万株，实现了农业科技成果与农民的有效对接，助力了农业增效、农民增收，为有效推进乡村振兴提供了有力保障；腾冲市中医医院在昆明医科大学第一附属医院心内科主任医师、教授孟兆辉专家团队的精心指导下，成功对一名 71 岁的腾冲患者开展了冠心病精准治疗新技术——压力微导管冠状血流储备分数（FFR 检查）。

（三）借论坛之智，拓展教育交流合作

腾冲科学家论坛，为加强教育交流合作提供了良好机会。2023 年 12 月 1 日至 3 日，由云南省政府和中国科协共同主办的 2023 腾冲科学家论坛在云南省腾冲市开幕。在为期 3 天的论坛中，100 多位院士、20 多位国内外知名大学校长、500 多位专家学者、300 多位企业和金融机构负责人等在边城腾冲会聚一堂，以"科技引领未来"为主旨、"科学·绿色发展"为主题，开展对话交流，推进科技合作，促进创新发展，弘扬科学精神。

2023 腾冲科学家论坛由云南省政府和中国科协共同主办，清华大学、北京大学、南开大学共同支持，省科技厅、省科协、保山市政府、中国科协新技术开发中心共同承办。论坛年会按照"1+10+X"模式，组织 1 场开幕式暨主旨论坛。设置校长论坛、青年科学家论坛、产业创新发展论坛、企业家创新论坛、澜湄区域科技人文交流论坛系列活动、国际前沿科学论坛系列活动、生物多样性与现代农业发

展论坛、能源材料论坛、免疫科技与临床转化论坛、首届民族医药科技与产业发展论坛10个平行分论坛，以及科技金融创新发展研讨会、科技赋能媒体深度融合发展系列活动、大健康产业创新发展系列活动等多个专题活动。论坛期间，平行举办各类论坛、研讨会、圆桌会议、对话会、路演、沙龙等活动近60场，内容涵盖教育高质量发展、国际前沿科学、生物多样性与生态安全、现代农业与乡村振兴等。

其中"校长论坛"是由云南省教育厅、云南省科技厅指导，清华大学、北京大学、南开大学、云南师范大学主办，云南师范大学承办，云南大学、昆明理工大学、西南联合研究生院、昆明医科大学协办，旨在赓续西南联大精神，发挥大学在拓展交流、培养高质量人才中的积极作用，打造国内外院校联动互助、协同提质、创新发展的交流平台，共同围绕国际教育发展趋势、新时代变革与大学使命、科技创新与未来教育、人工智能与教育数字化等问题，深入交流研讨。

三、经验启示

（一）创新论坛主题，拓展活动外延

随着腾冲科学家论坛的持续推进，论坛活动外延也得以逐步拓展，涵盖一二三产业，并致力于推动产业的融合发展。自2024年以来，如1月至4月，在省组办、论坛处、论坛中心和保山市科技局的关心支持下，腾冲科学家论坛共成功举办7场系列活动，分别是地球关键带圈层耦合过程及其灾害环境效应学术研讨会、"健康中国—温泉医康养新思路"院士讲坛、备战巴黎奥运会高原训练和温泉水疗康复圆桌对话暨项目研讨会、"地热资源与温泉医康养产业"院士讲坛、"科

学马拉松—高原训练及水疗康复"圆桌对话、高黎贡山第九届茶文化节暨国际茶科技与大健康论坛活动、"气候—生态突变"院士讲坛。7 场活动共有 15 位院士和 300 余名国内外知名专家学者参与，参与嘉宾 1200 余人。活动聚焦了热点、挖掘了特色、丰富了形式、拓展了内涵，有力促进了政产学研各领域交流合作。

（二）聚焦智库优势，推进成果转化落地

创新、协调、绿色、开放、共享的新发展理念是习近平新时代中国特色社会主义思想的重要组成部分。科技创新是发展的关键动力，其中推动科技成果的转化落地，是地方持续发展的生命力。腾冲市始终把论坛活动作为"双招双引"的敲门砖、连心桥，围绕全省、全市优势资源，主动沟通、积极协调，努力争取更多科研团队和企业资源到腾发展、推动更多科技成果在滇、在腾落地。

2024 年 1 月到 4 月，共形成成果转化 5 项：一是中国科学院国家空间科学中心在腾冲东山建设了地球关键带圈层耦合过程及其灾害环境效应科学观测研究站，中国地质大学设立了"陆内火山与地震"教育部重点实验室科普教育实践基地，中国地质大学（北京）地球物理与信息技术学院设立了学生培养实践基地。二是云南高原温泉康养产业创新研究院举行了《云南温泉康复治疗地图》项目启动仪式。三是由腾冲市人民政府、云南保山恒益实业集团有限公司、中国地质大学（武汉）三方签订了关于"腾冲市新华乡干热岩地热资源勘察研究"三方合作框架协议。四是完善推动腾冲体育小镇开发，科学论证腾冲高原训练基地的特色优势，研讨制定了腾冲恒益高原训练及康复基地的设施建设规划。五是在高黎贡山茶博园设立云南高黎贡绿色产业创

新研究院和云南农业大学就业创业实习基地，启动了高黎贡山茶"岩韵"研究计划。这些成果转化落地不仅推动了相关领域的科学研究，也为地方经济发展和产业升级提供了有力支持。

（三）完善保障机制，确保论坛高效运行

不断完善的设施和服务保障，是确保腾冲科学家论坛高效运行的前提。2023年，腾冲党校（二期）建设项目进行了腾冲科学家论坛科学会堂提升改造。作为2023年腾冲科学家论坛主会场，会堂占地面积86394平方米，估算投资4.92亿元。项目建筑面积44526.96平方米，建设综合楼一栋、活动中心一栋、餐厅一栋、学员宿舍两栋、科学会堂一座，配套建设停车场、篮球场、大门等附属工程。这为论坛的成功举办提供了良好条件。

为进一步强化论坛日常服务保障，在各级部门、领导的指导支持下，经报请保山市委同意，腾冲市于2024年4月11日成立了腾冲市腾冲科学家论坛服务保障中心，中心为腾冲市委直属公益一类财政全额拨款事业单位。主要职责为：负责落实各级党委政府关于持续办好腾冲科学家论坛的决策部署，配合省论坛处和省论坛中心研究腾冲科学家论坛发展战略，协助制订并组织实施论坛运营发展规划，完善腾冲科学家论坛举办机制和运行方式，放大论坛外溢效应，推动论坛立足云南、服务全国、走向世界；负责探索"论坛＋"模式，加强论坛与教育、文化、体育、康养、旅游等行业多链耦合、融合发展，增强论坛经济吸引力，发挥论坛引智、引资、引流作用和协同辐射效应；兼顾科技创新使命与科技成果转化责任，做好院士专家等重要嘉宾联络工作，扩大对外科技人文交流，促进创新链产业链深度融合，推进

以腾冲、保山为重点的论坛成果、重大项目落地，将地方资源优势转化为经济发展实力。中心的成立将大大提高论坛服务队伍的执行力、保障力、服务力，为建立健全论坛经济体系提供基础保障。

（四）深化交流合作，促进科技赋能发展

腾冲科学家论坛的举办，是创新促进科技赋能高质量发展的重要方式。将有利于推动构建面向南亚东南亚的国际科技创新共同体，有利于推进面向南亚东南亚科技创新中心建设，有利于促进东西部科技合作交流，也有利于助力创新型腾冲、创新型保山、创新型云南建设。

一是汇聚全球高端智力资源，面向世界科技前沿、经济主战场、国家重大需求、人民生命健康，搭建国际科技创新合作平台，策源创新思想，深化全球科技交流合作，应对全球性共同挑战等问题，为构建人类命运共同体贡献中国智慧。

二是积极推进与南亚东南亚国家在科技创新、科研开放合作、科技园区合作、技术转移转化、科技人文交流等方面深化合作交流，培育科技辐射载体，形成发展理念相通、要素流动畅通、科技设施联通、创新链条融通的创新合作局面，服务国家周边外交和"一带一路"倡议。

三是推动搭建东西部科技交流合作平台。探索在中西部地区率先建立高端科技论坛永久性会址，构建多种形式的东西部联动对口合作机制以及交流合作与技术转移转化平台，引进高层次创新创业人才和团队，建设高端科技智库和人才支撑体系，加快构建面向未来发展的科技创新体系和现代产业体系，促进科技赋能高质量发展。

四、研讨题

1. 腾冲科学家论坛作用得以发挥的关键要素及经验有哪些？

2. 如何持续发挥腾冲科学家论坛的作用，以更好服务云南高质量跨越式发展？

第六讲

贯彻协调发展理念　优化空间布局

6

党的二十大报告强调，要促进区域协调发展，深入实施区域协调发展战略、区域重大战略、主体功能区战略、新型城镇化战略，优化重大生产力布局，构建优势互补、高质量发展的区域经济布局和国土空间体系；推动西部大开发形成新格局，鼓励东部地区加快推进现代化；支持革命老区、民族地区加快发展，加强边疆地区建设，推进兴边富民、稳边固边。云南是国家区域协调发展战略的重点区域，在国家区域协调发展战略中占有重要地位。推动云南区域协调发展，是主动服务和融入以国内大循环为主体、国内国际双循环相互促进新发展格局的重要支撑，是破解发展不平衡问题的重要途径，更是构建高质量发展的国土空间布局的客观需要。党的十八大以来，虽然云南经济社会发展迅速，但是发展不平衡不充分问题仍然较为突出，在发展上面临着区域协调任务重、城乡融合难度大的挑战和困境。随着国家区域协调发展战略的全面实施，云南持续推进新型城镇化和区域协调发展，经济社会发展不断迈上新台阶。

第一节

云南贯彻协调发展理念的举措

党的十八大以来，在以习近平同志为核心的党中央对促进区域协调发展所提出的一系列新理念新思想新战略的指导下，云南区域协调发展呈现新气象、新格局。以昆明中心城市为核心、以滇中城市群为主体形态、以县城为重要载体,大中小城市和小城镇协调发展的格局初步形成。十余年来,城乡一体化发展统筹推进,全省常住人口城镇化率从 2012 年的 38.47％提升至 2021 年的 51.05％(见图 6—1)。

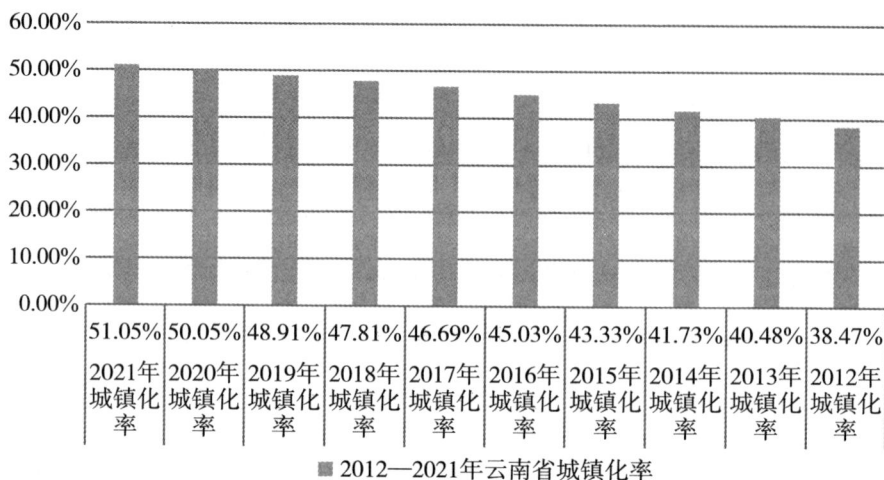

图 6—1　2012—2021 年云南省城镇化率

数据来源:根据 2012—2021 年云南省国民经济和社会发展统计公报整理。

一、构建国土空间开发保护新格局

习近平总书记指出:"从大的方面统筹谋划、搞好顶层设计,首先要把国土空间开发格局设计好。"① 党的十八大以来,云南立足资源环境承载能力,划定生态保护空间,严格按照主体功能区定位推动发展,加快完善城镇化地区、农产品主产区、重点生态功能区的空间开发管控制度,建立资源环境承载能力监测预警机制。强化水资源开发

①　习近平:《论坚持人与自然和谐共生》,中央文献出版社 2022 年版,第 31 页。

利用控制、用水效率控制、水功能区限制纳污管理。对不同主体功能区实行差别化财政、投资、产业、土地、人口、环境、考核等政策。发挥各地比较优势，统筹生产、生活、生态空间，优化重大基础设施、重大生产力和公共资源布局，逐步形成生态功能区、农产品主产区、城市化地区三大空间格局。

(一) 纵深推进生态功能区建设

不断推动形成人与自然和谐发展的空间格局。通过明确生态功能区承担提供生态产品、确保生态安全和生态系统稳定的功能，支持生态功能区把发展重点放到保护生态环境、提供生态产品上，支持生态功能区的人口逐步有序转移，划定生态保护红线、实施强制性严格管制，除重大战略项目外，仅允许对生态功能不造成破坏的有限人为活动。党的十八大以来，在推进生态文明体制改革中，云南省实施了《云南省全面深化生态文明体制总体实施方案》《关于努力将云南建设成为中国最美丽省份的指导意见》，建立国土空间规划体系，实施主体功能区战略，建立区域协调发展机制，严格落实"三线一单"（即生态保护红线、环境质量底线、资源利用上线和环境准入负面清单）制度，制定滇中城市群发展规划、生态功能区产业准入负面清单。强化"一张蓝图"管控，构建全省国土空间规划体系，实现"多规合一"。划定生态保护红线面积 11.84 万平方千米，占全省国土面积的 30.9%。[1] 截至 2021 年，国家级重点生态功能区达到 39 个，在全省 129 个县（市、区）积极开展自然资源资产负债表编制试点工作。[2]

---

[1] 《让绿水青山变成金山银山！云南争当生态文明建设排头兵》，云南发布，2020 年 12 月 1 日。

[2] 蒋朝晖：《云南生态文明体制改革蹄疾步稳　国家级重点生态功能区达 39 个》，《中国环境报》2021 年 1 月 8 日。

（二）加快打造农产品主产区

科学布局农业发展空间。党的十八大以来，云南省按照"底线思维、保护优先、绿色发展、统筹协调"原则，划定耕地和永久基本农田保护红线。云南基于水土光热条件好、水利与水土保护设施基础完善的可长期稳定利用的耕地，划定了约 3.82 万平方千米的永久基本农田，确保最优质、最精华的耕地划入永久基本农田。在以现状耕地和园地为基础的原则下，结合粮食生产功能区和重要农产品生产保护区划定结果，综合考虑气候、地形地貌、水土资源条件等要素，空间上形成了"五区四带"（"五区"即东部高原粮食主产区、西部高原粮食主产区、乌蒙山粮食主产区、西南部粮食主产区、东南部粮食主产区；"四带"即金沙江、澜沧江、红河、怒江河谷热作农业带）农业发展新格局。聚焦主要品种和优势产区，实行精准化管理，出台了《云南省人民政府关于建立粮食生产功能区和重要农产品生产保护区的实施意见》，在优势产区划定粮食生产功能区 2.5 万平方千米，重要农产品生产保护区 0.97 万平方千米。通过明确农产品主产区主要承担提供农产品、保障粮食等农产品供给安全等功能，支持农产品主产区增强农业生产能力，加强土地保护，健全耕地休耕轮作制度，落实最严格的耕地保护制度，守牢耕地保护红线和粮食安全底线，坚决遏制耕地"非农化"、防止"非粮化"，确保粮食播种面积"只增不减"，为国家粮食安全提供有力支撑。

（三）推动城市化地区高质量发展

一方面，支持城市化地区高效集聚经济和人口，结合未来全省城市化加速发展的趋势，为城市发展预留充足的开发空间。通过做强大城市，提升特大城市集聚发展水平和扩散能力，带动全省产业升级、结构优化和经济发展，积极培育大城市，带动区域中小城市发展；通过做优中小城市，以中小城市作为城镇发展的重点，完善城市功能，提升城市品质，形成具有一定辐射和带动能力的区域增长极，分担大城市的压力并带动小城镇发展。另一方面，科学划定城市开发边界，防止城市空间无序蔓延。充分尊重自然地理格局，划定全省城镇开发边界约 4160 平方千米，守住农业、生态、环境、灾害等底线，保障云南省"一圈一群两翼一带"（"一圈"即昆明都市圈；"一群"即滇中城市群；"两翼"即滇西城镇群和滇东北城镇群；"一带"即沿边城镇带）城镇空间建设用地需求。

二、扎实稳妥推进新型城镇化建设

党的十八大以来，云南省委、省政府高度重视新型城镇化建设，始终坚持以习近平总书记关于推进新型城镇化的重要论述为指引，全面贯彻落实党中央、国务院关于新型城镇化战略的决策部署，推动云南新型城镇化建设取得显著成效。

（一）全面推进以人为核心的新型城镇化

多措并举推进城镇化进程。云南省先后出台了《关于加快推进农业转移人口市民化的实施意见》《关于进一步推进户籍制度改革的实施意见》等若干政策文件，全面放开全省城镇地区户口迁移政策，取消了昆明市主城区的落户限制，全面实行居住证制度。加大对农业转移人口市民化的财政支持力度，全面实施"人地钱"挂钩政策，出台了《关于贯彻落实建立城镇建设用地增加规模同吸纳农业人口落户数量挂钩机制的意见》，保障进城落户农业转移人口的各项权益，使其与城镇居民同等享有就业创业、养老、医疗、教育等各类待遇，优先保障农业转移人口基本公共服务体系建设用地需求，基本公共服务覆盖范围和均等化水平不断提高。不断优化行政区划设置，有序推进撤县设区、撤县设市、撤乡设镇和撤镇设街道。"十三五"期间，云南省先后有泸水、水富、澄江3个县实现撤县设市，江川、沾益、晋宁、马龙4个县实现撤县设区。

（二）坚持以规划为引领赋能新型城镇化发展

加强对新型城镇化发展进行宏观性、战略性、基础性规划。结合云南省基本省情，编制了《云南省新型城镇化规划（2014—2020年）》（以下简称《规划》）。在《规划》的指导下，云南城镇化水平稳步提高，城镇化进程进一步加速；城镇化布局进一步优化，"一区、一带、五群、七廊"①的云南省城镇化战略格局基本形成；城镇化质量显著提升，农业转移人口市民化进程明显加快，城乡居民收入水平持续提高；城镇可持续发展能力增强，城乡基础设施和公共服务设施显著改善，污染防治与生态环境保护取得有效进展，山地城镇建设成效显著，城镇特色进一步突出；城乡一体化成效显著，统筹城乡经济社会成效显著，统筹城乡综合配套改革取得积极进展；城镇文化特色浓

---

① "一区、一带、五群、七廊"的具体含义："一区"即滇中城市集聚区（滇中城市群）；"一带"即沿边开放城镇带；"五群"即滇西城镇群、滇东南城镇群、滇东北城镇群、滇西南城镇群、滇西北城镇群；"七廊"即四条对外经济走廊（昆明—皎漂、昆明—曼谷、昆明—河内、昆明—腾冲—密支那）和三条对内经济走廊（昆明—昭通—成渝—长三角、昆明—文山—广西北部湾—珠三角、昆明—丽江—香格里拉—西藏）形成的城镇带。

郁，各级历史文化名城名镇名村以及传统村落规划编制全部完成，城乡文化特色得到保护与传承；城镇化体制机制改革取得重大进展。

(三) 实施城市更新行动营造高品质空间

高度重视提升城市功能品质。云南省城市功能不断完善，城市治理水平不断提高，城市风险防控能力不断加强，城市更新行动加快推进，城镇老旧小区、老旧城区、老旧厂区、老旧街区、老旧社区和城中村改造顺利推进，海绵城市建设以及供水、供气、路网等城市基础设施建设成果显著。爱国卫生"7个专项行动"取得显著成效，生活垃圾和污水处理、黑臭水体整治、城市绿地建设等工作取得新的成效，城市人居环境日益改善，基本解决公共厕所数量不足、消除旱厕和取消收费三大难题。全省在创建文明城市工作中，认真贯彻落实习近平总书记提出的"要妥善处理好保护和发展的关系，注重延续城市历史文脉"[1] 的重要论述，积极挖掘文化资源，传承历史记忆；加强文物保护，留住文化根脉；完善文化设施，增强城市品位；提升文化服务，涵养城市内涵。群众素质不断提高，城市品位不断显现。"十三五"期间，县级以上城市建成区绿地率达到 35.4%，地级及以上城市空气质量优良天数比率保持在 98% 以上，新增国家历史文化名城1座、全国文明城市9座、全国卫生城市5座、国家森林城市4座、国家园林城市（县城）16座。

(四) 建设昆明区域性国际中心城市

全力推进昆明区域性国际中心城市建设。云南省充分发挥昆明在

---

① 《习近平关于城市工作论述摘编》，中央文献出版社2023年版，第114页。

全省政治、经济、科技、文化、金融、创新中心的核心作用，做大做强昆明省会城市。昆明城市规划建设管理逐步规范化、信息化、精细化。城市景观风貌和环境品质得到实质性提升，城市综合发展水平和对外开放程度显著提高，城市空间结构和功能布局不断优化，基础设施体系不断完善，城市运营支撑能力明显提高。昆明综合经济实力、新动能支撑作用、服务业发展水平、市场主体竞争力、消费的基础性作用、创新对经济增长的贡献以及发展质量效益均显著增强。综合枢纽基本建成，经济贸易中心、科技创新中心、金融服务中心、人文交流中心辐射力影响力持续增强，"世界春城花都""历史文化名城""中国健康之城"品牌更加响亮，产业体系、城市建设、创新创业、公共服务、贸易合作等领域国际化现代化水平全面提速，自贸试验区制度创新、营商环境重点领域进入全国前列，重大开放平台建设取得突破，开放型经济发展水平显著提高，成为面向南亚东南亚辐射中心的核心区。

（五）构建大中小城市协调发展格局

高度重视现代都市圈建设和城市群高质量发展。"十三五"期间，云南省通过构建"一核一圈两廊三带六群"区域发展新空间（简称"11236"），从更高层次推动区域协调发展。"一核"就是全力推进昆明市与滇中新区融合发展，加快区域性国际城市建设步伐，形成全省最具活力的增长核心；"一圈"包括昆明市、曲靖市、玉溪市、楚雄州和红河州北部地区的滇中城市经济圈，实现滇中城市群基础设施、产业发展、生态环保、要素市场、基本公共服务和社会治理一体化发展；"两廊"指孟中印缅经济走廊和中国—中南半岛国际经济走廊；

"三带"指沿边开放经济带、澜沧江开发开放经济带、金沙江对内开放合作经济带；"六群"包括滇中城市群和滇东北、滇西北、滇西、滇西南、滇东南等城镇群。同时，增强与国内"长三角""成渝""珠三角"和境外东南亚、南亚等区域的互通互联，重点推动道路网、地铁网、铁路网、航空网、水运网、管道网"六网"基础设施建设，初步形成各种运输方式有效衔接，交通枢纽功能完备、内连外通、安全可靠、绿色环保的现代综合交通运输体系，全面适应云南省、昆明市经济社会发展以及服务国家全方位开放格局的需要。

（六）推进以县城为重要载体的城镇化

充分发挥县城中心镇在沟通城乡中的桥梁和纽带作用。云南省重点依托区域中心城市，结合区域产业发展方向，加强与区域中心城市和省级重点镇的产业分工协作，进一步发挥县城和中心镇在吸纳农业转移人口和产业发展中的作用，加快县域中心城镇发展为小城市，促进县域经济增长。矿产资源突出的县通过发挥县域优势资源特色，增强与区域中心城市的产业联系，强化区域专业化特征，形成新兴工业原料基地和加工基地。生物资源突出的县通过突出县域生物资源特色，建设优质生物资源种植基地，发展特色生物资源加工产业，扶持和培育龙头企业，推进现代生物产业发展。农业基础较好的县通过突出区域农业资源特色，培育农业产业，建设龙头企业，发展现代农业，建设区域性农产品加工集散中心。旅游资源突出的县依托县域丰富的特色旅游资源，发展县域旅游产业，依托县城建设旅游服务中心，促进城镇建设与旅游产业的有机结合和协同发展，为全省旅游产业发展提供新产品。通过这些措施，县城发展后劲越来越足，真正成为了县域经济发展的第一引擎和新型城镇化的重要载体。2019年2月，云南省人民政府印发了《云南省人民政府关于"美丽县城"建设的指导意见》，全面启动全省"美丽县城"建设工作，不断形成特色鲜明、功能完善、生态优美、宜居宜业的"美丽县城"（具体名单见表6—1），实现以县城为重要载体的新型城镇化建设高质量发展。

表6—1　云南省"美丽县城"入选名单

时间	公示文件	云南省"美丽县城"名单
2020年	《云南省人民政府关于命名云南省美丽县城的通知》	腾冲市、安宁市、巍山县、西盟县、水富市、屏边县、凤庆县、建水县、石林县、镇沅县、新平县、石屏县、大姚县、昌宁县、景谷县、沧源县、瑞丽市、剑川县、香格里拉市、罗平县
2021年	《云南省人民政府关于命名"云南省美丽县城""云南省特色小镇"的通知》	弥勒市、澄江市、双江县、孟连县、永平县、双柏县、开远市、禄丰市、鹤庆县、嵩明县、宁洱县、永胜县、陆良县、绥江县、威信县、龙陵县
2022年	《云南省人民政府关于命名"云南省美丽县城"的通知》	元谋县、河口县、南涧县、峨山县、玉龙县、易门县、宾川县、富民县、勐海县、师宗县、鲁甸县、永仁县、马关县、会泽县、镇康县、江城县、维西县、陇川县、西畴县、泸水市

资料来源：根据云南省人民政府网站公布信息整理。

三、开创区域协调发展新局面

习近平总书记指出："全体人民共同富裕是中国式现代化的本质特征，区域协调发展是实现共同富裕的必然要求。"[①] 党的十八大以

---

① 《习近平在广东考察时强调　坚定不移全面深化改革扩大高水平对外开放　在推进中国式现代化建设中走在前列》，《人民日报》2023年4月14日。

来，云南省委、省政府牢牢把握中国特色社会主义事业总体布局，正确处理发展中的重大关系，建立健全全省区域战略统筹、市场一体化发展、区域合作互助等机制，遏制区域分化、规范区域开发秩序、促进各区域共同发展。随着一系列区域重大战略加快落实，资源空间配置优化升级，区域经济增长新潜力进一步显现，逐步形成优势互补、共享共赢的区域协调发展新格局。

（一）推动滇中崛起促进协同发展

加快推进滇中区域经济协调发展。云南省主动适应国家区域发展的新格局，充分发挥滇中地区在我国提升沿边开放战略中的重要作用，努力构建功能定位准确、空间结构优良、发展环境良好、引领作用显著的滇中城市经济圈。2009年10月，云南省发展改革委完成《云南省滇中城市经济圈区域协调发展规划（2009—2020年）》，并向社会征询意见。2014年10月，云南省委、省政府正式发布《滇中城市经济圈一体化发展总体规划（2014—2020年）》，将统筹滇中地区协调发展、协同发展、共享发展上升到省际战略决策。2015年9月，国务院印发《关于同意设立云南滇中新区的批复》，标志着滇中地区的发展正式进入了国家发展战略。2020年7月，云南省政府印发《滇中城市群发展规划》，进一步明确加快滇中城市群发展是促进区域协调发展的重要途径。提出加快滇中城市群发展，以城市群为主体构建大中小城市和小城镇协调发展的城镇格局，带动边疆地区、少数民族地区、高原山地地区跨越式发展，落实生态文明建设排头兵的建设要求，探索区域绿色发展新模式。

（二）扩大沿边开放促进兴边富民

把沿边地区打造和培育成全省新的经济增长带。云南省坚持"开放合作、互利共赢、错位发展、联动开发"的原则，挖掘发展潜力、厚植发展优势、拓展发展空间。重点加强基础设施建设、培育壮大特色产业、建设沿边城镇、推动沿边开放合作、巩固沿边生态屏障、建设和谐边疆，全力推进中国（云南）自由贸易试验区、重点开发开放试验区、边境经济合作区、跨境经济合作区、口岸产业园区等建设，逐步将沿边开放经济带建设成为我国参与"一带一路"建设、面向南亚东南亚开放合作的前沿和窗口。通过制定实施《云南省兴边富民工程"十三五"规划》《云南省深入实施兴边富民工程改善沿边群众生产生活条件三年行动计划（2015—2017 年)》《云南省深入实施兴边富民工程改善沿边群众生产生活条件三年行动计划（2018—2020 年)》，对抵边的 373 个行政村（社区）进行综合扶持，边民生产生活条件大幅改善，沿边各族群众凝聚力和向心力显著增强。同时，《云南省沿边开放经济带发展规划（2016—2020 年)》《云南省沿边城镇布局规划（2017—2030 年)》的颁布实施，进一步推动沿边地区联动内外、协作发展，提升开放发展能力和水平，促进形成新的经济增长带，不断完善云南省对外开放和区域发展格局。

（三）加快推进滇东北开发和滇西一体化

加快推进滇东北区域城镇化进程。一方面，不断优化滇东北区域城镇体系，统筹协调滇东北区域城乡建设及产业、重大基础设施布局。《滇东北城镇群规划（2011—2030)》提出将滇东北城市群的区域空间结构定位为"一主三副七点，一轴四区两带"。经过多年发展，形成了以昭鲁中心城市为区域发展主核，以水富、镇雄、会泽为区域发展副中心，以绥江、盐津、永善、巧家、大关、威信、彝良为区域发展支点，以昭阳、鲁甸一体化为重点的滇东北城镇群的发展格局。逐步将滇东北城镇群建设成为长江上游生态屏障建设的"示范区"，云南连接成渝、长三角经济区的枢纽型城镇群。另一方面，滇西一体化进程加速推进。《滇西城市群规划（2011—2030年)》将滇西区域一体化定位为中国面向西南开放重要桥头堡建设的先行区及国际陆路大通道门户，我国民族和谐发展示范区，以发展外向型产业、民族文化旅游产业和特色农业为主的省重要增长极和门户城市群。经过多年发展，滇西城市群立足各地的资源优势，不断加强各地区在生态环境保护以及产业发展方面的分工协调和一体化发展，大力发展旅游服务业，逐步将滇西城市群打造成为国际著名旅游目的地。

四、健全城乡融合发展机制

习近平总书记指出："要推进城乡统筹发展，在缩小城乡差距、推动城乡融合发展、促进全体人民共同富裕上闯出一条新路来。"[①] 党的十八大以来，云南省委、省政府把县域作为城乡融合发展的重点，不断强化县城综合服务能力。破除妨碍城乡要素自由流动的体制机制壁垒，促进城乡人才、资金、信息等要素自由流动，推动城乡要素平

---

① 《习近平在河北雄安新区考察并主持召开高标准高质量推进雄安新区建设座谈会时强调　坚定信心保持定力　稳扎稳打善作善成　推动雄安新区建设不断取得新进展》，《人民日报》2023年5月11日。

等交换、双向流动和城乡公共资源合理配置。制定出台了《中共云南省委、云南省人民政府关于建立健全城乡融合发展体制机制政策措施的实施意见》等政策文件，坚持新型城镇化建设和乡村振兴战略统筹推进，城乡融合发展体制机制逐步建立健全。

（一）健全城乡基础设施协同发展机制

高度重视城乡基础设施发展的协同性。云南省不断推进城乡基础设施一体化发展。一方面，积极构建城乡基础设施一体化规划机制。以市县域为整体，统筹规划布局城乡基础设施和公共服务管理设施，推进"厕所革命"。推动城乡路网一体化和美丽公路、"四好农村路"规划建设，全面提速县域高速公路"能通全通"工程。鼓励有条件的州（市）推进自然村公路和联网路建设。统筹规划重要市政公用设施向城市郊区农村和规模较大中心镇延伸。统筹规划城乡污染物收运处置体系。另一方面，不断深化城乡基础设施一体化建设和管护机制。健全以政府投入为主的乡村道路、水利、公共厕所等公益性设施建设机制，管护和运行投入纳入一般公共财政预算。对乡村供水、垃圾污水处理等有一定经济收益的设施，政府加大投入力度，积极引导社会资本和当地群众投入。对乡村供电、电信和物流等以经营性为主的基础设施，建设投入以企业为主。鼓励有条件的地区将城乡基础设施项目整体打包，实行一体化开发建设，推进边境小康村建设，提升城乡人居环境。

（二）健全城乡普惠共享公共服务体系

积极推动社会公共服务均衡发展。云南省不断健全完善覆盖城乡、便捷高效、均等普惠的公共服务体系。基本公共服务资源持续向基层、农村、边远地区和困难群众倾斜，城乡区域间基本公共服务差距不断缩小，公共文化服务城乡一体化成效显著。一是通过科学配置和整合县域内义务教育资源、加强乡村医疗卫生人才队伍建设以及健全乡村公共文化服务体系等措施，不断完善城乡教育资源均衡配置、乡村医疗卫生服务体系和城乡公共文化服务体系。二是通过建立健全覆盖城乡居民的基本养老保险制度和城乡统一的社会保险制度，落实统一的城乡居民基本医疗保险、大病保险和基本养老保险制度。三是通过统筹城乡社会救助服务，积极推进城乡低保统筹发展，适应户籍制度改革、居住证制度改革，进一步调整完善最低生活保障审核、审批等有关政策规定。四是通过实施统一的基本公共服务标准，提高基本公共服务设施数量与质量，促进城乡区域间基本公共服务均衡发展，构建综合完善、便捷高效的社区生活服务圈，不断提升人民群众生活品质。

（三）健全乡村金融服务体系

不断完善农村金融服务体系和保障体系。云南省充分利用信贷、保险、期货等金融手段，不断开发金融保险等特色产品，扩大保险服务覆盖面、提高保险保障水平、筑牢防贫保险保障网。一是通过推动符合条件的县级农村信用社改制组建农村商业银行，满足"三农"和小微企业个性化、差异化、产业化发展需求。通过推进"多县一行"村镇银行试点，使村镇银行机构数量稳步增加，区域布局不断优化，支农支小作用持续发挥。二是通过总结农村产权抵押贷款试点经验，依法合规开展农村集体经营性建设用地使用权、农村房屋财产权、集体林权抵押融资，有效盘活了农村资产资源，对农业增效、农民增收、农村发展发挥了积极作用，进一步拓宽了农民及涉农企业、农民合作社、家庭农场等新型农业经营主体的融资渠道。三是按照中央统筹部署，探索建立市场化抵押物处置机制，支持云南省农业信贷担保有限公司按照市场化方式，构建覆盖全省的农业信贷担保服务网络体系，形成了贷前抵押物"预处置"、第三方回购、多方合作共同处置等模式，统筹解决抵押变现、价值评估、风险防控等问题。四是围绕农业保险"扩面、增品、提标"的要求，建立健全多层次农业保险保障体系，降低农户生产经营风险，推动政策性和商业性农业保险协同发展。五是支持通过市场化方式设立城乡融合发展基金，科学引导社会资本投入城乡融合发展。六是通过建立完善风险防控、监测预警、风险化解、应急处置等工作机制，形成了责任明确、部门协同、上下联动的农村金融风险防控新格局。

第二节

典型案例："陆良模式"
打造现代版"富春山居图"

一、基本概况

党的十八大以来，中国特色社会主义进入新时代，中国社会主要矛盾已经转化为人民日益增长的美好生活需要和不平衡不充分的发展之间的矛盾。发展不平衡不充分主要表现为城乡发展不平衡、农村发展不充分，而乡村振兴战略作为新时代"三农"问题的总抓手，成为破解城乡发展不平衡、农村发展不充分的重要手段。城乡融合与乡村振兴战略相辅相成的内在关系，决定乡村振兴必然要推进城乡融合。

云南省曲靖市陆良县城乡融合型乡村振兴示范区先导工程位于三岔河镇清河社区。该社区辖 2 个自然村，11 个村（居）民小组，共 1088 户 3400 人，距陆良县城 10 千米，距三岔河集镇 1.5 千米，属典型的城乡接合部。项目实施前，该社区建筑风格杂乱、村庄布局错落无序、村内私搭乱建现象突出，既无秀美自然风光，也无特色民族文化，跟全省大多城郊接合部社区一样，还具有体量大、拆迁难、纠纷多、无特色等特点。陆良县坚持从实验到实践、从先导到示范，以三岔河镇清河社区作为城乡融合型乡村振兴示范点，探索出"5+4+3+N"的乡村振兴"陆良模式"，打造了独具特色的现代版"富春山居图"。

二、主要做法

（一）以五个融合为抓手，探索城乡融合新模式

陆良县坚持把"和"与"美"作为建设宜居宜业和美乡村的基本要求，邀请中国农业大学李小云教授团队作为顾问，指导三岔河镇乡村振兴示范点建设，以五个融合破解城乡融合发展难题。一是坚持基础设施融合"换样子"。通盘考虑村庄乡土风貌、区位条件、产业基础等现状，坚守"轻介入、微改造、精提升"的设计理念，秉持不大拆大建的原则，最大限度保留乡村原有风貌和格局。全面实施小三园、特色巷道、村史馆、党群服务中心等"五改四创三心一地"工程，村庄公共基础设施日趋完善，村容村貌持续提升。二是坚持产业融合"搭台子"。做好"土特产"文章，坚持农业与二、三产业协调共同发展，建立充满活力、功能完备、结构合理的乡村产业体系。因地制宜打造现代观光农业示范园，示范种植莲子藕、茨菇等水生经济作物 205333 平方米，年产值达 580 余万元；组建电商销售平台，培育植入村庄商业业态，建设蔬菜分拣交易中心，开发就业岗位 300 余个，每年可实现村集体经济收入 60 余万元。三是坚持公共服务融合"架梯子"。按照"资源共享、优化配置、合理利用、功能拓展"的思路，一体打造老年幸福餐厅，改造提升文化休闲广场、红色驿站和社区卫生所等便民设施，办好教育、医疗、养老、社保等民生实事，促进公共服务均等化，不断提升公共服务水平。四是坚持文化融合"探路子"。围绕乡村文化产业，开发有特色的文创产品，实现乡土文化与流行文化的创新融合；收集整理本地人文故事，总结提炼"清河精

神",创办荷花里文创工作室,成立陆良书法协会清河分会,组建荷花里民间文艺队,在传承和发扬乡土文化上奠定了坚实基础。五是坚持基层治理融合"开方子"。用管理城市的理念治理乡村,以数字化赋能打造智慧乡村,建立三级网格化服务管理机制,将党员和致富带头人划入网格,充分发挥示范带动作用,引导群众关心乡村发展、投身乡村建设、参与乡村治理,全面推行"门前五包"和"田间三包"责任制,长效开展普法强基补短板专项行动,居民安全感、满意度明显提升。

(二)以四个激活为动力,绘就乡村振兴最大同心圆

乡村振兴为农民而兴,乡村建得好不好,最终农民说了算。坚持党群齐心、干群协力、全民参与、利益共赢,让全村的生产资料、生产力、生产关系进行重组及有效配置。一是激活乡村沉睡"三资""助力干"。深度挖掘乡村优势资源,将农耕文化与乡村文化有机结合,打造了"一馆两场三巷四区、一廊二站三园六院"景观;通过强化"三资"管理,积极引导群众将沉睡的、沉默的、沉淀的资产、土地、闲置房屋和庭院唤醒激活起来,"一户一策"为农户量身定制经营业态,灵活多样地参与业态经营。引导农民盘活闲置资源,培育农家乐、手工坊等新业态 38 家,有效实现资源向资产的转变,增强乡村内生动力,助推村集体资金增量、资产增值、资源增效。二是激活农民主体地位"有人干"。秉持"农民的村庄农民建设、农民的村庄农民管理、农民的村庄农民享受"的理念,始终尊重和发挥群众主体作用,让农民成为乡村振兴的决策主体、建设主体、经营主体和受益主体。在党支部的示范带动下,党员群众无偿捐献花卉、刺绣、老物

件、老照片等物品800余件，以工代赈参与村庄建设3200余人次，实现三堆变三园、村庄变景点、庭院变花园、劳动变运动、产品变商品、休闲变旅游"六个大变样"。三是激活乡村人才"带着干"。深入实施乡村振兴人才回引行动，邀请退休干部、乡贤、懂技术会经营的外出务工者等40余人组建"返乡能人"顾问团，建立健全"陪伴式人才成长"机制；实施"互联网＋"农产品出村进城工程和"数商兴农"行动，培育和筛选一批善于学网懂网用网的"新农人"，帮助他们开展更多正能量、高质量、有流量、促销量的助农直播。加强乡土人才培育，厚植家乡情怀，让越来越多的"田秀才""土专家""巧绣娘"闻令而动，真正成为乡村振兴的带头人。四是激活基层组织"领着干"。重塑农民合作组织和集体经济组织等各类组织体系，采取"党支部＋村集体＋合作社＋公司＋农民"的运营模式，成立曲靖浩源旅游发展有限公司，由社区党总支书记担任公司董事长，向社会招聘"乡村CEO"3名，建立健全"乡村CEO"管理机制，撬动社会资本，实施"万企帮万村"行动，整合乡村振兴四位一体、水美乡村等各类项目资金3000余万元，组织发动群众以工代赈折合资金600余万元，引导群众投资320万元，目前，遇见·荷花里民宿、咖啡屋、酒吧、冷饮店等新业态争奇斗艳、蔚然成风，2022年春节期间试运营20余天，各业态共创收386万元。

（三）建立健全三个机制，保障先导工程行稳致远

坚持"机制先行、运营前置、业态营利、生态宜居"，深化改革创新，不断激发改革活力。一是建立陪伴式成长的组织机制"强服务"。通过政府主导，专班协调，成立县委书记、县长任指挥长，县委副书记、副县长任副指挥长，市管职级干部为组长，抽调30余名县管职级干部组建的9个工作专班，形成领导挂帅、任务到人、手中有图、心中有数、眼里有活的工作责任体系，实行"保姆式"靠前服务，"陪伴型"帮办成长，及时跟进研究解决工作推进中存在的困难和问题，为项目顺利推进提供坚强的组织保证，全面按动服务重大项目建设"快捷键"。二是建立利益联结机制"惠民生"。以壮大集体经济和促进农民增收为出发点和落脚点，让经营收益最大程度地"留村补农"，确保农民作为受益主体共享发展红利。将农村集体土地、农民闲置房屋等"闲资源"变为"活资产"，实现农村资源变资产、资金变股金、农民变股东的华丽蜕变。实行"一码收费、一账返利、统管运营"的利益联结机制，无论经营何种业态、以何种模式经营，都通过收费系统在后台优先提取2%～10%营业额作为资源管理费，剩余营业额再结算给经营业主。合作社提取到的收入50%用于村集体经济壮大，30%用于全体社员年终分红，20%用于全社区基础设施建设和公共服务事业发展，进一步激活村庄内生动力，壮大村集体经济，带领村民致富，真正让乡村振兴实施项目"有形、有感、有效"。三是建立运营管理机制"防风险"。理清盘活集体资产，将政府投资全部量化到集体，进一步明晰产权，让资产找到主人。大力撬动民间资本参与项目建设，将投入转化为股份，实现风险共担、利润共享，严控施工方随意扩大工程建设，增加政府隐性债务，牢牢守住防范化解债务风险底线。统筹建立养护、保洁、运行等长效管理机制，明确责任主体，把政府有形的手缩回来，让农民主体真正参与到管理中，有效化解"重建设、轻管理"的风险。

（四）以 N 个系列为目标，助推和美乡村提质增效

在示范点打造过程中，陆良县严格按照"任务项目化、项目清单化、清单责任化"工作要求，执行"清单管理＋闭环运行＋对账销号"的大督查工作机制，将乡村振兴与绿美村庄、人居环境、厕所革命、四美家园、基层治理等重点工作有机结合，逐步形成基础设施完备、公共服务普惠可及、人居环境优美宜人、社会治理和谐有序、精神富有文化繁盛等 N 个良好态势，让村庄靓起来、农民富起来、组织强起来，真正提升群众幸福感、获得感、安全感、满意度，绘就了一幅独具陆良特色的"乡村美、产业旺、人和谐、生活富"的乡村现代版"富春山居图"。

三、经验启示

党的十八大以来，陆良县瞄准"现代农业示范区、高端食品加工基地、城乡融合发展示范区"三大定位，结合各乡镇实际，以一、二、三产业融合，基础设施融合，公共服务融合，基层治理融合，文化融合的"五个融合"为抓手，以组织振兴引领乡村振兴，以市场化驱动农业产业化，闯出了一条城乡融合型乡村振兴建设的新路子，为探索城乡区域协调发展积累了宝贵经验，并提供了重要启示。

（一）推进乡村一、二、三产业深度融合发展

一、二、三产业深度融合发展是解决农村发展不充分的重要举措。陆良县坚持农业与二、三产业协调共同发展，通过基础设施融合

"换样子"、产业融合"搭台子"、公共服务融合"架梯子"、文化融合"探路子"、基层治理融合"开方子"破解了当地的城乡融合发展难题。

立足城乡实际，在农业发展的基础上以城带乡激发二、三产业的活力，优化三产布局，在城乡一体化的架构中加快推动农村一、二、三产业融合发展。一方面，乡镇是上联城市、下接乡村的纽带，要引导小农户资源聚集到乡镇，推动小农户与农业企业加强合作，给予电商产业扶持，促进乡村产业振兴。另一方面，乡村具有多元价值属性，要鼓励村庄拓展农业的多种功能，因地制宜发展家庭农场、休闲农业等产业新形态，坚持科技兴农，融合农文旅，提供更多乡村就业机会，增加农民收入，带动群众致富，扎实推进共同富裕，高效实现城乡融合，夯实乡村振兴的根基，推动城乡协调发展。

（二）完善"外引内育"人才吸纳体系

实现乡村振兴，发展是第一要务，人才是第一资源。陆良县不断完善人才内生和外引机制，对内通过加强乡土人才培育，厚植家乡情怀，让越来越多的"田秀才""土专家""巧绣娘"闻令而动，真正成为乡村振兴的带头人；对外通过聘请知名专家定向把脉献策，为全面推进乡村振兴、促进城乡融合发展提供人才支撑和智库咨询服务，进一步明确了统筹城乡协调发展的思路和方向。

人是社会发展的主体，是缩小城乡差距的关键因素。一方面，乡村人才振兴最重要的是发挥好本土人才的价值，中坚农民作为真正嵌入在城乡社会中的内生性主体力量，具有一定的社会影响力和市场经营能力，在城乡融合的过程中要为他们提供发展创业的空间。另一方面，要重视外生性人才的引入，要为高层次人才提供工作便利和专业技术支持，强化物质保障支撑，提高公共服务水平，完善激励机制。

（三）促进文化要素在城乡之间自由流动

城乡精神文明建设融合发展的基础是要素自由流动、资源互通互联。陆良县坚持深入探索文化融合，围绕乡村文化产业，开发有特色的文创产品，实现乡土文化与流行文化的创新融合。并通过收集整理本地人文故事，总结提炼"清河精神"，在传承和发扬乡土文化上奠定了坚实基础，促进乡土文化精神向城市拓展及价值提升，推动了城乡精神文明建设融合发展。

要重视现代化进程中农耕文化的传承与创新，促进乡村文化在城乡之间的流动。一方面，优秀农耕文化具有丰富的农业生物多样性、完善的传统知识技术体系和独特的农业生态景观。要注意保护和发展农耕文明，在城乡融合政策的带动下，不断促进土地资源要素的双向转移，以城乡文明合力保护发展农耕文化，重塑城乡融合破除城乡二元壁垒，引导焕发优秀农耕文化新活力。另一方面，推动乡村文化发展需要城乡间产业、人才、制度的不断融合。要依据乡村的独特优势建设多样性文化空间，增强乡村文化吸引力，并在学习借鉴城市文化制度的同时，保留乡村文化底蕴，开展移风易俗活动，弘扬新乡贤文化，推动文化要素在城乡之间流动、互通。

（四）提升基层党组织的引领力和凝聚力

基层党组织是实施乡村振兴战略的"主心骨"。如果基层党组织软弱涣散，乡村振兴将步履维艰；如果基层党组织坚强有力，乡村振兴便会蹄疾步稳。陆良县通过激活基层党组织，将党员和致富带头人划入网格，充分发挥示范带动作用，引导群众关心乡村发展、投身乡村建设、参与乡村治理，重塑农民合作组织和集体经济组织等各类组织体系，打造党建引领基层治理"新格局"。

基层党组织是乡村振兴和城乡融合发展的"桥头堡"，城乡融合发展离不开基层党组织的引领。一方面，农村只有建立坚强的基层党组织队伍，大力提升基层党组织的组织力和凝聚力，才能为促进城乡融合发展奠定坚实的基础，为推动乡村全面振兴提供根本政治保证。另一方面，必须增强党建引领作用，加快构建以乡村党员干部内生力量为主、外部力量为辅的多元参与体系，动员最广泛的力量参与到乡村振兴和城乡融合发展中来，凝聚共同参与乡村振兴、城乡融合的强大合力。

四、研讨题

1. "陆良模式"给我们哪些启发？

2. 应该如何破解城乡区域发展不平衡难题？

第七讲

贯彻绿色发展理念　擦亮生态底色

7

习近平总书记深刻指出，当前和今后一个时期，绿色发展是我国发展的重大战略。党的十八大以来，云南省深入学习贯彻习近平新时代中国特色社会主义思想和党的二十大精神，坚持以习近平生态文明思想为指导，紧扣"生态文明建设排头兵"的战略定位，认真落实省委十一届四次全会和云南生态环境保护大会精神，坚定不移走生产发展、生活富裕、生态良好的文明发展道路，奋力绘就七彩云南生态画卷，推动生态文明建设发生历史性、转折性、全局性变化。

第一节

云南贯彻绿色发展理念的举措

党的十八大以来，云南省深入学习贯彻落实习近平生态文明思想和习近平总书记两次考察云南重要讲话精神，紧紧围绕"生态文明建设排头兵"的战略定位，坚决扛起生态文明建设政治责任，把生态文明建设融入经济社会发展的各方面和全过程。从顶层设计入手，云南省逐步建立起较为完善的生态文明建设制度体系，绿色低碳循环发展实现历史性突破。

一、全面筑牢西南生态安全屏障

近年来，云南省坚持实施主体功能区战略，优化国土空间开发格局，严守生态保护红线。坚持山水林田湖草沙系统治理，深入推进重要生态系统保护和修复，完善生态系统服务功能，着力提升生态系统的质量和稳定性，切实维护生态安全。

（一）积极构建"三屏两带"生态保护红线格局

云南省始终严守以青藏高原南缘滇西北高山峡谷生态屏障、哀牢山—无量山山地生态屏障、南部边境热带森林生态屏障和金沙江、澜沧江、红河干热河谷地带、东南部喀斯特地带"三屏两带"为重点的生态保护红线。持续推进怒江、普洱—西双版纳等生态廊道及老君山、哀牢山、乌蒙山等重要生态节点建设。努力推进以创建国家公园为主体的自然保护地体系，建立健全自然保护地、生态保护红线监管制度，积极争取将高黎贡山纳入全国国家公园规划布局，积极创建跨区域的高黎贡山国家公园。推行草原、森林、河流、湖泊休养生息。

构建生物多样性保护网络。划定梅里雪山—碧罗雪山寒温性针叶林区等8大生物多样性保护关键区域，大范围、整体性保护其类型多样、区域特征明显的生态系统。通过保障水生生物洄游通道畅通、构建陆域野生动物迁徙通道、加强迁徙鸟类栖息地保护等构建"水陆空"生物迁徙通道，重点野生动物种群保护率达到100%。划定重要野生动植物栖息地，对濒危、重点野生动植物物种及其生境实施特殊保护。落实"最严格的生态环境保护制度"，生态保护红线非经法定程序不得调整。生态保护红线加强对典型生态系统的保护，涵盖了全省从热带到高山冰缘荒漠15个自然生态系统，自然保护地100%纳入生态保护红线；强化对重要自然景观和自然遗迹的保护，涵盖了六大水系、九大高原湖泊、三江并流、热带雨林、澄江动物化石群及石林等重要自然景观和自然遗迹；强化对重要物种栖息地的保护，亚洲象、滇金丝猴、绿孔雀、野生稻等众多珍稀濒危物种得到保存、发展；强化维护大江大河上游水源涵养功能，金沙江、怒江、澜沧江、伊洛瓦底江等约 70％的面积纳入生态保护红线，金沙江、澜沧江60％以上，红河、怒江 50％以上的自然岸线纳入生态保护红线。

（二）加快推进生态系统保护修复

注重统筹山水林田湖草沙一体化保护和修复，科学布局和组织实施重要生态系统保护修复重大工程。持续开展森林云南建设和国土绿化行动，开展沿路、沿河湖、沿集镇"三沿"造林绿化。全面推行林长制，加强森林资源管理，加强天然林保护、公益林管护，实施人工造林种草、封山育林育草、退化林修复、毒害草治理、草原生态修复等，优化林草生态系统结构。不断推动生态脆弱区、重点流域水生态修复，提升横断山区、高原湖泊区等重点区域水源涵养功能，逐步改善森林、草原、河湖、湿地等自然生态系统服务功能；推动历史遗留矿山生态修复，加强地质灾害防治；持续开展石漠化、水土流失综合治理及小流域综合治理；积极开展生态系统保护成效监测评估。

（三）着力加强生物多样性保护

长期以来，云南省高度重视生物多样性保护工作，各级各部门在生物多样性保护和科学利用方面做了大量工作，采取了积极有效的措施，取得了显著的成绩，生物多样性保护工作走在全国前列。

近年来，云南省持续加强野生动植物保护，开展生物多样性保护廊道、珍稀濒危物种重要栖息地和迁地保护体系建设，推进珍稀濒危物种保护小区建设，开展了天行长臂猿、亚洲象、滇金丝猴、林麝、绿孔雀等珍稀濒危特有物种以及朱红大杜鹃、藤枣、云南梧桐等极小种群物种的拯救、保护和人工繁育工作；开展了生物多样性本底调查、观测和评估，合理布局并加快建设生态监测站，不断完善中国西南野生生物种质资源库建设，加强种质资源收集保存，建设生物多样性大数据库，提升生物多样性保护与监管能力。合理开发利用生物资源，建立生物遗传资源获取与惠益共享制度，推动生物资源可持续利用。弘扬民族生态文化，发掘、整理、传承与生物多样性保护相关的民族传统文化。有效保护物种，加强生物安全管理和外来物种管控，严厉打击破坏野生动植物资源违法犯罪行为，深入开展跨境生物多样性保护合作，保障区域与国家生物安全。2021年10月，在昆明顺利举办联合国《生物多样性公约》第十五次缔约方大会，大会后续效应正在不断拓展。

二、全面改善生态环境质量

云南省坚持驰而不息打好蓝天、碧水、净土"三大保卫战"和"8个标志性战役"，突出问题导向和目标导向，系统治污、精准治污、科学治污、依法治污，深入打好污染防治攻坚战，突出环境问题不断得到解决，全省环境质量持续全面改善。

（一）聚焦重点，深入开展治污攻坚

一是持续强化大气污染防治。加强工业大气污染防治，持续开展"散乱污"企业综合整治，强化细颗粒物和臭氧协同控制，推动石化、

化工、工业涂装、包装印刷、油品储运销、汽车维修 4S 店 6 个重点行业（领域）挥发性有机物综合治理。以昆明、西双版纳等城市和区域大气治理为重点，加强污染天气应对。推进大气污染联防联控，严控秸秆焚烧，积极探索与东南亚国家生物质焚烧污染防治、改善空气环境质量合作。二是加大水源地保护和污水治理力度。健全饮用水水源保护区制度，推进集中式饮用水水源保护区综合整治，持续改善饮用水水源地环境质量，提升集中式饮用水水源地规范化建设水平。加强集中式饮用水水源监控能力建设，强化水质监测和动态跟踪，提高风险防控和预警应急能力。强化工业污水治理，加快提升工业污水处置水平。加强城镇生活污水收集处理设施建设和提标改造，加快推进老城区雨污分流基础设施建设，乡镇以上新建区全面实现雨污分流，补齐城乡生活污水收集处理设施短板。加大城市黑臭水体治理力度，全面开展县级城市建成区黑臭水体整治。三是稳步推进土壤污染治理。全面推进农用地分类管理，对安全利用类和严格管控类农用地依法采取风险管控措施，巩固和提升超筛选值农用地安全利用水平，深入推进污染地块和国土空间规划"一张图"，强化建设用地风险管控和治理修复名录管理，严格建设用地准入管理，确保人居环境安全。推进有机肥替代化肥、病虫害绿色防控替代化学防治，加强废弃农膜回收利用，控制农业面源污染。四是提升固体废物环境风险防控和处置水平。持续强化固体废物和危险废物环境监管，严格执行危险废物经营许可、转移等管理制度，强化全过程监管，从严控制省外危险废物转入省内贮存处置，严厉打击危险废物非法转移、倾倒等违法犯罪活动。推进绿色矿山建设，提高矿产资源开发保护水平。积极推广"无废城市"试点经验，加强白色污染防治，推动固体废物资源化利用。全面开展垃圾分类，持续推进塑料污染治理。不断健全完善核与辐射安全风险防控体系，确保核与辐射安全。

（二）有的放矢，科学保护修复六大水系

强化河湖长制，认真统筹水环境保护、水生态修复、水资源利用，以长江上游生态保护修复为重点，推进长江（金沙江）、珠江（南盘江）、元江（红河）、澜沧江（湄公河）、怒江（萨尔温江）、大盈江（伊洛瓦底江）六大水系上下游、干支流、左右岸协同保护治理，保障生态流量，加强重点流域污染治理和环境风险防范，提高优良水体比例，持续在消除劣V类水体上作文章下力气，稳定保持出境跨界河流监测断面水质优良。加强长江经济带生态环境突出问题整治，持续推进大江大河流域水环境保护。

（三）动真碰硬，积极推进"湖泊革命"

全省上下牢牢守住"湖泊是用来保护的，不是用来开发的"底线，科学划定九大高原湖泊"两线"，严格"三区"管控，从严修订保护条例，通过严格开展"湖泊革命"，全省生态保护核心区面积达到之前一级保护区的2.8倍。紧紧抓住减少入湖污染负荷这一关键，一体推进治污水、治农业面源污染、治垃圾、改善湖泊水生态，"一湖一策"建设绿美河湖、健康河湖、幸福河湖，高原九湖水质稳中向好。以破局姿态、根治气魄、雷霆手段抓拆违、强整改、促治理，滇池沿岸过度开发、无序开发、贴线开发的情况得到全面遏制和根本扭转，推动滇池生态保护治理实现从"一湖之治"向"流域之治"再到"全域联治"的重大转变。

（四）多措并举，着力抓好生态问题整治

以中央生态环境保护督察反馈问题、长江经济带生态环境突出问题等整改为抓手，扎实推进长江经济带生态保护，严格落实长江"十年禁渔"，深入实施赤水河流域（云南段）保护治理和高质量发展"双十"工程，流域水质稳定在Ⅱ类以上，实现了"一江清水出云南"。持续推进"森林云南"建设，森林面积、覆盖率、蓄积量均居全国前列。扎实开展"绿美云南"行动、爱国卫生"7个专项行动"和农村人居环境整治，建成一批国家园林城市、国家森林城市和美丽县城、美丽乡村，城乡环境焕然一新。

三、全面推动绿色低碳发展转型

近年来，云南以创新、协调、绿色、开放、共享的新发展理念发挥资源优势，围绕"三年上台阶、八年大发展、十五年大跨越"的"3815"战略发展目标，大力发展资源经济、口岸经济、园区经济，深入实施可持续发展战略，以创新驱动产业绿色发展，深入实施持续推动产业结构、能源结构、交通运输结构、农业结构绿色转型，倡导绿色生活，健全绿色低碳发展政策制度体系，全面推动经济社会绿色低碳发展。

（一）持续推动"两山"理念深入人心

推动绿色高质量发展，大力推进对生产方式、生活方式、思维方式和价值观念的全方位、革命性变革，牢固树立和践行绿水青山就是

金山银山的理念，坚持在保护中开发、在开发中保护，着力厚植生态底色，推进经济结构战略性调整。全省已有 20 个州市、县被命名为国家生态文明建设示范区，有 9 个地区被命名为"绿水青山就是金山银山"实践创新基地，为实现经济社会发展与人口、资源、环境相协调打下坚实基础。大力建设节约型机关，深入开展绿色家庭、绿色学校、绿色社区、绿色商场、绿色酒店等绿色生活创建行动，广泛宣传简约适度的生活理念，积极倡导绿色低碳的生活方式，营造全社会崇尚、践行绿色新发展理念的良好氛围。鼓励绿色出行，引导公众选择公共交通工具出行。促进绿色消费，鼓励消费者购买和使用高效节能节水节材产品，推动生产者简化产品包装，避免过度包装造成资源浪费和环境污染。坚决制止餐饮浪费行为。持续深入开展生态文明系列创建活动，不断提高全省生态文明建设水平，"绿水青山就是金山银山"的理念深入云岭大地各族群众心中。

（二）着力塑造绿色发展新优势

一是依托丰富水利资源和气候优势，大力发展以水电、光伏为主的绿色能源产业。云南绿色能源装机占比、绿色发电量占比、非化石能源占一次能源消费比重等指标居国内领先、世界一流水平，绿色能源成为云南的一张亮丽名片。截至 2023 年底，全省电力装机突破 1.3 亿千瓦，其中绿色能源装机占比超 89%，光伏、风电装机超过火电装机，成为仅次于水电的第二、第三大电源。2023 年全省发电量达到 4151 亿千瓦时，同比增长 3.5%；保障全社会用电量 2513 亿千瓦时，同比增长 5.2%。新能源投产并网规模创历史新高，在新能源项目的拉动下，能源投资同比增长 38.5%，增速持续保持 11 个重点行业首位，投资总量居全国第 3，能源工业增加值同比增长 5.5%，有力支撑全省经济稳增长。二是全面推行清洁生产，推进传统行业和重点产业领域绿色化改造，持续开展工业企业能效"领跑者"创建。加强生态文明科技创新，支持绿色技术创新和应用，发展生态利用型、循环高效型、低碳清洁型产业，大力发展循环经济，培育绿色发展新动能。加快构建废旧物资循环利用体系，发展静脉产业和再生资源产业。大力发展节能环保产业，培植新的经济增长点。三是发展绿色建筑，鼓励使用绿色建材、新型墙体材料。四是支持新能源和可再生能源开发，推动能源低碳安全高效利用。进一步加大新能源汽车推广使用力度，新能源电池产业等先进制造业迅速发展。一批低碳、零碳园区加快发展壮大，持续推进普洱市建设国家绿色经济试验示范区，积极推广创建经验，有力支持大理创建国家级洱海保护绿色发展示范区。农业绿色化、特色化、品牌化水平不断提高，文旅融合、生态康养、户外运动、研学科考、边境跨境游等新产品新业态蓬勃发展。

（三）积极稳妥推进碳达峰碳中和

云南省立足自身能源资源禀赋，深刻实现碳达峰碳中和是推动高质量发展的内在要求。云南省坚持先立后破，有计划分步骤实施碳达峰行动，把系统观念贯穿"双碳"工作全过程。积极开展资源全面节约、集约、循环利用，加快推动产业结构、能源结构、交通运输结构等调整优化。出台碳达峰实施方案，制定碳达峰碳中和实施意见，持续推动可再生能源利用，提升生态系统碳汇能力，深入推进全省碳资产统一核算、确权、开发、收储、流转、交易和管理，统筹推进生态产业化和产业生态化，不断提升经济发展的"含金量""含绿量"，降低"含碳量",促进经济发展和环境保护双赢。优化产业、能源、交通运输结构,推进减排降碳。加快产业结构调整,淘汰落后产能,积极支持推动构建科技含量高、能源资源消耗低、环境污染少的绿色产业发展。实施烟煤替代,提升电能在终端用能比例,推动重点行业节能低碳改造,进一步降低煤炭消费比重,提高企业能源利用效率。加强绿色供应链管理,调整优化货物运输结构,推动大宗货物"公转铁",增加集装箱多式联运比重。推进低碳产品认证,加快推动商业、建筑与公共机构等领域节能减排降碳。

四、全面提升资源开发利用效益

云南省坚持全面落实能源、水、建设用地总量和强度"双控"制度,开展全民节能、节水行动,鼓励可再生能源消费,努力推进资源总量管理、科学配置、全面节约、循环利用。

(一)全面推动能源节约

深入开展节能降耗行动。强化节能审查源头管控,严格节能监察,加强重点用能单位节能管理,加快推动能耗在线监测系统建设与数据应用。把工业作为提高能源利用效率的重点领域,对钢铁、建材、化工、有色等高耗能行业实施更加严格的能效标准,加强建筑、交通运输、公共机构与商业等重点领域节能降耗。鼓励可再生能源消费,大力促进废弃物资源化利用。完善能源价格政策,落实能源阶梯价格要求,严格实施差别电价、惩罚性电价。"十三五"以来,云南省持续推进能源绿色化发展方向,先后对490余家企业开展了现场节能诊断服务，发布 27 个优秀节能诊断案例名单，18 家企业入选全国重点用能行业能效"领跑者"名单。在建筑节能方面，全省城镇绿色建筑占新建建筑比例达到 50% 以上，城镇新建民用建筑 100% 执行国家强制性建筑节能标准；全省共计 56 项建材产品获得绿色产品认证标识，认证数量和市场应用率位居西部省份前列。在交通节能方面，全省 2 项交通节能技术入选交通运输部重点节能低碳技术推广目录；城市新能源公交车占比达 48.89%，新能源和清洁能源船舶保有量达 211 艘。在农业和农村节能方面，截至 2021 年 6 月底，全省保有量农村户用沼气 202.49 万户、节能炉具 407.82 万户、太阳能热水器 180.06 万台，各类沼气工程 1743 座，农作物秸秆综合利用项目重点县 36 个，全省秸秆综合利用率达到 89.61%，实现了生态环保和农业增效共赢。在公共机构节能方面，2023 年，全省公共机构人均综合能耗同比下降 1.11%、单位建筑面积能耗同比下降 0.88%、人均水耗同比下降 4.6%，定比 2020 年指标基数，已完成"十四五"阶段性节能降碳目标。累计 7446 个县级以上党政机关建成节约型机关，创建比例达 87%，超额完成国家阶段性任务目标。

（二）实施全民节水行动

把节水作为解决全省水资源问题的重要举措，加强节水制度、政策、技术创新，调整用水结构，持续推进中水回用和用水方式由粗放型向节约集约型转变。建立水资源刚性约束制度，落实水资源消耗总量和强度双控目标责任。聚焦农业、工业、城乡居民生活用水等重点领域，实施重大节水工程，提高用水效率。深入推进农业水价综合改革，加快计量设施建设，健全农业节水激励机制。强化用水全过程监管，增强全社会节水意识。近年来，云南省用水效率和用水效益得到明显提升。万元国内生产总值用水量比 2015 年降低 56.42%，超额完成 35% 的规划目标；万元工业增加值用水量比 2015 年降低 65.14%，超额完成 36% 的规划目标；农田灌溉水有效利用系数为 0.510。在农业节水方面，以水价机制为核心，持续实施大中型灌区节水配套改造，累计推进 859 个农田水利改革项目实施，总投资 189.8 亿元，建成高效节水灌溉面积 1200 万亩以上，累计完成农业水价综合改革面积 2693.93 万亩，占全省有效灌溉面积的 85%。在工业节水方面，大力推进工业节水改造和节水型企业建设，完成了 60 家省级节水型企业的培育创建。其中，造纸行业 12 户，钢铁行业 10 户，有色金属行业 9 户，食品行业 8 户，化工行业 7 户，火电行业 5 户，其他行业 9 户。在城市节水方面，全面推进节水型城市建设，完成海绵城市建设面积为 33.14 平方公里，公共供水管网漏损率降至 9.93%。我省还推动非常规水源纳入水资源统一配置，开展典型地区再生水利用配置试点，昆明市、大理市、石屏县进入典型地区再生水利用配置试点城市名单，昆明市总投资约 16.82 亿元、大理市总投资约 17.9 亿元、石屏县总投资约 1.08 亿元。全面开展县域节水型社会达标建设，通过实施节水型社会建设年度培训，逐一组织达标验收、评估考核，全省 62 个县（市、区）已通过节水型社会达标建设国家级验收。

（三）推进土地集约利用

深化土地管理制度改革，创新土地供应方式，规范土地承包经营权流转。严格落实用地标准和节约集约用地评价，积极推进云南省土地节约集约利用监管平台建设。开展闲置土地清理行动，盘活存量建设用地，积极推广节地技术和节地模式，切实提高土地利用效率。鼓励开展城乡建设用地增减挂钩和工矿废弃地复垦利用。出台政策灵活保障用地。出台"点供"用地助力乡村振兴相关意见，完善报批、供应、开发制度，多方式灵活保障项目建设用地。全面推进批而未供和闲置土地处置，切实提高土地节约集约利用水平，推进单位 GDP 建设用地使用面积下降工作。实施坝区保护工程，尽量少占或不占坝区耕地。2023 年以来，全省严守资源安全底线、优化国土空间格局、促进绿色低碳发展、维护资源资产权益，为严守耕地红线夯实粮食安全"耕"基、节约集约用地促进循环经济发展等作出了突出贡献。调整优化全省耕地布局，全省纳入考核现状耕地和永久基本农田面积分别高于国家下达保护目标任务 194 万亩、74 万亩。统筹协调各类空间矛盾冲突，创新划定耕地和林地后备资源补充空间 1071 万亩、634 万亩。推动实施新一轮补充耕地三年行动计划（2023—2025 年），将2012 个新增建设项目占用耕地 10.71 万亩落实到位，持续推进省域内补充耕地资源与资金配置更优化。

典型案例：云南大象北上南归

一、基本概况

（一）亚洲象分布情况

亚洲象是亚洲现存最大和最具代表性的陆生脊椎动物，历史上曾广泛分布于亚洲地区。而如今，全世界亚洲象的数量约为5万只，仅分布在包括中国在内的13个国家的零星区域内，其中印度境内最多，越南境内最少。当前，亚洲象已被世界自然保护联盟（IUCN）列为濒危物种，被濒危野生动植物种国际贸易公约（CITES）列为濒危物种。亚洲象喜群居，移动范围较广，栖息于亚洲南部热带雨林、季雨林及林间沟谷、竹林等地带，集中在各国气候湿润地带且多呈跨境分布。雌性亚洲象会照顾幼仔直至成年后才离群，离群的成年雄象会单独生活或少数几头一起生活，仅在发情期交配时会和象群产生联系，且不承担任何抚育子代的责任。中国历史上亚洲象最北分布至河北阳原，17世纪时已处于濒危状态。20世纪80年代，中国亚洲象种群数量仅为150头左右，全部分布于云南的2个州市、3个县区、14个乡镇，且面临分布区狭窄、零散，栖息地质量下降，种群遗传多样性降低等诸多问题。近30年来，随着保护力度加大，国内野生亚洲象种群数量不断增长。根据2018年云南省林草局组织实施的中国野生亚洲象资源本底调查结果显示，我国野生亚洲象种群数量为293头，分布于云南省西双版纳傣族自治州（景洪市、勐腊县和勐海县）、普洱市（思茅区、江城县、澜沧县、宁洱县和景谷县）和临沧市（沧源县）3个州市的9个县区内。截至2020年底，云南野生亚洲象长期活动范围已扩大到上述3个州市的12个县市区的55个乡镇内。

（二）食物和栖息地问题导致人象冲突

近年来，随着社会经济的发展，人口不断增长，人类活动对自然环境的干扰和破坏日益显著，亚洲象数量和分布范围总体均呈下降和缩小趋势。而在中国，虽然野生亚洲象数量在各方努力下较30年前有所增加，但人象冲突问题并没有随之得到有效解决，反而愈发严峻。导致人象冲突的原因多样而复杂，可主要归因于两个方面：一是公路建设和各种经济林作物的种植，使得亚洲象的天然栖息地、林地等区域急剧减少。据统计，我国云南野生亚洲象的适宜栖息地面积仅为4253平方千米，且呈高度破碎化，连接度低，使有效栖息地面积更为减少，孤岛化现象明显。由于原分布地区缺乏大面积、成片的栖息地，已不能满足亚洲象种群扩张需求，致使象群被迫扩大其活动范围，更加频繁地开拓新区域。这些新区域与大量农作物、经济林区域重叠，使当地居民的利益受到严重损害，人类与亚洲象互相占用栖息地和影响各自的利益，造成人象冲突不断升级。二是亚洲象自身发生改变，如取食习性改变和人象冲突导致象产生对人类的报复行为。由于原栖息地内的食源不充足，且栖息地之间有效联通较少、破碎化程度高。象在原栖息地内扩张其觅食范围受阻，行动受限，进而使其对农作物产生了更大需求，其大量扩张采食农作物、经济作物的行为导致人象冲突问题进一步凸显。

（三）"断鼻家族"象群北移南返时间轴

早在2020年3月15日，有16头野生亚洲象从云南西双版纳州进入普洱，一路北上后于8月到达普洱市思茅区倚象镇。9月23日，象群从思茅区倚象镇进入宁洱县。11月22日，象群中的一头母象在宁洱县梅子镇民乐村堵马三组产下一头幼象，象群成员数量增加至17头。在此生活了50多天后，于12月17日造访普洱市墨江县，并于2020年12月26日由另一头母象产下1头幼象，由于一头成年老象已于3月12日从墨江县通关镇返回宁洱县磨黑镇，故象群成员数仍维持17头。2021年4月16日，17头亚洲象从普洱市墨江县进入玉溪市元江县，此时象群已离开其传统栖息地。4月24日，2头亚洲象返回普洱市墨江县境内，并找到其他象群。5月16日，剩余15头野象进入红河州石屏县宝秀镇，此时该象群由成年雌象6头、雄象3头、亚成体象3头、幼象3头组成。5月24日，象群迁徙到玉溪市峨山县大维堵村一带。5月27日，象群在峨山县大坟山附近觅食，后一度接近峨山一中、在城熠峨路附近徘徊。当地尝试投食引导，并疏散人群。两天后，在峨山县逗留6天的象群在六龙公路附近被发现，且已进入玉溪市红塔区。5月31日，象群迁移至玉溪红塔区洛河乡与大营街街道交界处，距昆明晋宁区边缘近20公里，并有继续北迁的趋势。6月2日，15头野象进入昆明市辖区，在晋宁区双河彝族乡活动，并于3天后进入昆明市晋宁区夕阳乡活动。6月6日凌晨，一头公象离群，移动至象群东北方向1.5公里。6月9日，象群离开昆明，持续在玉溪市易门县十街乡活动。离群独象于6月8日进入昆明安宁，在八街街道西南方的密林里活动。6月17日，象群离开玉溪市易门县，进入峨山县。离群独象位于象群正东方向，与象群直线距离 18.8 公里。6 月 22 日至 25 日，象群连续 4 日向南迁移，持续在玉溪市峨山县富良棚乡附近林地内活动。离群独象持续在昆明市晋宁区双河彝族乡附近的林地内活动。6 月 27 日至 28 日，14 头北移亚洲象总体向东南方向移动 4.6 公里，持续在玉溪市峨山县塔甸镇附近林地活动。独象在玉溪市红塔区北城街道附近林地活动。7 月 4 日至 5 日，象群总体向西南方向移动 11.1 公里，从峨山进入新平，在新平县桂山街道附近林地内活动。独象位于象群东北方向，在红塔区北城街道附近活动。7 月 6 日至 7 日，象群总体向东南方向移动 16.4 公里，在玉溪市新平县扬武镇附近林地内活动。7 月 7 日，离群 31 天的公象被成功活捕后安全送返其原栖息地——西双版纳国家级自然保护区勐养片区。7 月 9 日，象群总体向东迁回移动 11 公里，南返进入红河哈尼族彝族自治州石屏县龙武镇附近林地内活动。7 月 27 日，北移亚洲象群从红河州石屏县经玉溪市新平县扬武镇进入元江县境内。8 月 8 日，14 头北移亚洲象经玉溪市元江县老 213 国道元江桥安全渡过元江干流，从元江北岸返回南岸继续南返。8 月 12 日，14 头北移亚洲象由玉溪市元江县曼来镇返回普洱市墨江县境内。9 月 1 日，北移后南返回到云南省普洱市墨江县的亚洲象群走上过者桥，成功跨过阿墨江进入景星镇，已非常接近原栖息地。3 天后，北移后南返的亚洲象群显示在墨江县通关镇附近活动。9 月 10 日 1 时整，14 头北移亚洲象在现场指挥部的帮助引导下安全顺利通过把边江大桥，从普洱市墨江县进入宁洱县磨黑镇，象群均在监测范围内，人象平安。至此，亚洲象群已进入亚洲象活动分布区，因河流阻隔可能导致种群隔离风险消除。北移亚洲象群安全防范工作取得决定性胜利，象群日常监测交由市、县级林草部门负责。

二、主要做法

（一）高度重视，高效应对

野生亚洲象群北移离开原栖息地以来，省委、省政府高度重视，多次召开专题会议进行研究，省政府分管领导每天调度指导，要求必须千方百计确保人象安全，科学有序引导象群回归家园。国家林草局派出了由局领导带队、各有关司局负责人组成的指导组，省级成立了由林草、森林消防等部门组成的指挥部，沿途州（市）成立以党委、政府领导为指挥长，各相关部门组成的现场指挥部，各有关县（市、区）抽调林草、公安、应急等部门人员，整合电力、通信、交通、宣传、教育等部门力量，调动乡镇（街道）、村组党员干部，组建综合协调、技术保障、监测预警、安全管控、群众工作等多个专项工作组，形成了国家指导、省级统筹、属地负责的安全防范、应急处置体系和"上下协同、前后衔接、专业有序"的工作机制。

（二）科学引领，专业操作

协调并邀请来自国家林草局亚洲象研究中心、中国科学院昆明动物研究所、云南大学、北京林业大学等省内外顶尖高校及科研院所的多位知名专家组成北移象群处置专家组，全程提供科学指导和技术支持。省森林消防总队组建了36人的无人机监测小组，全程跟踪监测。省野生动植物救护繁育中心、西双版纳亚洲象繁育与救护中心、昆明动物园、云南野生动物园，以及资深大象监测员等技术人员30余人组成专业"护象队"，全程协助布防工作，科学、有序、规范、高效地帮助北移亚洲象群向南迁移。

（三）综合施策，科学助迁

此次亚洲象群北移，历时久、路程长，也是新中国成立以来第一次实施人工长距离助迁野生亚洲象。省级指挥部以问题为导向，制定"盯象、管人、助迁、理赔"8字方针，采取布控与投食相结合的柔性干预措施，达到了较为理想的效果。一是严密监测。通过地面人员跟踪与无人机监测相结合的方式，对象群实施24小时立体监测，实时掌握和研判象群活动路线。二是超前防范。对亚洲象可能经过的区域，提前进行交通管制，封堵重要路口、疏散转移群众，避免人象直接接触。三是积极引导。综合考虑象群的移动速度和活动节律，提前规划象群迁移路线，布设大型车辆、移动脉冲电围栏等设施，结合补食补水诱导、人工开路等措施，引导象群避开人口密集区并按照预设路线向南迁移。

（四）发动群众，全民护象

在象群途经区域采取严格管控措施，人员居家、车辆劝返，夜间拉闸限电，工厂暂时停工，在实践中总结出了"熄灯、关门、管狗、上楼"的现场处置工作口诀，排除人为干扰，确保象群安然通过多个重要关口。另外，及时并行启动野生动物公众责任保险定损赔付工作，金额由云南省级财政全额支付，部分州市（如西双版纳）还得到中央财政专项支持，维护了人民群众的合法权益，消除了沿途群众的后顾之忧。象群北移过程中，各地群众和企业表现出了极大的宽容和耐心，积极支持配合保护防范工作。沿途企业在亚洲象经过时，关灯停产，保持静默……亚洲象北移途中的一幕幕感人情景，体现了全民爱象护象的社会精神，成为中国促进人与自然和谐共生的生动范例。

（五）加强宣传，正向引导

在省委宣传部的高位统筹谋划下，通过推送新闻通稿、组织现场发布、专题采访、专家解读等方式，积极主动回应社会关切，国内外主流媒体广泛深入报道，全球舆论总体呈现正向宣传。2021年8月9日，省级指挥部召开新闻发布会，通报了北移亚洲象群安全渡过元江的信息和北移亚洲象安全防范工作总体情况。8月12日，国家林草局北移大象处置工作指导组、云南省林草局、普洱市政府、墨江县政府在墨江县举办"大象回归、人象和谐"主题宣传活动。8月12日，中央电视台《焦点访谈》栏目以"'象'往之路"为主题，报道了亚洲象群迁移工作，点赞了北移亚洲象安全防范和应急处置工作，肯定了云南省野生动物保护工作取得的成效，这是该栏目近年来首次正面报道云南省林草相关工作。这些宣传报道生动讲述了云南生态保护故事，使这次亚洲象群北移成为一次科学之旅、探索之旅、保护之旅，真实、立体、全面地展示了云南乃至中国生物多样性保护举措实施力度及取得的成效，在国际上塑造了良好的中国形象。

三、经验启示

亚洲象的这次长途"旅行"，向全世界提供了一次高品质科学宣传和探索之旅，更是我国生态文明建设成效的一次展示，具有标志性意义。从20世纪80年代至今，中国持续不断地在摸索一条"人象和谐共处"之路，在此过程中虽付出了巨大的努力和代价，但取得了令人满意的保护成果，此次象群"远行"就如同一面镜子，映射着我国在人与自然和谐共处路上的持续探索。

（一）展现人与野生动物和谐共处新图景

象群一路迁移，食物和栖息场所等必要条件都得到充分保障，人象始终保持安全距离，沿途群众和企业都高度配合象群安全防范工作，体现了我国生态环境持续向好、群众保护意识增强，展现出我国人与野生动物和谐共处的良好局面。象群所过之处植物多样性丰富，生长着大量可作为食源的禾本科植物，森林成带成片，良好的生态环境为象群迁移提供了安全的通道和停歇休息的舒适空间，使亚洲象北移成为可能。加之北移过程中沿途当地百姓不驱赶、不恐吓象群，如实反映象群肇事损失，积极支持政府开展的各项人象冲突管控和处置等应对工作，说明群众保护意识不断提高，形成了人人都是生态文明宣传员、人人皆为生态文明贡献者的良好氛围。最终，在各级政府统一夯实责任、科学管控，采用柔性管控措施的统筹规划下，有效避免了人象冲突的发生。

（二）为缓解"人兽冲突"提供新借鉴

建设国家公园，可使各类自然保护地有机整合，片区之间的连通性得以增强，亚洲象栖息环境和社区居民生活条件得以改善，人象空间的重叠度逐步降低，通过资源合理利用反哺亚洲象保护。我国正在建立以国家公园为主体的自然保护地体系，目前已正式设立三江源、大熊猫、东北虎豹、海南热带雨林、武夷山等首批五个国家公园，这对于保护亚洲象、缓解人象冲突提供了重要借鉴。但现有的国家公园及各类自然保护区并不是专为亚洲象而建，保护区内林木密度过大会造成亚洲象林下食源减少；同时只将现有的自然保护区整合成国家公园，无法将自然保护区周边的大象迁移、觅食和活动区域纳入国家公园，原本亚洲象栖息地存在的"岛屿化"问题仍将存在。将自然保护区外的区域纳入国家公园，是我国国家公园体制建设的一项新的重大命题，要充分考虑在自然保护区外长期生产生活的当地群众的生存发展问题，切实建立高水平、高质量的人与自然和谐共生；建立建设亚洲象国家公园将成为探索生态保护与经济社会发展高效协同模式，创新人与自然和谐共生制度措施与技术手段的有效实施途径。作为国家一级保护动物的亚洲象，目前在我国境内仅分布于云南省的西双版纳、普洱、临沧三地。为筑牢国家边境生态安全屏障，缓解人象冲突，促进人与自然和谐共生，国家林草局和云南省人民政府已构建局省共建协作机制，高质量推动亚洲象国家公园创建，加快推进亚洲象国家公园创建前期各项基础性工作。

（三）为云南绿色高质量发展提供新思路

合理开发利用良好的生态环境及丰富的生物资源，着力发展特色优势产业，全力打造世界一流"三张牌"。通过发展绿色文旅产业走出一条生态保护与经济发展"双赢"之路，将生物多样性资源合理转化为金山银山。例如，以"'象'往之地"为主题发展文化旅游产业，带动西双版纳野象谷观象旅游。在云南文旅产业中加大与亚洲象相关的文创产品的开发力度，抓牢此次亚洲象"旅行"带来的宣传效应。此外，云南还可立足区位优势进一步加强与东南亚国家跨境野生动植物保护工作，如针对亚洲象可扩大联合保护区域，完善跨境亚洲象种群调查与监测机制。古语"太平有象"寄托着人们对天下太平、万物和谐的美好愿望。科学合理地化解"人象冲突"，让大象早日有"家"可安，吉"象"的寓意才能成为现实。

四、研讨题

1. 在亚洲象北移南返过程中各方密切协作的启示。

2. 在推进人与自然和谐共生进程中如何将云南的资源优势转化为发展优势？

第八讲

贯彻开放发展理念　厚植竞争优势

8

党的二十大报告指出，中国坚持对外开放的基本国策，坚定奉行互利共赢的开放战略，不断以中国新发展为世界提供新机遇，推动建设开放型世界经济，更好惠及各国人民。位于祖国西南边陲的云南肩挑太平洋、印度洋，面向东南亚、南亚和西亚，自古以来就与南亚、东南亚以及世界其他国家有着密切的联系和交往，是中国西南面向世界的重要窗口和门户。同时，云南又是"一带一路"、长江经济带、西部陆海新通道等国家重大发展战略的集中交汇点，是我国面向南亚东南亚和环印度洋地区开放的大通道和桥头堡，内引外联区位优势十分突出，与南亚东南亚国家有着天然的开放优势和良好的合作基础。

第一节

云南贯彻开放发展理念的举措

把云南建设成为我国面向南亚东南亚辐射中心是以习近平同志为核心的党中央赋予云南的历史使命和政治责任，也是云南推动高质量跨越式发展的重大机遇和重要平台。十余年来，云南坚持以习近平新时代中国特色社会主义思想为指引，全面贯彻开放发展理念，解决内外联动问题，以实现更大范围、更宽领域、更深层次、更高质量的对外对内开放，加快云南高质量跨越式发展步伐。

一、以制度型开放增强发展新势能

稳步扩大制度型开放是推动高水平开放、构建新发展格局的战略抉择，是实现高水平开放的核心。十余年来，云南积极构建与高标准国际经贸规则相衔接的相关规则和制度体系，以制度的稳步开放增强开放发展的新势能。

（一）深化体制机制改革，打通发展堵点

不断健全体制机制。落实《中共中央 国务院关于建立更加有效的区域协调发展新机制的意见》，印发了《云南省促进区域协调发展实施方案》，进一步明确区域协调发展的方向和重点，推进国家《西部陆海新通道总体规划》，贯彻落实《云南省加快西部陆海新通道建设实施方案》；不断深化与周边国家的合作，积极参与澜湄合作、云南—老挝北部、云南—曼德勒、中国—南亚合作论坛、滇缅合作论坛等多双边区域合作机制建设，推动大湄公河次区域经济合作和滇缅、滇泰、滇老、滇越、滇马、滇以等双边合作机制务实发展，主动配合国家落实孟中印缅经济走廊建设早期收获计划①，加强与东南亚其他国家的友好往来；不断完善省际合作机制，对接《长江经济带发展规划纲要》，印发实施《长江经济带发展云南实施规划》，印发了《云南省融入粤港澳大湾区建设若干措施》，签订滇粤、滇黔、滇桂、滇川、滇琼深化经济合作框架协议，建立云贵川渝省际协商合作机制、赤水

---

① 杨正权、戴自荣：《云南：面向南亚东南亚开放的大门越开越大》，学习强国，2020 年 3 月 17 日。

河流域水污染生态补偿机制，在泸沽湖率先建立跨省湖泊湖长高层次议事协调平台，不断完善长江流域横向生态补偿机制。①

（二）完善贸易投资政策，增强发展引力

构建高位推动、上下协同的政策体系。制定出台了《中共云南省委　云南省人民政府关于加快建设我国面向南亚东南亚辐射中心的实施意见》《云南省建设我国面向南亚东南亚辐射中心规划（2016—2020年)》《贯彻落实习近平总书记重要讲话精神维护好运营好中老铁路开发好建设好中老铁路沿线三年行动计划（2022—2024年)》《云南省推动对外贸易高质量发展三年行动（2022—2024年)》等系列规划和政策文件，积极争取国家层面出台支持云南加快建设辐射中心的意见；积极完善对外经贸合作制度体系及国内贸易政策体系，推动消费作为经济的"压舱石"作用，使其逐步成为经济增长主要驱动力；着力引导商业模式创新，蓄力保持现代物流产业强劲发展势头；积极推动跨境电子商务取得进展，建成并运行云南跨境电商公共服务平台，中国（昆明）跨境电子商务综合试验区获国务院批准；出台支持跨境电子商务发展政策文件，商务、海关等部门联动合作，保障省级跨境电商公共服务平台运维服务，贸易便利化水平稳步提升。

（三）对标对接先进规则，融入发展布局

积极推动开放制度创新。按照国务院《关于印发6个新设自由贸易试验区总体方案的通知》关于"创新沿边跨境经济合作模式"和

---

① 段晓瑞：《"绿意"奔涌赴新程——云南融入长江经济带高质量发展综述》，云南网，2022年1月7日。

"依托跨境经济合作区、边境经济合作区开展国际产能合作"的要求，省发展改革委主动服务国家重大发展战略，研究出台了《依托跨境经济合作区、边境经济合作区开展国际产能合作实施方案》，积极探索提高境外投资合作水平、推动海关监管、关税、对外贸易经营者管理、进出口许可等方面制度创新，争取国家有关部门支持在自贸试验区先行先试；省发展改革委聚焦牵头推进19项改革试点任务，对标国际先进标准和经贸规则，推动形成具有云南特色、凸显沿边跨境优势的制度创新经验；云南自贸试验区自挂牌成立以来，对标总体方案和实施方案明确的改革试点任务，形成276项制度创新成果[①]，"边境地区涉外矛盾纠纷多元处理机制"成功入选全国自由贸易试验区第四批最佳实践案例。

持续加强开放模式创新。昆明、德宏、红河深入推进跨境电子商务综合试验区建设，创新推进"中老铁路+跨境电商"业务发展[②]，培育跨境电商外贸新增长点，探索建立"保税仓+边境仓+海外仓"联动机制；着眼国家重大战略，充分发挥各自优势相互融合，在沪滇合作中积极探索"上海企业+云南资源""上海研发+云南制造""上海市场+云南产品""上海总部+云南基地"[③]等协作模式，携手促进更高水平开放协同，探索开展贫困人口劳务输出对接试点，探索"三区三州"及深度贫困县城乡建设用地增减挂钩节余指标在东西部扶贫协作和对口支援框架内开展交易，探索"政策性金融+"扶贫模式，设立扶贫资金，专项用于贫困地区基础设施、产业发展等

---

① 云南频道：《抓特色有亮点 制度创新成效显》，人民网，2022年9月14日。
② 陈怡霏：《中老铁路开启"跨境电商+铁路运输模式"》，铁路网，2022年3月20日。
③ 《东西部协作"4个+"模式助推普洱产业发展》，云南省民族宗教事务委员会官网，2023年6月29日。

领域①；贯彻落实国家对外开放方针政策及工作部署，省委、省政府作出昆明市托管磨憨镇共建国际口岸城市的决策，推动省、市、州协同打造磨憨国际口岸城市，将磨憨打造成为中老铁路上的重要开放门户。

主动对接 RCEP，共享合作机遇。2022 年 1 月 1 日，《区域全面经济伙伴关系协定》（RCEP）生效，云南迅速出台《云南省加快对接 RCEP 行动计划》，贯彻落实党中央要求、紧密结合云南实际，紧紧围绕服务构建"双循环"新发展格局，聚焦关税减让红利，突出云南特色和产品优势；聚焦经贸规则开放，突出投资合作和产业重塑；聚焦高水平开放，突出用好合作平台和机制；聚焦全方位服务，突出促进贸易投资便利化，以开放式发展助推市场主体嵌入全球产业链、供应链、价值链。②

二、以保障型开放打通发展新通道

推进西部陆海新通道建设，是以习近平同志为核心的党中央作出的重大战略部署，对于加快构建以国内大循环为主体、国内国际双循环相互促进的新发展格局具有重要战略意义。近年来，云南深入贯彻习近平总书记考察云南重要讲话和指示批示精神，抓住西部陆海新通道建设机遇，努力构建全方位开放新格局，主动服务和融入"一带一路"建设，国内国际运输通道建设和营商环境构建成效显著，为抓紧开放的新机遇和打通发展新通道提供有力保障。

---

① 廖兴阳：《云南 6 大行动融入粤港澳大湾区建设》，《昆明日报》2019 年 9 月 27 日。
② 中国日报云南站：《5 个方面 21 条措施〈云南省加快对接 RCEP 行动计划〉正式印发》，中国日报网，2022 年 2 月 22 日。

（一）全面推进大通道建设，构筑互联互通新枢纽

近年来，云南牢记嘱托、起笔交通、主动发力，全力加快综合交通基础设施布局建设，实现国际国内运输通道协同发展，"七出省五出境"高速公路网基本形成、"八出省五出境"铁路网不断延伸、"两网络一枢纽"航空网加快推进、"两出省三出境"水路网持续拓展，外联内畅的综合运输大通道加快形成，面向南亚东南亚和环印度洋地区的陆海国际物流大通道正在形成。

构筑综合交通枢纽。推动实施昆明国际航空枢纽改扩建工程，重点新开加密南亚东南亚和中东的国际航线，实现南亚东南亚主要城市全覆盖，推动新开国际全货机航班，为云南省跨境合作提供便捷的"空中走廊"，新开、加密云南省至长三角地区、粤港澳大湾区重点城市客运航线，支持新开货运航线；积极推进中缅、中缅印、中老泰、中越国际运输大通道建设；大力推进临沧至清水河、腾冲至猴桥等县域高速公路"能通全通"工程建设，加快大理至瑞丽、玉溪至磨憨等铁路建设，积极推进临沧至清水河、芒市至猴桥等铁路开工建设；强化高速公路、铁路与重点口岸的衔接；积极主动配合国家推动中缅瑞丽至曼德勒至皎漂（仰光）、中越河口至海防等境外公路和铁路前期工作；加快推进澜沧江—湄公河航道二期整治工程前期工作；共运营民用运输机场 15 个，初步形成了以昆明机场为枢纽，丽江、西双版纳、芒市机场为次区域枢纽，其他支线机场为支撑的机场网络体系；连接京津冀、长三角、粤港澳、成渝等国内主要经济区域的复合通道实现贯通，经渝昆、成昆、贵昆、南昆综合交通通道，全面融入西部陆海新通道建设，金沙江—长江航道等水运出行条件显著改善，全力

推进文山"公铁水"多式联运大通道建设，充分发挥云南"东大门"的独特区位优势。推动形成以昆明国际综合交通枢纽为中心，大理枢纽为次中心，曲靖、红河、普洱、文山等城市及瑞丽、磨憨、河口等口岸枢纽为支撑的现代综合交通枢纽体系。

图8—1　元江特大桥

构筑现代物流枢纽。加强跨境物流与国际大通道、国内综合交通运输体系的衔接，打造"通道＋枢纽＋网络"的现代物流运行体系，建设面向南亚东南亚国家的跨境物流枢纽；深入推进"互联网＋物流"融合发展，建设各物流枢纽综合信息服务平台，建立枢纽间平台互联互通机制①；培育引进一批资源整合能力强、运营模式先进的"旗舰式"枢纽运营企业和跨境物流企业，着力优化云南省物流产业市场主体结构；支持省内龙头物流企业在周边国家设立分支机构，参与当地物流基础设施建设，增强本地化经营能力；积极配合国家层面尽快签订与周边国家的汽车运输协定；推动中欧班列昆明铁路场站申请列入国家口岸发展规划，并实现临时开放；积极参与国际贸易陆海

---

① 云南省发展和改革委员会：《云南省新时代扩大和深化对外开放政策要点》，云南省人民政府网站，2019年3月14日。

新通道建设，着力推进国际集装箱铁公海联运，打造我国西部经云南抵达周边国家和印度洋最便捷的跨境贸易物流大通道。吸引长三角地区、粤港澳大湾区物流企业参与云南省物流枢纽、冷链物流园区、地区分拨中心、跨境物流中心、国际物流港、物流集散中心等建设，推动建立多式联运协调机制，支持共建以集装箱多式联运为核心的内陆无水港，开展富宁港与沿海港口江海联运合作。

构筑区域能源枢纽。加强与周边国家能源发展战略、发展规划的对接，建设区域性国际能源互联网，积极扩大电力国际贸易范围和规模，积极参与筹建澜沧江—湄公河电力合作中心；着力推动中老、中缅、中越、中老泰、中缅孟等高等级电力互联互通项目，加强区域电网建设和升级改造合作，有序推进与周边国家水电资源合作开发利用；滇中引水等"兴水润滇"工程深入实施，水资源时空配置进一步优化；中缅油气管道建成运营，告别缺油少气时代；促进建立完善与周边国家多双边、多层级的能源合作机制，在政策沟通、能力建设、监管协调等方面加强合作；持续深耕广东、广西、上海、浙江、海南等五省区外送电力市场，"西电东送"由小规模、季节性送电向大规模、全年持续送电转变。

图8—2　向家坝水电站

构筑国际通信枢纽。积极打造面向南亚东南亚的通信枢纽和区域信息汇集中心，合力推进中国—东盟信息港建设，提升电信昆明区域性国际通信出入口局作用，加快移动、联通出入口局建设，积极承接国内与南亚东南亚国家的话音服务，争取国际互联网业务落地昆明。持续扩容中缅、中老跨境光缆，推动建设中越河口—老街跨境国际通信线路。加快推进电子政务、电子商务等终端应用对互联网协议第6版（IPv6）的支持。吸引长三角、粤港澳企业在云南省建设数据中心，共同推进昆明区域性国际通信出入口局建设，吸引长三角地区、粤港澳大湾区参与云南智慧交通、智慧能源、智慧市政、智慧社区以及信息云平台等基础设施建设。

（二）积极优化内外投资发展环境，营造一流营商环境

党的十八大以来，习近平总书记高度重视优化营商环境，作出一系列重要指示要求，强调"营商环境只有更好，没有最好"①。云南省委以习近平新时代中国特色社会主义思想为根本遵循，深入贯彻落实习近平总书记关于优化营商环境的重要论述，坚持系统观念，持续深化"放管服"改革，出台系列有力措施，激发市场主体活力，着力打造市场化、法治化、国际化的一流营商环境。

深入推进作风革命、效能革命。省委组织部、省法院、省检察院、省公安厅等先后制定一批保障服务优化营商环境工作举措，省纪委监委把优化营商环境监督治理作为"清廉云南"建设七大行动之一，省工商联、各行业协会积极推进政企沟通，加快形成"人人都是营商环境、事事关乎营商环境、处处彰显营商环境"的良好氛围。

---

① 《习近平著作选读》第2卷，人民出版社2023年版，第216页。

2021年底，云南省委组织部出台《云南省组织工作服务优化营商环境十条措施》，充分发挥全省各级党组织引领优化营商环境、服务经济发展的组织优势，组织动员广大党员干部在产业培育、招商引资和营商环境建设中担当作为。

进一步深化审批制度改革。省发展改革委牵头，21家省级部门组成省推进有效投资重要项目协调机制，与省重大项目要素保障百日攻坚专班合署集中办公，聚焦要素保障主动靠前服务重大项目，24小时在线协调，大力推行容缺受理、并联审批，依法合规加快前期手续办理。

深入推进商事领域改革。围绕市场准入准营、全程网办、简易退出等关键环节，提升商事主体准入退出便利度。出台涉企经营许可事项"证照分离"改革全覆盖实施方案，扩大"一业一证""一照多址"等改革试点范围，全面落实"非禁即入"，激发市场主体活力。坚持监管"无处不在""无事不扰"协同发力，将监管执法行为对市场主体生产经营的影响降至最低。

加快打造法治化营商环境。实施"少捕慎诉慎押"刑事司法政策、依法慎用涉财产强制性措施、涉企"挂案"清理、涉案企业合规改革试点、破产案件"府院联动"、涉企生效裁判执行等6个专项行动，持续清理妨碍统一市场和公平竞争的各种规定和做法，法治化营商环境不断优化，依法平等保护各类市场主体的合法权益。

全面提升政府服务效能。各地结合实际建立健全走访服务企业和帮办代办服务机制，从招商引资到项目落地再到建成投产，全过程全链条提供"保姆式"暖心服务。全省州（市）、县（区）、乡镇（街道）三级政务服务场所实现惠企政策"一站式"服务窗口全覆盖。

2022年，云南省出台了《关于进一步加大优化营商环境工作力度的若干意见》，着力培育和激发市场主体活力。制定出台政务服务"跨省通办"实施方案，打造"办事不求人、审批不见面、最多跑一次"和"全程服务有保障"的政务服务新环境。针对市场主体在生产经营活动中遇到困难和问题"无人理会、无处可说"的情况，建立市场主体直接评价营商环境制度，集中受理市场主体营商环境投诉举报案件。[①]

三、以领域型开放拓宽发展新空间

中国更加主动地参与全球经济治理，是我国全方位提升开放水平、深层次推动改革发展和多领域促进互利共赢的客观需要。十余年间，云南依托良好的区位优势，积极实施"引进来""走出去"的双向并举开放战略，实现了开放型经济持续快速发展，开放发展的广度和深度得到了全面拓展，对外贸易稳质提升，招商引资实现新突破，开放平台得到了进一步完善，一系列开放发展新高地带着沉甸甸的果实竞相涌现，持续为云南经济社会发展拓展崭新空间。

（一）稳步发展对外经贸，拓展开放空间

推进更高水平贸易通关便利化。加强与周边国家口岸设施的功能衔接、信息互联，为跨境贸易提供集成一体化通关、便捷化运输等综合性物流服务；实施货物通关"一次申报、分步处置"管理模式。推进海关、边检等一次性联合检查和无纸化通关。开通花卉等农产品快

---

① 杨建乐、杨旭东、刘宇、王学勇：《对标先进、追赶超越，云南这样激活营商环境"一池春水"》，云岭先锋网，2022年4月15日。

速通关"绿色通道",推行进口矿产品等大宗资源性商品"先验放后检测"。在中国(云南)国际贸易"单一窗口",增加"通关+物流"功能,实现从抵达到提离全程可视化;推动建立通关时间公开、监督和评估制度;探索实施第三方检验结果采信,扩大检验鉴定结果国际互认范围;争取设立高级公共检验检测认证服务平台及面向南亚东南亚国家的检验检疫交流合作中心。

大力培育贸易竞争优势。大力推进出口市场多元化,推进外贸转型升级基地、出口基地建设,培育外贸出口品牌,提升出口商品质量和效益。积极引进长三角、粤港澳大湾区等地和周边国家商贸供应链体系,构建以昆明为中心、其他重点城市为节点的物流网络,便捷高效销售云南特色农产品和周边国家特色商品①。巩固和扩大传统出口国际市场,大力开拓中东鲜花、蔬菜等新兴市场。实施"百展计划",提升"云品"国内外市场份额和品牌影响力。争取国家进口贸易促进创新示范区试点建设,完善保税仓储、贸易物流、展示销售、供应链金融等专业化服务功能,打造辐射西南、服务全国的南亚东南亚进口商品集散地。支持昆明建设进口商品展销中心和特色街区,在沿边口岸城市打造若干进口商品展销平台;探索构建跨境贸易管理大数据平台,实现进口贸易智慧通关新模式;促进边民互市贸易转型升级,支持开展互市交易结算系统建设,鼓励互市商品就地加工增值。

大力发展跨境电商。加快推进中国(昆明)跨境电子商务综合试验区建设,争取在区内适用跨境电商零售进口监管过渡性政策,把昆

---

① 云南省发展和改革委员会:《云南省新时代扩大和深化对外开放政策要点》,云南省人民政府网站,2019 年 3 月 14 日。

明建设成为区域性跨境电子商务中心、交易中心、运营中心、结算中心和大数据中心；鼓励省内电商企业与国内外知名电商企业合作，引进先进经营理念和管理模式，培育云南省跨境电商知名品牌；争取开展跨境电商"网购保税＋线下自提"新模式试点，通过完善风险监测和商品追溯体系等，推进跨境电商进口监管模式创新；积极布局海外仓、体验店、配送网店，推进跨境物流与跨境电商深度融合；加强跨境电商公共服务平台建设，提高昆明机场跨境电商直购监管中心和昆明、磨憨国际快件监管中心运营水平。

大力吸引优质外资集聚。全面落实国家有关外商投资准入特别管理措施（负面清单）。统筹好产业链、创新链、人才链、资金链、政策链，注重产业链上下游配套和价值链中高端的引进培育；实施精准招商、定向招商和市场化招商，鼓励外资并购投资，加大对港台及日韩、欧美等发达国家和地区的招商引资力度，积极引进知名企业、行业龙头企业、"隐形冠军"企业和高科技企业入滇发展；对新设或增资的重点外资项目、跨国公司总部或地区总部、外资研发机构等，按照"一项目一议"方式给予重点支持或奖励扶持；积极吸引世界银行、亚洲开发银行、金砖银行等国际金融组织和机构来滇开展业务；强化侨务、台企引资协调服务，进一步吸引侨商、台商来滇投资兴业；按照中央统一部署逐步推进非居民享受税收协定待遇资料备查工作，落实境外投资者以分配利润直接投资暂不征收预提所得税等政策。

服务和规范企业对外投资合作。建立对外投资重大项目滚动实施机制和联合服务机制，持续提升云南省企业国际化经营能力和水平，支持龙头企业发起组建各类走出去联合体、战略联盟和产业基金；积极做好国家国别投资税收指南更新发布后的相关工作，落实境外投资所得税收抵免政策；规范云南省企业在境外投资合作经营行为，成为合作共建的形象大使；高度重视境外风险防范，完善安全风险防范体系，提高企业境外投资合作安全保障和应对风险能力。

（二）持续强化金融服务，提升开放水平

扩大人民币跨境使用。进一步发挥人民币对外贸易过程中的结算、计价功能，不断推动境内外市场主体在跨境交易过程中使用人民币进行计价、结算；继续推动个人经常项下跨境人民币结算，最大限度地方便个体的对外经济交往活动；大力支持贸易、投融资项下跨境人民币结算业务，加快市场培育，支持使用人民币进行跨境投资，推动境内银行为境外项目提供人民币贷款，鼓励银行开展境内外联动的人民币融资产品；加强舆论引导，利用中国—南亚博览会（简称南博会）、边交会等各类平台，广泛宣传跨境人民币业务政策，扩大跨境人民币结算范围。持续加大对辐射中心建设信贷投放力度，鼓励全省银行业金融机构支持"一带一路"建设、企业"走出去"。在资金融通方面，截至2022年6月，与境外106个国家（地区）建立了跨境人民币业务，对已建交的南亚东南亚国家实现全覆盖。

完善多层次区域货币交易体系。以人民币兑换泰铢、老挝基普、越南盾等周边国家货币为突破口，鼓励商业银行积极推进非主要国际储备货币的柜台兑换，推动人民币与更多南亚东南亚国家货币开展银行间市场区域交易，推出首例人民币对泰铢区域交易试点在全国银行间市场成功挂牌，搭建了两个越南盾现钞直供平台和西南地区第一个

泰铢现钞直供平台，建立了中老双边现钞调运通道；支持市场主体根据需求和商业可持续原则，按照试点管理办法设立个人本外币兑换特许机构，满足跨境个体对人民币与周边国家货币兑换交易的各类需求，充分发挥个人特许兑换机构作为银行兑换体系必要补充的功能；鼓励商业银行积极探索人民币与周边国家货币兑换机制，逐步探索以市场供求为基础的人民币与周边国家货币兑换体系。

加强跨境人民币结算基础设施建设。积极研究推动人民币跨境支付系统（CIPS）的应用，争取人民银行总行政策支持，创造条件鼓励指导符合条件且有意向的地方法人金融机构和外资银行加入 CIPS；鼓励并支持银行业金融机构与有资质的支付机构合作，为跨境电子商务（货物贸易或服务贸易）提供跨境本外币支付结算服务；加快推进境外边民账户管理系统正式试行，充分发挥境外边民账户在促进跨境人民币业务发展中的积极作用。

进一步扩大银行业对外开放。与银保监局一道进一步扩大银行业对外开放，落实进一步放宽外资银行市场准入的有关监管政策，提升外资银行营商便利度。鼓励银行业金融机构"走出去"，为企业"走出去"提供保障、支持和服务。云南省金融机构"走出去""引进来"步伐不断加快，富滇银行到老挝合资设立老中银行，成为全国第一家在境外设立子行的城市商业银行。

进一步推进外汇管理改革。调整和优化跨国公司外币资金集中运营管理制度，引导市场主体运营全口径跨境融资配套政策在境内、境外两个市场配置资源，完善简化外商投资企业外汇管理，研究准入前国民待遇加负面清单管理模式下的外商投资企业外汇管理新框架。

图8—3 老中银行

深化金融合作。扩大境内外银行业同业间的交流合作，加强在跨境融资、结算、金融创新和服务方面的交流。积极开展跨境保险业务合作，大力推动云南与周边国家在机动车辆保险、货物运输保险、出口信用保险、工程保险、旅游保险等领域的交流合作。继续深化与周边国家金融监管部门的交流合作，推动双边本币结算。不断拓宽合作领域，丰富合作形式，深化与南亚东南亚国家的金融交流与合作。培育和推动优质企业到香港、深圳证券交易所上市，支持云南企业到香港、深圳证券交易所发行公司债券融资，支持大湾区私募基金参与云南企业改制上市及云南上市公司定向增发等再融资，充分发挥粤港澳银行在滇机构作用，争取其母行授权与省内银行采取联合授信或银团贷款等方式为境内外重大合作项目提供融资服务，鼓励符合条件的省内金融机构到大湾区设立分支机构。

（三）着力构建产业高地，壮大开放合作新产业

推进要素资源集聚，增强辐射能力。打造区域性国际电力交易

中心；增强昆明国际花卉拍卖交易中心辐射能力，支持云南国际茶叶交易中心、云南国际咖啡交易中心、云南宝玉石交易中心建设；推动云南省有色金属、咖啡等优势产品在期货交易所上市，在滇设立期货交割仓库；加快建立跨境劳务合作沟通协调机制和合作模式，促进一定规模的中外劳工依法有序流入流出，积极开展国际职业技能培训合作。

加快产业合作开放发展，多维度齐头并进。一是深化绿色能源合作，着力推进水电铝材、水电硅材一体化发展和钢铁、有色、化工、建材等行业转型升级发展，积极开拓南亚东南亚国家潜力巨大的日用铝材等消费市场，积极引进国内外高水平新能源汽车整车和电池、电机、电控等零配件企业落地，推动云南省新能源专用车、商用车进入周边国家市场。二是深化农业合作，围绕打造世界一流"绿色食品牌"，着力推进"大产业＋新主体＋新平台"发展模式和"科研＋种养＋加工＋流通"全产业链发展。推进与周边国家农业政策对接和标准互认，加强农业基础设施、农业产业园、农产品质量安全检测中心建设，强化农业人才联合培养、技术及信息交流和跨境动植物疫病联防联控。鼓励省内企业扩大境外农作物种植规模，积极争取国家增加替代种植返销国内有关农产品配额，鼓励省内企业与周边国家合作开展家畜水产等标准化、规模化、生态化养殖和加工基地建设。实施"云品入湾"等工程，推进"云系"绿色农产品基地、品牌、流通体系建设和扶贫助农农产品商标运营，配套建设产地集配中心，建立定向采购机制，发展订单农业，搭建线上线下、批发零售相结合的特色农产品经贸展销平台，建设面向长三角地区、粤港澳大湾区市场的"产、供、销"一体化绿色有机农产品供应链。三是合作共建健康生活目的地。充分发挥云南省的生态、气候、文体等优势，构建面向全国和世界的健康养生养老体系，推进集医疗、研发、教育、康养为一体的医疗健康产业综合体建设。支持昆明建设大健康产业示范区，形成国际先进的医学中心、诊疗中心、康复中心和医疗旅游目的地、医疗产业集聚地。办好昆明上合马拉松等一批国际赛事，支持建设集国际体育健身文化交流、高原训练科研为一体的昆明高原体育健身训练基地。四是以"一部手机游云南"为抓手，推进旅游产业全面转型升级。积极配合做好国家层面与周边国家签订跨境旅游合作区合作协议或备忘录的相关工作，争取国家批复云南建设边境旅游试验区。在旅游资源保护利用、线路开发、标识标牌建设、市场推广、安全和服务保障等方面加强跨境合作，打通连接多国的旅游环线，形成我国与南亚东南亚国家黄金旅游圈。以国际友城为基础，共同推动澜沧江—湄公河旅游城市合作联盟建设，建立健全多双边高层旅游合作协商机制。依托中国—东盟旅游人才教育培训基地，开展旅游人才交流培训。加快发展面向长三角地区、粤港澳大湾区市场的休闲旅游、健康养老等生活性服务业，积极打造"航空+旅游""高铁+旅游"，设计推出省内景区直达环线旅游路线。吸引长三角地区、粤港澳大湾区一流投资主体为云南特色小镇、康养小镇和美丽县城的规划建设运营注入发展资金和先进文化理念，培育打造一批品牌文旅示范项目，联合开发"一带一路"旅游线路和旅游产品，丰富"一程多站"旅游线路。五是抢抓数字经济发展机遇，实施一批数字经济发展工程，推动与南亚东南亚国家数字技术交流合作，培育发展远程医疗、网络文化、网络教育等面向南亚东南亚国家的跨境数字服务平台，形成区域性数据资源共享和普惠性服务中心，以科技创新占领产业发展的制高点。六是发挥政府引导基金作用，聚焦生物医药重点品种产业链，积极引进长三角地区、粤港澳大湾区高端企业和高技术产业化项目，合作发展高端医养、生物制造、仿制药、生物化工等产业，支持中药材规范化种植加工和中药饮片发展，共同打造昆明大健康产业示范区、云南国际医疗健康城，面向以南亚东南亚为重点的"一带一路"沿线国家和地区提供高质量、多样化、个性化医疗康体服务。

加快服务业开放发展，全方位积极作为。探索建立服务贸易负面清单管理模式，积极促进生活性服务业向精细化和高品质转变，加快生产性服务业向专业化和价值链高端延伸，大力提升"云南服务"的影响力和辐射力。深化与周边国家在电子商务、远程医疗、智慧城市等相关领域的合作；支持昆明申报国家服务外包示范城市、国家服务贸易创新试点城市，推进省级服务外包示范园区或示范基地认定工作；进一步依法放宽或取消外商投资人才中介机构的投资方条件限制，按照中央统一部署逐渐放开物流企业外商投资股比限制，支持外资来滇发展飞机整机维修和部附件维修业务，加强人才、技术、管理合作交流；鼓励省内律师事务所等中介机构联合国内外知名机构到周边国家设立分支机构。

四、以合作型开放开创发展新局面

开放才能发展，合作方能共赢，与世界共享机遇、共谋发展，彰显出中国坚定不移深化改革开放的决心意志。从稳步扩大规则、规制、管理、标准等制度型开放，到加快构建新发展格局、持续扩大市场准入等，置身于休戚相关、天涯比邻的"地球村"，中国着力推动高质量发展，扩大高水平对外开放，不断以中国新发展为世界提供新机遇。十余年来，云南主动服务国家战略，积极推动"一带一路"合作走深走实，共商共建共享释放活力，以对外开放的主动赢得经济发展的主动。

（一）积极加强战略对接，推动构建命运共同体

云南省加强与周边国家战略对接，澜湄合作和大湄公河次区域合作全面深化，滇老、滇泰、滇马等双边合作持续深化，全省双边合作机制实现湄公河流域国家全覆盖，国际友城关系增至 103 对，遍布 5 大洲 36 个国家，与南亚东南亚国家缔结国际友城数量居全国首位。探索边境友好交往的新模式，在怒江、普洱、西双版纳、红河、文山等边境州市积极推动基层与缅甸、老挝、越南相邻地区建立友好村寨，有效地促进了民心相通，筑牢了边境地区和谐稳定的基础，增进互信、凝聚共识，国际"朋友圈"不断扩大，在推动我国与南亚东南亚国家构建命运共同体中的主体省份地位进一步凸显。

（二）持续构建合作平台，增强服务聚拢效应

构建多边双边对话合作平台。与孟加拉国、印度、马尔代夫等南亚国家合作建立了孟中印缅地区合作论坛、滇孟合作对话会议、中国云南省与印度西孟加拉邦合作论坛（K2K）、中国云南省人民政府与马尔代夫经济发展部工作组会议等；与缅甸、老挝、泰国、越南等东南亚国家合作建立了滇缅合作论坛、云南—老挝（北部）合作工作组会议、云南—泰国（北部）合作工作组会议、中越 5 省市经济走廊合作会议、滇越边境 5 省联合工作组会议。

提升城市综合性平台能级。高标准规划建设昆明区域性国际中心城市，大力发展总部经济，吸引世界 500 强、中国 500 强企业和科研机构在昆明设立区域性总部、生产基地、研发中心、采购中心、结算中心等功能机构，切实增强昆明在全省扩大和深化对外开放中的核心引领作用；支持滇中新区建设成为开放发展更有作为、科技创新实力彰显、绿色发展凸显特色、市场活力充分释放、和谐共享成为典范的全省高质量发展的排头兵；支持大理、蒙自、昭通等区域性中心城市加快发展，打造国际经济走廊重要节点；支持瑞丽、磨憨（勐腊）、河口、腾冲等特色边境口岸城市建设，增强沿边开放窗口示范作用。

发挥开发区改革开放排头兵作用。整合优化全省开发区，着力提高开发区的产业集聚度和开放度，以一流的平台聚集一流的国际生产要素，打造高质量外来投资集聚地；加快红河、昆明综合保税区建设，在有条件的州、市积极申报新建综合保税区，把综合保税区建设成为保税物流、保税加工和生产性服务贸易平台。支持在综合保税区内开展保税维修业务，鼓励有条件的区外企业开展高附加值、高技术含量、无污染产品的保税维修业务。争取对在综合保税区内的融资租赁企业进口飞机等大型设备涉及跨关区的，根据实际需要，实行海关异地委托监管；切实发挥好瑞丽、磨憨（勐腊）重点开发开放试验区沿边开放综合平台功能；着力推进中老磨憨—磨丁经济合作区建设，实现围网封关运行，推动建立中老多层级跨境经济合作区联动机制；积极促成设立中缅、中越边（跨）境经济合作区；进一步支持临沧、腾冲等边境经济合作区建设。鼓励注册地和主要生产地均在边（跨）境经济合作区且符合条件的内外资企业申请上市。建立健全与国内发达地区对接机制，在园区品牌、规划设计、运营管理等方面开展深度合作，推进跨区域共建产业园区，积极探索"飞地经济"模式。

推进边境经济合作区建设。制定实施口岸建设三年行动计划，加快打造枢纽型口岸、智慧口岸，着力打造河口、磨憨、瑞丽三个重点口岸城市，印发实施了支持三个口岸建设的若干政策措施，推进猴桥、清水河两个重要口岸建设，推动形成优势互补、协调发展的高质量开放合作新平台。壮大口岸经济，找准口岸定位，做强口岸产业，提升交通物流水平，大力发展服务经济，大力改革创新，努力使口岸真正成为全省产业转型升级的重要突破口和新的增长点。

提升国际经贸合作平台作用。进一步发挥中国昆明进出口商品交易会、南亚东南亚国家商品展暨投资贸易洽谈会等大型国际展会功能，打造"永不落幕的南博会"，建设一站式交易促进服务平台，为南亚东南亚国家的商品和服务进入中国市场提供多渠道、多模式、多元化的服务，探索建立展示交易的常态化制度安排，支持开展保税展示展销常态化运行。着力打造中国—南亚合作论坛、中国—东南亚合作论坛新平台，筹划举办中缅、中老泰经济走廊合作论坛，努力提升孟中印缅地区合作论坛交流水平，不断完善与越北、老北、泰北等合作机制。继续办好各类边交会、民族节庆展演等活动。

不断深化国际产能合作。电力、装备制造、冶金、化工、建材、轻工、物流等7个重点领域的国际产能合作不断深化，鼓励合作共建国际产能合作境外园区，支持省内企业发挥自身优势，依托当地优势资源，联合国内外企业共商共建缅甸皎漂工业园区、老挝万象赛色塔综合开发区和缅甸曼德勒缪达工业园区云南产业园、缅甸密支那经济开发区等境外园区，打造一批绿色食品、装备制造、钢铁、建材、化工、物流等境外产业基地。

（三）积极推进多领域合作，促进人文交流、民心相通

云南持续深化与周边国家在教育、文化、旅游、科技、医疗卫生等领域的合作，厚植面向南亚东南亚开放的社会民意基础，人文交流走深走实。

在教育合作方面积极作为。举办南亚东南亚教育合作昆明论坛，组织开展"国家公派出国留学项目""非通用语种人才支持计划"等项目，境外办学覆盖泰国、老挝、柬埔寨、缅甸、越南、伊朗、肯尼亚等国家。云南民族大学中印瑜伽学院、云南财经大学曼谷商学院等一批合作办学项目落地实施，第三届澜湄职业教育联盟圆桌会议等活动成功举办。

在文化交流方面积极作为。持续开展"七彩云南·文化周边行""文化中国·七彩云南""跨国春晚"品牌推广活动，"澜湄视听周"升级为国家级国际交流活动。持续举办"七彩云南·文化周边行"访演活动，以及澜沧江—湄公河流域国家文化艺术节、澜湄电视周、中缅胞波狂欢节等民族文化节庆活动，《吴哥的微笑》等一批文化产品成功走出国门。

在旅游合作方面积极作为。举办中国国际旅游交易会、跨境旅游合作论坛、大湄公河次区域旅游工作组会议、中老柬历史古迹自驾游、中老铁路助力亚洲命运共同体建设高峰论坛等活动，全方位展示"七彩云南·旅游天堂"形象。

在科技合作方面积极作为。成立多个国际科技合作创新平台，与南亚东南亚国家共建联合创新平台，成立中国—南亚技术转移中心、中国—东盟创新中心、金砖国家技术转移中心等国际科技合作创新平

台，与南亚、东南亚国家共建联合实验室，选派国际科技特派员到周边国家开展服务，立项支持其他国家青年科学家来滇开展科学研究和创新创业。

在医疗卫生方面积极作为。举办"澜湄周"公共卫生活动、中越艾滋病防治研讨会、中缅边境疟疾消除研讨会等国际卫生活动，大力推动构建周边卫生健康共同体。先后派出多批医疗队在周边国家举办"光明行""爱心行"公益医疗活动，对超过 5000 名患者实施免费白内障复明手术，为 5 万多名儿童进行先天性心脏病筛查。加强抗疫合作，组派医疗专家组赴周边国家支援抗疫并捐赠大量防疫物资、援建核酸检测实验室和方舱医院，推动 8 个边境州（市）、25 个边境县（市）与邻国边境地区建立联防联控机制，共同筑牢边境卫生安全防护网。截至 2022 年底，云南省已累计向乌干达派出 22 批次 209 人次长期医疗队，先后赴孟加拉国、尼泊尔、老挝等国执行紧急援外医疗任务，在受援国树立了"白衣外交官"的良好形象。

第二节

典型案例：全力推进磨憨国际口岸城市建设

一、基本概况

2021 年 12 月 3 日，中老铁路正式开通运营。习近平总书记出席通车仪式并强调，要"把铁路维护好、运营好，把沿线开发好、建设好，打造黄金线路"①。为坚决贯彻落实习近平总书记考察云南重要讲话精神和关于中老铁路"四好"的重要指示精神，主动服务和融入国家发展战略，2022 年 4 月，云南省委、省政府作出由昆明市托管磨憨镇与西双版纳州共同建设磨憨国际口岸城市的重大决策部署，这一举措得到了中央肯定，还写入了国务院支持云南加快建设我国面向南亚东南亚辐射中心的意见当中。2022 年 8 月 30 日，昆明市与西双版纳州各项托管移交工作顺利完成，由磨憨—磨丁经济合作区管委会管理磨憨镇，重新设置机构，党工委书记、管委会主任由昆明市厅级领导兼任，管委会下设 8 个内设机构、3 个事业单位，设立组建磨憨法庭、磨憨检察室、公安分局、市场监管分局、生态环境分局、税务局，并在全市选配 50 名干部到合作区工作。

托管以来，磨憨—磨丁经济合作区紧紧围绕"一年见成效、两年有突破、三年大发展"目标，全力推动磨憨国际口岸城市建设。昆

---

① 《习近平同老挝人民革命党中央总书记、国家主席通伦共同出席中老铁路通车仪式》，《人民日报》2021 年 12 月 4 日。

明—磨憨陆港型（陆上边境口岸型）国家物流枢纽成功纳入 2022 年度国家物流枢纽建设名单，磨憨—磨丁经济合作区入选国家进口贸易促进创新示范区。2023 年 4 月 26 日，李强到中老磨憨—磨丁经济合作区考察调研，充分肯定昆明托管磨憨的做法，强调要主动服务构建新发展格局，发挥综合优势，加强政策协同，提高空间利用效率，加快引进优质项目，做好东部产业承接，促进产业集聚，努力打造沿边开放新高地。

二、主要做法

自托管以来，昆明市积极推动资源向磨憨集中、政策向磨憨倾斜，磨憨开发建设全面提速，发展势头强劲有力，正成为面向南亚东南亚辐射中心建设的重要支撑。

（一）贯彻落实省委、省政府决策部署，全域谋划磨憨发展思路

顺利完成托管移交。加强与省级部门、西双版纳州沟通协调，及时派驻 53 人工作专班，制定托管移交"1 方案 9 清单"，梳理形成 8164 项应移交职责和权责清单，成熟一项、移交一项，全面完成托管移交工作。

全域谋划发展思路。落实省总体方案各项部署，通盘考虑磨憨镇 803 平方公里全域范围，谋划提出"一年见成效、两年有突破、三年大发展"目标。把健全"五级三类"规划体系作为保障磨憨未来高质量发展的基础工作，积极开展永久基本农田保护红线、生态保护红线、城镇开发边界"三线"划定工作，邀请深圳市城市规划设计研究

院、华设集团等国内知名规划设计机构，开展空间及产业规划调整工作，初步形成"一心一核三轴五区"空间布局结构。

理顺优化管理体制。制定昆明托管磨憨镇有关管理体制的决定，赋予托管区更大改革发展自主权。成立开发运营公司，按照"管委会＋开发运营公司"管理模式，推行实体化、扁平化管理。配齐配强领导干部力量，首批选派的 50 名干部赴磨憨—磨丁经济合作区任职，出台经济合作区"干部职工激励十条"和"人才发展十条"措施。

（二）扎实推进基础设施建设，加快补齐民生短板

加大基础设施建设投入。2022 年累计争取中央资金 2.06 亿元，省级投入 4.17 亿元，昆明市投入 4.56 亿元，争取专项债券资金 6.09 亿元。

加快重点项目投资。建立合作区建设发展重大项目库，谋划推进重点项目 84 个，计划总投资 615.3 亿元。磨憨边民互市场、磨憨供水应急改造工程、铁路口岸指定监管场地、合作区政务服务中心等 8 个项目竣工，合作区围网工程、盐塘水库扩建、东盟大道改扩建、磨憨智慧口岸提升改造等一批在建项目加快推进，磨憨至磨丁高速公路、磨憨大道、高标准农田改造等一批前期项目加紧谋划，推动磨憨开发建设明显提速。

完善民生服务保障。组织实施 52 个民生补短板项目，着力解决磨憨老百姓交通出行、生活用水、垃圾清运、污水处理等实际问题。制定实施磨憨国际口岸城市教育和医疗提升三年行动计划，积极引进昆明优质教育、医疗资源到磨憨合作共建。

（三）加大招商引资力度，积极培育发展特色产业

积极开展招商引资。成功举办中老铁路沿线开发推介会暨第二届中国老挝磨憨—磨丁经济合作区招商对接会，联合昆明经济开发区在福州开展磨憨—磨丁经济合作区招商推介会，不断提升磨憨的知名度、美誉度。高密度对接优质企业，2022 年接待优质企业数量达182 家 638 人次，完成与厦门钨业、中国铁塔、海康威视、正威集团等 11 家重点企业签约，跨通国际供应链等 24 家企业已注册公司，累计引进省外到位资金 8130 万元，新增市场主体 635 户（其中企业161 户）。

加快培育发展特色产业。编制了《磨憨国际口岸产业发展规划》《产业发展三年行动计划》《产业发展鼓励目录》，重点培育发展国际商贸、加工制造和现代物流业 3 个主导产业，协同发展金融、旅游、教育、医疗等现代服务业，着力推动"通道经济"向"口岸经济"转型。进一步优化调整产业功能布局，加快规划建设公路口岸、铁路口岸、南坡、磨龙 4 个产业承载区，打造"西城东产、南岸北港"的产城融合发展格局。

（四）持续推进探索创新，着力提升口岸开放水平

推动"四区"政策叠加。充分发挥自贸试验区昆明片区制度创新优势、昆明经济开发区产业引领优势、昆明综合保税区保税政策优势和磨憨—磨丁经济合作区开放平台优势，推动"四区"在产业发展、改革创新、优惠政策、体制机制等方面深度融合、优势叠加，并加强与老挝磨丁片区的政策联动，实现要素保障、政策支撑和制度创新效

益最大化，逐步构建"以两头带中间"的区域协调发展新格局。

提升口岸通关便利化水平。大力推进智慧口岸建设和国际贸易"单一窗口"建设，逐步实现智慧验放一体化、远程监管一站通、运行管理一张图。自托管以来，磨憨铁路口岸出入境货物通关时间由运营初期的平均 40 小时压缩至目前的 5 小时，磨憨公路口岸货运车辆验放时间从原来的平均 8—10 分钟缩减至约 4 分钟。

加快发展边境贸易。2022 年，磨憨口岸实现进出口贸易量 566.59 万吨，同比增长 50.36％；贸易总额 433.38 亿元，同比增长 98.99％。边民互市贸易业务改革加快推进，探索实施"互市贸易＋合作社""互市贸易＋落地加工"等模式，磨憨新边民互市场建成投入运营，率先采用委托集中申报模式，并在二级市场成功开具增值税专用发票，实现了木薯淀粉、芝麻等 6 种商品跨境电子结算、线上开票全覆盖。

三、经验启示

磨憨国际口岸城市与省会昆明构建首尾呼应、优势互补、联动发展的区域合作新格局，形成以两头带中间，拉动形成铁路沿线州市发展新态势，为共建"一带一路"带动沿边开发开放走出成熟的"磨憨模式"，为广大沿边地区提供可复制可推广的"磨憨经验"。

（一）打破空间限制，以改革创新的思路统筹"两地"联动发展

目前，我国经国务院批准的对外开放口岸有 314 个，磨憨是唯一一个打破了物理空间限制，创造性地与省会城市建立托管共建机制的

边境口岸，是云南跨区域管理创新的重要实践。昆明市采用全面、整体、长期的方式托管磨憨镇，托管区域覆盖磨憨镇全域，包括中国老挝磨憨—磨丁经济合作区（中方区域）。昆明市与西双版纳州在省级部门的统筹谋划和全力支持下，加强沟通、密切配合、通力合作，破解昆明市有产业、缺陆路口岸和西双版纳州有口岸、产业弱的"瓶颈"问题，充分发挥昆明市作为省会城市的龙头带动作用、西双版纳州作为边境门户的开放窗口示范作用，促进两地对外开放和经济发展向更高水平、更高质量迈进。两市州通过创新沟通衔接机制、共谋规划编制、协同产业发展等措施实现合作共赢、联动发展，努力构建昆明市与西双版纳州首尾呼应、优势互补、联动发展的区域合作新格局，致力将托管区建设成为生态优美、功能完备、经济活跃、开放包容的现代化、国际化口岸城市，打造面向中南半岛的重要开放门户。

（二）在先行先试上突破，全国首创"四区"叠加政策发展模式

磨憨国际口岸城市首创全国"四区"政策叠加发展模式，同时拥有自贸试验区、经济开发区、综合保税区以及经济合作区，能有效突破体制、机制、政策壁垒，最大程度地实现要素资源保障，打造高质量跨越式发展样板。政策的叠加，不断推动磨憨—磨丁协同一体化发展，充分发挥中老双方优势，实现双方发展要素互补，深化产业合作，共同打造跨境产能合作示范区，实现区域产业链、供应链、价值链深度融合发展。以大通道带动大物流，以大物流带动大贸易，以大贸易带动大产业，昆明市将依托中老铁路的开通推动大物流体系建设，大力推进昆明铁路国际班列海关监管场所建设、中老铁路多式联运货物集拼项目建设、磨憨口岸铁路专用线及场站建设，补齐公共仓

储、铁路转运等短板，努力把昆明打造成集运输物流、展示仓储、进出口贸易、电子商务、金融服务于一体的国际陆港。

（三）优化创新机制，促进要素高效聚集

在管理机制方面，为压缩审批层级，进一步提升项目效率，磨憨镇被赋予了更大的经济社会管理权限。在建设运营方面，采取"管委会＋平台公司"管理运营模式，以及引入资金雄厚的国企、央企参与开发建设；在资金支持方面，昆明市按照多予少取原则，在税收分成方面给予磨憨镇更多优惠和倾斜；在人才建设方面，昆明市出台制度机制，投入一大批干部进入磨憨建设一线，加快推进磨憨国际口岸城市发展；在创新融合方面，坚持改革创新、开放引领、先试先行，系统推进跨境合作、省市联动、市州协同发展。机制的不断优化创新，更好地实现了中老铁路沿线人流、物流、资本流、技术流、信息流等发展要素的内、外部的双向流通，产业需求、人才需求、资本需求和技术需求的深度对接。磨憨还不断加速口岸基础设施建设，提升便利通关服务功能，促进口岸经济快速发展，推动"区域优势"向"发展优势"转变，实现货物聚集、贸易发展、产业集聚，推动岸城人深度融合发展，实现磨憨国际口岸城市高质量可持续发展。

四、研讨题

1. 下一步如何推动磨憨国际口岸城市建设迈上新台阶？

2. 昆明托管磨憨，全力推进磨憨国际口岸城市建设有何借鉴意义？

第九讲

贯彻共享发展理念　赋能美好生活

9

党的二十大报告明确提出"坚持以人民为中心的发展思想"是全面建设社会主义现代化国家需要牢牢把握的重要原则，要"维护人民根本利益，增进民生福祉，不断实现发展为了人民、发展依靠人民、发展成果由人民共享，让现代化建设成果更多更公平惠及全体人民"①。党的十八大以来，云南省不断推进巩固拓展脱贫攻坚成果同乡村振兴有效衔接，紧紧扭住农民和脱贫人口增收这条主线，做大做强高原特色农业，完善联农带农常态长效机制，全力保障和改善民生，突出做好重点群体就业工作，实施县乡村优秀教师、医生培养工程，建立党政领导"补短板、强弱项"联系工作制度，推进薄弱学校、医院全面提升，着力解决城乡供水不平衡不充分问题，不断提升人民群众生活品质。这十余年，是云南民生实惠最多的时期之一，人民群众的获得感更加充分、幸福感更可持续、安全感更有保障。

特别需要提及的是，云南省在全国脱贫攻坚事业中取得了辉煌成绩，建档立卡贫困人口搬迁总规模居全国第三位，全省有 19 个万人以上安置点；到 2020 年末，云南农村贫困人口累计减少 804 万人，贫困发生率累计下降 21.7 个百分点，对全国减贫的贡献率为 8.1%，居全国第二位。

---

① 《习近平著作选读》第 1 卷，人民出版社 2023 年版，第 22 页。

云南贯彻共享发展理念的举措

党的十八大以来，云南省始终坚持以人民为中心的发展思想，把满足人民对美好生活的新期待作为发展的出发点和落脚点，把为民造福作为最大政绩，着力解决好就业、教育、医疗等群众急难愁盼问题，让发展成果更多更公平惠及各族群众，不断提升群众的获得感、幸福感、安全感。

一、保障和改善民生彰显社会正义

云南省全力做好普惠性、基础性、兜底性民生建设，基本公共服务制度体系建设和基本公共服务均等化工作取得了一系列突出成就，大病保险制度、社会救助制度、养老托育服务等一系列关系人民群众基本生活保障的重大制度安排逐步建立健全。

（一）不断完善社保制度体系

紧扣增强公平性、适应流动性、保证可持续性，加强社会保障制度体系建设，制度改革的系统性、整体性、协同性进一步增强。一是深化企业职工基本养老保险制度改革，着力推进完善省级统筹制度，强化基金统筹调剂。2016 年，全面放开灵活就业人员参加企业职工养老保险户籍限制，2018 年，建立基金调剂制度，2020 年，实行基金省级统收统支，2022 年，实现接轨养老保险全国统筹。二是改革机关事业单位基本养老保险制度。2014 年 10 月，全省统一启动实施，实现与企业职工基本养老保险制度并轨，2016 年 5 月，实现全省范围内政策、缴费、计发、预算、经办、系统"六统一"。三是统一城乡居民基本养老保险制度。2012 年末，实现了新型农村社会养老保险和城镇居民社会养老保险两个制度试点在全省全面推行；2014 年 6 月起，两项制度合并实施，建立全省统一的城乡居民基本养老保险制度，同年 12 月，实现了制度全覆盖；2016 年，启动了被征地农民养老保障改革试点；2019 年，改革完善被征地农民基本养老保障政策。

（二）教育普及实现历史性跨越

大力提高基本公共教育服务均等化水平，努力保障学生受教育的权利。全面推进学前教育普及普惠发展，实施 3 期行动计划和省政府惠民实事等工程，学前教育毛入园率达到 90.23%，比十年前提高 41.28 个百分点，着力破解"入园难、入园贵"问题。推进城乡义务教育一体化发展，全面落实义务教育免试就近入学全覆盖，规范民办义务教育发展，"公参民"学校规范治理初见成效，全省实现义务教育县域基本均衡发展，九年义务教育巩固率从 90.34% 提高到 97.16%。统筹推进集中连片特困地区普通高中改善办学条件、民族地区教育基础薄弱县普通高中建设等项目，重点推进 133 所普通高中新建和改扩建项目，高中阶段教育毛入学率达 91.24%，比十年前提高 22.15 个百分点。健全现代职业教育体系，优化职业教育布局结构，实施职业教育补短板项目，投入 200 多亿元建设 17 个州（市）职教园区（中心），建设中国特色高水平高职学校 1 所、高水平专业群学校 2 所，通过"3+2"贯通培养等模式实现了 16 个州（市）高等职业教育资源全覆盖。推动高等教育进入普及化阶段，全省高校数量由 68 所增加到 83 所，在学人数从 73.77 万人增加到 150.15 万人，翻了一番，高等教育毛入学率达 53.03%，比十年前提高 28.73 个百分点。云南大学"双一流"建设取得阶段性成效，全省高校作为第一完成单位获国家科学技术奖数量占全省获奖数的 43.75%，获云南省自然科学奖数量占全省获奖数的 68.4%。十年来，全省高校累计培养输送 260 多万名高素质人才，为全省经济社会发展提供了有力的人才支撑和智力支持。

（三）多管齐下稳定就业

全省坚持把就业作为"六稳""六保"之首，不断完善落实积极就业政策。先后出台系列惠企惠民、促进就业创业的政策措施，全省就业规模不断扩大，就业结构持续改善，就业质量稳步提升，就业局势稳中向好。从 2012 年到 2021 年，云南省新增城镇就业人数从 29.3 万人增加到 53.31 万人，城镇登记失业率由 4.03% 下降到 3.75%，城乡居民人均可支配收入持续稳定增长在 10% 以上。云南省在 2023 年强化了防止返贫动态监测和帮扶机制，强化联农带农促增收，转移就业脱贫劳动力 327.97 万人。农村居民人均可支配收入增长 8%。新增退役军人就业 1.54 万人、残疾人就业 1.37 万人。2021 年，全省累计培训脱贫劳动力 32.76 万人次，脱贫劳动力转移就业同比增加 4.25 万人，加强对易地扶贫搬迁安置点群众的就业帮扶，帮助搬迁劳动力转移就业 61.01 万人，全省转移到省外就业的农村劳动力达 386.4 万人，同比增加 39.62 万人。

（四）全方位提升医保质量

围绕实现"病有所医"目标，云南省不断完善政策措施，强化资金保障，纵向到底、横向到边的公共卫生体系也在加快构建，医疗参保覆盖面不断扩大，推动构建多层次医疗保障体系。省委、省政府专门组建了医疗保障部门，并印发了《关于深化医疗保障制度改革的实施意见》，改革更加系统协调，初步形成以基本医保为主体、医疗救助为托底、补充医疗保险和商业健康保险等共同发展的多层次医疗保障体系。"十三五"期间，全省财政对卫生健康领域投入达到2909.2亿元，较"十二五"时期增加了1390亿元，增长91.63%。2021年底，全省每千人医疗卫生机构的床位数达到了6.89张，超过全国6.46张的平均水平。截至2022年，全省基本医疗保险实现制度全覆盖，参保率持续稳定在95%以上。积极推进长期护理保险制度试点，完善困难群体医疗救助制度并推行州市级统筹，支持慈善救助、商业健康保险、职工医疗互助等发挥综合保障作用，强化高额医疗费用减负能力。全力支持全省疫情防控大局，在全国率先出台10条特殊报销政策，临时调整5项政策规定，对新冠肺炎确诊和疑似患者一律免费救治，医保支付比例达90%。

（五）全面提升养老服务质量

各级财政部门坚决贯彻落实党中央、国务院关于城乡居民养老保险工作决策部署和省委、省政府部署要求，积极统筹财政资源，不断加大投入力度，强化城乡居民养老保险财力保障，全力推动居民养老保险制度健康平稳运行，居民养老保险待遇水平随经济发展逐步提高。2014年，云南省合并新型农村养老保险和城镇居民养老保险两项制度，建立统一的城乡居民基本养老保险制度。财政部门积极筹措资金强化投入，支持全省各地不断健全制度保障，提升经办服务水平。

同时，会同相关部门建立了城乡居民基本养老保险待遇确定和基础养老金正常调整机制，基础养老金标准由 2014 年的每人每月 75 元提升到 2023 年的每人每月 118 元，初步形成了覆盖范围广、公平可持续的城乡居民基本养老保障体系。支持"智慧社保"系统建设，支持提升公共服务能力水平，增强宣传引导，安排资金适度扩大困难群体政府代缴范围，不断扩大参保覆盖面，参保缴费、领取待遇人数不断增加，养老金水平不断提高。2022 年，全省城乡居民养老保险参保缴费人数 2479.71 万人，覆盖面不断扩大。进一步完善参保困难群体帮扶政策措施，2022 年，全省完成政府代困难群体缴保费 137.08 万人，并自 2023 年 1 月 1 日起将参加城乡居民基本养老保险的三级残疾人纳入政府代缴范围，代缴标准为 100 元。

二、巩固脱贫攻坚成果促进共同富裕

在脱贫攻坚期间，云南现行标准下全省 88 个贫困县全部脱贫摘帽，8502 个贫困村全部出列。全省有 11 个州（市）和 84 个单位被命名为全国民族团结进步示范单位，11 个"直过民族"和人口较少民族的生产生活发生巨大变化，实现"一步跨千年"。党的十九大以来，云南省在做好巩固拓展脱贫攻坚成果的基础上，持续做好乡村振兴工作，推动乡村产业、人才、文化、生态、组织等全面振兴。

（一）着力推动脱贫地区特色产业发展

云南省积极探索出了一条产业有特色、帮扶有机制、增收有渠道、发展可持续的农业产业帮扶新路子。2023年，云南省农村居民人均可支配收入为16361元，相比2022年有8%的增长。对于已脱贫县的农村居民而言，人均可支配收入达到了15218元，同比增长了8.5%，比全国平均水平高出0.8个百分点。从产业发展角度制定出台了推动脱贫地区特色产业可持续发展实施意见、"一县一业"创建、鼓励龙头企业投资办法、"茶十条""猪九条""牛九条""咖六条"等系列配套政策措施。指导各地以脱贫县为单位科学编制特色农业产业发展规划，立足资源禀赋优选主导产业，构建农业、林业、工业、文旅、电商多业联动发展，一、二、三产业融合发展的新格局，有针对性地引导政策、项目、资金、信息、技术、人才等要素集聚支持推动特色产业提档升级。全省高标准农田面积由2012年的不足300万亩增加至2023年的近4500万亩，建成17个冷链设施产业集群、523个农产品产地市场、1888个"绿色食品牌"产业基地；45个脱贫县进入"一县一业"示范县和特色县创建行列，占比达75%；建设4个国家级优势特色产业集群、5个国家级现代农业产业园、43个国家级产业强镇、118个国家级"一村一品"示范村镇，促进脱贫地区农民能够就地就近就业。截至脱贫攻坚取得全面胜利之时，全省培育形成特色鲜明、带动面广的26个帮扶主导农业产业，覆盖有产业发展条件的脱贫户163万户，产业帮扶到户基本实现全覆盖；花卉、茶叶、中药材等10多个帮扶产业的面积、产量位居全国前列，打响了昭通苹果、怒江草果、会泽石榴、勐海茶叶等一批脱贫地区"云系"农产品品牌，极大地改变了脱贫地区优质农产品"藏在深山人未识"、好产品卖不上好价钱的状况，为全面推进乡村振兴奠定了坚实产业基础。

（二）着力推动帮扶对象就业增收

统筹全省一盘棋抓转移就业。实施农村劳动力转移就业扶贫专项行动、稳岗促增收行动、收入增百计划等一系列政策措施。一是按照"村不漏户、户不漏人、人不漏项"的原则，组织发动农村劳务经纪人、劳动力信息调查员等 2.3 万余人，全面摸清全省贫困农村劳动力现状，将 450.05 万贫困劳动力录入信息系统，做到底子清、情况明。二是按照每转移一名贫困劳动力给予 200 元或 300 元补助，采取"点对点、一站式"直达运输的方式组织贫困劳动力转移就业。仅 2020 年，就克服疫情影响，开行专列 615 列次、专车 41428 辆、包机 303 架次，有序组织贫困劳动力"出家门、上车门、进厂门"，实现了有组织的转移输出。三是省内紧盯全省重大项目开工建设，优先推荐脱贫劳动力就业，人社系统共开发 18.59 万个公益性岗位兜底安置，帮助有劳力不能远行的贫困劳动力就业；省外建立 148 个驻外劳务工作站，与东部省（区、市）、县（区）等签订 185 份劳务合作协议，联系省外的人力资源机构和企业帮助贫困劳动力转移就业、推荐就业。截至 2022 年，全省已实现脱贫劳动力转移就业超过 343.9 万人（含监测对象），转移到省外就业超过 103.6 万人。

（三）着力推动实施教育扶贫

聚焦"发展教育脱贫一批"，发挥教育对阻断贫困代际传递的重要作用，采取一系列有力措施，加快补齐教育发展短板。一是兜住"义务教育有保障"底线。紧盯控辍保学工作，围绕"找得着、留得住、学得好"，压实"双线四级"责任，运用依法控辍保学"四步法"，开展专项行动，抓好精准分类安置保学，全省义务教育辍学学生劝返率达 99.7%，建档立卡贫困家庭学生辍学问题得到历史性解决，实现动态清零。全省义务教育学校办学条件"20 条底线"全部达标，129 个县实现县域义务教育基本均衡发展。建立建档立卡贫困家庭学生资助信息比对核查机制，通过四级比对实现"应助尽助"；投入资金 46 亿元，资助建档立卡贫困家庭学生 153.26 万人。加强易地扶贫搬迁教育保障，持续完善安置点教育配套设施，配齐配强教师队伍，确保实现安置点适龄儿童少年义务教育"不落一人"，2016—2020 年，中央财政投入乡村教师生活补助奖补资金共计 22.71 亿元，补助 12.58 万名乡村教师；2020 年补充基础教育教师 3.28 万人。二是发展职业教育扶智"造血"。实施现代职业教育扶贫工程，推进"三区三州"教育脱贫攻坚项目 1425 个，切实改善职业教育办学条件。成立沪滇职业教育联盟，深入推进省院、省校教育合作。抓好重点地区资助，开展迪庆州、怒江州初高中毕业生未能继续升学的农村户籍学生职业教育全覆盖试点。三是增加贫困家庭子女教育机会。加大学前教育支持力度，实现"一县一示范、一乡一公办"全覆盖。推进高中阶段教育普及攻坚，实施教育基础薄弱县普通高中建设和改善普通高中办学条件工程；实施普通高中学校建设项目，新建、改扩建学校 133 所，新增校舍面积 360 万平方米，解决普通高中学位 21.6 万个，为义务教育阶段学生提供升学保障。实施建档立卡贫困家庭学生专项招生，面向建档立卡家庭考生，开展定向职业教育省级公费师范生、深圳高职专项、高职单招专项、保山专项、专升本建档立卡专项、五年制建档立卡专项等招生工作。2016 年至脱贫攻坚取得全面胜利以来，共录取建档立卡贫困家庭学生 3.6 万余名。四是充分发挥推普赋能效应。广泛开展普通话培训，实施"直过民族"和"人口较少民族"推普及素质提升工程。累计投入资金4661万元，完成4969名少数民族教师和9.96万名"直过民族"、人口较少民族劳动力国家通用语言培训；发放语言扶贫定制手机2万台，39.18万人通过手机App学习普通话。全省各级各类学校全部使用国家通用语言文字教学，普通话普及程度大幅提升。

（四）着力实施健康扶贫工程

云南是全国脱贫攻坚的主战场，因病致贫、因病返贫作为主要的致贫原因，其致贫人口占到总贫困人口的近1/4。保障人民群众身体健康是全面建成小康社会的重要内涵，也是扶贫的关键环节之一。为确保如期实现全面小康，云南采取了更加精准的超常规举措，印发《云南省健康扶贫30条措施》及《云南省健康扶贫工程"三个一批"行动计划实施方案》《云南省医疗保障局关于进一步做好健康扶贫医疗保障工作的通知》等配套文件，构建"1+N"健康扶贫政策体系。对患有大病和长期慢性病的建档立卡贫困人口、农村低保对象、农村特困人员、农村贫困残疾人，根据实际患病情况，对大病实施集中救治，对慢病实行签约服务管理，对重病实行医疗费用兜底。建档立卡贫困人口基本医疗有保障，努力让建档立卡贫困人口看得起病、方便看病、看得好病、尽量少生病，防止因病致贫、因病返贫。健全完善贫困地区基层医疗卫生服务体系，支持贫困地区县、乡医疗卫生机构基础设施建设，使每个贫困县达到"三个一"目标，即每个县至少有1所二级县级公立医院，每个乡镇建有1所标准化的乡镇卫生院，每个行政村建有1个标准化的卫生室。认真组织实施88个贫困县县级医院重点专科建设，提升基层医疗卫生诊疗水平和服务能力。以重大传染病、地方病和慢性病防治为重点，加强贫困地区县级疾控、妇幼保健等公共卫生机构服务能力建设。累计救治 36 种大病患者约 20 万人、白内障患者 2.1 万人。其中，针对迪庆州、怒江傈僳族自治州、昭通市贫困程度较深地区，建立共同推进机制，联合制定专帮方案，因地制宜提供"保姆式"结对帮扶。贫困患者住院报销比例从 2016 年的 61.15% 提高到 2020 年的 89.40%，人均自付费用从 2442 元降低到 693 元。全省建档立卡贫困人口实现基本医疗保险、大病保险、医疗救助全覆盖，实现应保尽保，如期实现全省因病致贫返贫的 28.28 万户 112.49 万人全部脱贫。

（五）着力解决搬迁群众的脱贫发展问题

易地扶贫搬迁促进了脱贫地区经济发展，取得经济、社会、生态等多方面综合效益。"十三五"期间，全省累计投入各类资金超过 1000 亿元，帮助 99.61 万贫困群众实现搬迁脱贫，加上同步搬迁群众总规模达到 150 万人，有力拉动了各地固定资产投资，创造了大量就近就业岗位，增加了贫困群众务工收入。一是在优化城乡空间布局方面，通过鼓励引导搬迁群众向县城、集镇、产业园区集中安置，集中安置率达到 89%，依托城镇进行安置近 66.7 万人，全省城镇化率因易地搬迁提高 1.4%。在一些州（市）、县（市、区）提升的效果更加明显，会泽县、鲁甸县和怒江州的城镇化率因易地搬迁分别提升 10.5 个、8.2 个、14.4 个百分点，通过城镇化率提升，促进了当地的人口集聚、产业集聚，进一步优化了贫困地区城乡空间布局。二是实现脱贫与环保"双赢"。全省搬迁生活在生态恶劣、脆弱地区的群众 34.8

万人，减轻了对迁出地的生态环境压力，阻断了"越穷越垦、越垦越穷"的生态恶性循环。同时，拆除旧房 20.4 万套，按照"宜耕则耕、宜林则林、宜草则草"的原则复垦复绿 2 万多亩，有效减缓了 350 多个国家限制开发和禁止开发区迁出点的生态压力。5800 个地质灾害频发迁出点的生态环境得到有效改善，有效修复了迁出地生态环境，实现了脱贫攻坚与生态保护"双赢"。三是推动边疆发展，促进民族融合。建设安置点 56 个，搬迁建档立卡贫困人口近万人，推动了兴边、固边、睦边、富边。搬迁群众中涉及 42 个少数民族 41.7 万名贫困群众，占搬迁总量的 41.9%，搬迁量超过 1 万人的少数民族有 6 个，分别为彝族、傈僳族、苗族、哈尼族、白族、拉祜族，通过散搬聚居、集中安置，在一定程度上促进了民族融合发展。

典型案例：栗子园社区由"乱"到"治"

一、基本概况

楚雄州楚雄市鹿城镇栗子园社区是一个水库建设移民搬迁社区，2009年，1675户农户，6679人，从20公里外的青山嘴水库库区搬迁至此，是楚雄市唯一一个纯移民社区。为实现移民"搬得出、稳得住、能致富"的目标，社区通过抓组织建设建优治理网格、抓文明创建培育时代新风、抓党群服务凝聚党心民心、抓五星机制实现精准服务、抓技能培训促进创业就业、抓集体经济夯实发展基础、抓民族团结绽放和谐之花、抓群团组织增强治理合力、抓平安建设打造和谐社区"九抓"工作措施，实现社区由"乱"到"治"的崭新蝶变。如今，栗子园社区已成为全省党建引领移民搬迁小区治理、服务群众、民族团结进步示范的优秀代表，先后荣获"全国民族团结进步创建活动示范社区""全国民主法治示范社区""省级规范化建设示范支部"，党总支书记吕燕也被评为"云南省优秀党务工作者"、全省"百名好支书"。

二、主要做法

（一）聚人心"一步城市化"

栗子园社区以防范化解社会治理热点、难点问题为突破口，建立了集警务室、群众接待室、矛盾纠纷调解室为一体的综治中心，充分用好信息技术成果，加强综治中心应急指挥调度，把综治中心打造成排查化解矛盾、加强社会治理的调度室。常态化开展家庭"明白人"教育，从每户居民里选出 1 名明事理、善表达、能管事的"明白人"，每季度进行 1 次专题培训，让广大居民进一步明理守法，引导他们依法办事、依法维权，激发居民参与管理公共事务的热情，推动居民参与社区治理。从 2010 年至今，社区"明白人"专题培训已累计开展396 场，6.3 万余人次参加培训，培训内容涵盖感恩教育、文明习惯、法律法规等方面。

在各级政府的支持下，社区建起了文化活动阵地。因为搬迁群众来自两个不同乡镇，且包含汉族、彝族、回族、白族等 11 个民族，来自不同村寨的各族群众过去的生活方式千差万别，统一到社区，一个可供不同民族居民相互交流和了解的平台很是必要，而广场舞就成了"突破口"，每晚七点半到九点半成了栗子园社区固定的"广场舞时间"，数百位社区居民会聚集到广场上"以舞会友"。

（二）抓就业"共同奔小康"

为了解决劳动力闲置和家庭收入来源有限的难题，帮助社区中老年人再就业，吕燕前前后后联系多家公司，最终选定简单的手工活计作为搬迁群众的"新工作"。类似扫把捆扎、辣椒分拣、核桃剥壳、野生菌干片分拣这些手工活最适合搬迁群众。在社区党组织的努力下，社区与多家企业进行了项目合作，让中老年群体在发挥余热的同时，增加经济收入，将"饭碗"牢牢端在自己手中。

在促进中青年群体就业创业方面，一方面，社区党总支整合各方资源，做好技能培训，在烹饪、保安、美容美发、家政、酒店服务等多方面提升就业者技能；另一方面，派出工作人员到省、州、市的一些用工单位联系，定向组织输出；同时，在社区建设农贸市场，帮助社区居民在家门口就地就近创业就业。

为农民工协商讨要工资，这项本不属于社区工作范畴的"额外工作"，也时常需要社区党组织帮助群众协调解决。2022年4月，社区居民李某等7人到社区反映，他们在某建筑工地打工，几个月未拿到工资，社区及时与建筑工地的负责人联系，并多次到工地协调，最终追回欠薪15万元。

（三）解民忧"事事惠民生"

社区通过阵地便民化，党心民心更广凝聚。建好党群服务中心"便民"，做实新时代文明实践站"为民"，引进社会化服务机构"利民"，升级阵地"聚人"，优化活动"聚心"让社区服务更有温度。通过队伍专业化，服务功能更全拓展。依托共驻共建平台，聚合党员先锋队伍；依托社会化服务平台引进专业社工队伍；依托新时代文明实践平台，壮大志愿服务队伍；队伍"强起来"促进服务"优起来"。通过服务精准化，党员群众更感幸福。更好地感知群众需求，回应群众急难愁盼问题，以"微服务"促进"大治理"，在"养老"上用心、"育小"上用功、"扶弱"上用情，不断增强居民群众的幸福感、满意度及认同感。通过治理协同化，幸福家园更为和美。通过一体化平台"共治"，多元化渠道"共商"，常态化创建"共融"，实现社区和谐稳定，让"一家人"共同繁荣发展，共享幸福生活。

全面推行遍访居民"五星服务"，在社区建立健全居民服务网。

将每户家庭根据实际情况分为"好、较好、一般、有一定困难、有较大困难"五个类型,对应"一星、二星、三星、四星、五星"5个星级,制定户"需求清单",整合"双报道双服务双报告"在职党员及干部力量,以"每周、每月、每季度、每半年、每年"的频率定期上门开展贴心服务。从解决门窗更换、水龙头修缮等小事做起,做到社区每年至少遍访一次居民、每家每户都有联系,化解矛盾、解决诉求、理顺情绪、纾解困难、回应关切,做到"大事化小、小事化了",实现了社区的精细化管理和精准化服务。目前,社区党员干部已开展"五星服务"走访服务社区居民1万余人次,并把入户记录、群众诉求、问题交办等"服务清单"实现数据同步上传、需求精细分类、服务跟踪办理,已累计解决居民困难问题2000余件,有效破解了栗子园水库移民社区人口多、困难群体基数大、社区服务力量不足等难题,走出了一条基层社区精准为民服务新路径。

(四)筑保障"创新治理模式"

一是构建四级网络管理框架。栗子园社区共有93幢楼房,2568套住房。社区党组织根据小区每个单元的居住情况和党员、团员分布,按就近就便的原则将小区划分为5个片区,设置5个党支部,成立19个党小组,由19名党小组组长兼任居民小组组长、网格员,并将每个居民小组按楼幢、单元配备楼长和单元长。经过13年摸索,栗子园社区已构建起"社区党总支+网格党支部+楼栋党小组+党员中心户"的管理架构,建立起横向到边、纵向到底的网格化体系,并选优配小组长、网格员、楼栋长。二是把党支部建在片区。党小组建在居民小组,由党小组长兼任网格员,把每个居民小组按楼栋、单元划分为二级网格和三级网格，形成了"社区—片区—居民小组—楼栋—单元"的五级治理体系，为排查、调处化解矛盾纠纷奠定了坚实的组织基础。三是成立了矛盾纠纷化解办公室，组建了有 3 名专职调解员和 38 名义务调解员的矛盾纠纷调解队伍。建立志愿者服务机制，整合州市机关在职党员干部 366 人，组建"云岭先锋"志愿队、巾帼维稳志愿队等 9 支志愿者队伍，极大地调动了各方力量积极参与到社区工作中来，扩充了党建阵容，凝聚了发展稳定和谐的正能量，坚持共治共建共享。

三、经验启示

（一）党建引领，织密组织体系

通过坚持党的全面领导，织密"社区党总支＋网格党支部＋党小组＋楼栋长＋单元长"的五级组织体系，建强党组织、壮大先锋队伍、育好带头人，确保组织坚强有力量、党员干部有担当、社区发展有保障。移民搬迁安置 10 多年来，栗子园社区始终坚持党建引领，对社区 229 名党员建立"亮身份、践承诺"机制，培育壮大党员先锋队伍，在社区设置 19 名先锋党员为网格员、93 名党员为楼栋长、229 名党员为单元长，为社区发展提供了坚强的组织保障。从 2021 年 8 月开始，社区创新推出"五星服务"模式，探索"党建＋星级服务"模式，依托社区"联合党委"，健全"社区党总支＋网格党支部＋楼栋党小组＋党员中心户"服务架构，把社区"大治理"转变为服务"微清单"，党员干部走家串户，对居民情况进行摸底排查，根据居民家庭结构、健康状况、劳动能力等指标，将社区困难户和需要帮助的家庭划分为 5 个星级，建立"一户一册"电子居民档案，对栗子园社区 1958 户家庭实现"星级服务"全覆盖。

（二）因地制宜，构建具有地方特色的移民社区治理模式

健全的组织体系是社区稳定的关键。栗子园社区民族较多，矛盾复杂，群众素质参差不齐，社区能够稳定发展，有利于健全组织体系。社区在"两委"基础上成立了综治维稳委、人民调解委、治保委，下设综治办、信访接待室、调解室、警务站，社区党总支的凝聚力和战斗力显著增强。社区党总支根据小区每个单元的居住情况和党员、团员分布，创新城市网格化管理方法，形成社区、片区、居民小组、楼幢、单元"五位一体"的网格管理，并把党组织、团组织和妇联组织与网格化管理有机融合，为小区的和谐稳定提供了有力保障。通过创新社区治理体制和方式，切实解决移民群众难题，走出了一条移民安置小区由"乱"到"治"、转"智"向"美"的蝶变之路，栗子园社区成为宜居宜业的幸福家园。

（三）汇聚人才，增强发展动力

一是"走出去"。充分发挥党总支引领作用，组织社区领导班子、党员和致富带头人外出考察、观摩学习"取经"5 次 83 人，培育了一批带头致富先锋；二是"请进来"。举办技术培训 36 期 4200 人次，其中，邀请省级、州级专家到场讲座 13 期 167 人，培养造就了一支"懂技术、爱社区、能致富"的人才队伍；三是多元合作。鼓励经商能人、产业能人积极参与集体经济发展，以合资合作、投资入股和就业参与等方式发展集体经济新产业新业态，激发集体成员活力，为社

区集体经济发展"造血活血"，增强内生动力。

（四）盘活资源，壮大集体经济

进一步盘活集体资产，将资源优势转化为经济优势，多种形式壮大集体经济。立足资源禀赋，结合人口密集、周边居民小区多的优势，盘活社区资产，理顺权属关系，引入市场化经营机制，采取异地置业、租赁承包、联合开发、物业管理等形式，2019 年，社区争取搬迁移民后扶资金 4000 万元，自筹 2154 万元，购买彝海北路海景壹号商业综合体 1 栋至 6 栋商铺共 4605 平方米；2020 年 1 月，整体出租楚雄市产业发展投资集团有限公司，租期 10 年，收入租金 3186.5 万元；2022 年，社区集体经济总收入达 614 万元，同比增长 1.3%，在全州排名第一位，比 2009 年搬迁入住时的 70 万元增长 8.7 倍。

（五）稳岗纾困，增加居民收入

社区组建合作社、公司和手工作坊，实行"六百工作法"，探索"五星服务"、优化"一站式"服务，加大对居民就业创业稳岗纾困帮扶力度。积极邀请相关单位开展"培训＋岗位""培训＋输转""培训＋创业"一体化服务进社区活动，提高技能培训与市场就业衔接度，探索就业创业发展新路径，生动实践了"就业是最大的民生"。2020 年，成立栗子园移民手工作坊，由楚雄市栗子园移民民间工艺专业合作社负责运营管理，组建了核桃（食用菌）、中药材、辣椒分拣和扫把扎结 4 个加工队，带动社区 300 余名 55 岁以上中老年人实现家门口就业，增收就业收入 60 余万元，合作社增收 12 万元。2023年，成立楚雄市栗子园彝绣车间，由云南彝绣天地服饰有限公司组织培训 1 期，培训人数 45 人。小区就业率保持在 96％以上，700 余名小区居民在小区农贸市场、商业综合体通过经商、手工工厂及物管保安等行业稳岗就业，实现在家门口创业就业增收。社区居民人均纯收入从 2009 年搬迁入住时的 3264 元增加到 2022 年的 15800 元，增长 4.8 倍。

（六）用好信息技术，实现社区精细化治理

利用信息技术，实现社区精细化治理。栗子园社区积极探索推进"互联网＋"治理模式，运用"钉钉"软件系统，引进居家养老电子服务管理平台，融合覆盖全体居民的服务网格，实现了入户走访、日常巡查、诉求处理、问题办结的精细化管理和服务。推进了社区治理流程再造、资源整合、组织重构，运用现代技术手段提高基层治理水平，让广大群众有更多的获得感、幸福感、安全感，真正实现了让贫困群众搬得出、稳得住、逐步能致富。

四、研讨题

1. 楚雄栗子园社区建设的关键环节有哪几步？

2. 楚雄栗子园社区在建设过程中，基层党组织发挥了哪些作用？

第十讲

谱写好中国式现代化的云南篇章

10

习近平总书记高度重视云南发展，心系边疆各族人民。党的十八大以来，习近平总书记两次亲临云南考察指导，三次给云南干部群众回信，对云南工作作出一系列重要指示，为云南发展指明了前进方向，提供了重要遵循。党的十八大以来，云南省委、省政府始终牢记习近平总书记殷殷嘱托，团结带领全省各族干部群众凝心聚力、共同奋斗，方方面面发生了巨大变化，经济始终保持较快增长、民生有了明显改善、民族团结进步、社会和谐稳定、政治生态逐年向好，与全国同步全面建成小康社会，顺利开启全面建设社会主义现代化新征程。全省经济总量在全国排名从第 24 位跃升到 2021 年的第 18 位，年均增长 8.7%，高于全国平均水平 2 个百分点；全省 933 万农村贫困人口全部脱贫，8502 个贫困村全部出列，88 个贫困县全部摘帽，实现了 150 万人易地搬迁，历史性地解决了绝对贫困问题。高速公路里程从 2012 年的 2900 多公里，到 2021 年突破 1 万公里，居全国第 2 位；农村公路超过 26 万公里，居全国第 2 位；铁路里程达 4741 公里，16 个州（市）有一半通了高铁。农业方面，茶叶、鲜切花、咖啡、核桃、中药材种植面积和产量均居全国第一位；工业方面，绿色铝硅成长为新的千亿级产业，全省电力总装机突破 1 亿千瓦，绿色能源占比近 90%。全省州（市）政府所在地城市空气优良天数比率保持在 98% 以上，居全国前列，并成功举办 2020 年联合国生物多样性大会（COP15）第一阶段会议；教育、医疗服务水平全面提升，覆盖城乡居民的社会保障体系基本建立；主动参与中国—东盟自由贸易区和中国—中南半岛经济走廊、孟中印缅经济走廊建设，与9个国家搭建12个多边双边合作机制，中越、中老、中缅国际通道高速公路境内段全线贯通，中老铁路开通运营，面向南亚东南亚的区位优势、开放优势更加凸显；坚持把党的政治建设摆在首位，教育引导全省广大党员干部忠诚拥护"两个确立"、坚决做到"两个维护"，鲜明树立重一线、重实干、重实绩、重公认的用人导向，建设敢于担当、干事创业、攻坚克难的干部队伍。

新征程上，为深入学习贯彻党的二十大精神，深入落实习近平总书记考察云南重要讲话和重要指示批示精神，为全面建设社会主义现代化国家谱写好云南篇章，中共云南省委先后出台了《中共云南省委关于深入学习贯彻党的二十大精神　奋力开创新时代云南社会主义现代化建设新局面的决定》《中共云南省委关于深入学习贯彻习近平新时代中国特色社会主义思想着力解难题促发展惠民生的意见》，在准确把握云南高质量跨越式发展的新形势、新省情的基础上，科学谋划并制定"3815"战略发展目标，谋划了新时代云南社会主义现代化建设的总体思路、奋斗目标、重点任务和坚强保证，为确保云南到2035年与全国同步基本实现社会主义现代化，提供了统一行动指南，制定了任务书、时间表、路线图。

第一节

谱写好中国式现代化云南篇章的重大意义和现实基础

习近平总书记强调，从第一个五年计划到第十四个五年规划，一以贯之的主题是把我国建设成为社会主义现代化国家。在这个过程中，我们党对建设社会主义现代化国家在认识上不断深入、在战略上不断成熟、在实践上不断丰富，加速了我国现代化发展进程，为新发展阶段全面建设社会主义现代化国家奠定了实践基础、理论基础、制度基础。战略问题是一个政党、一个国家的根本性问题。战略上判断得准确，战略上谋划得科学，战略上赢得主动，党和人民事业就大有希望。

一、重大意义

（一）与全国同步基本实现社会主义现代化的必然要求

党的二十大报告提出，全面建成社会主义现代化强国，总的战略安排是分两步走：从 2020 年到 2035 年基本实现社会主义现代化；从 2035 年到本世纪中叶把我国建成富强民主文明和谐美丽的社会主义现代化强国。这一战略安排，明确了全面建成社会主义现代化强国的时间表、路线图，展现了中华民族伟大复兴的壮丽前景，令人鼓舞、催人奋进。全面落实党的二十大部署的目标任务，在把握总目标、总方向、总要求的前提下，对全省各项工作再审视、再谋划、再部署，项目化、清单化、具体化抓好任务落实，实施"3815"战略发展目标谋划，坚定不移推动党的二十大作出的重大决策部署在云岭大地落地见效，以高质量跨越式发展推进云南社会主义现代化建设，确保到 2035 年与全国同步基本实现社会主义现代化。在此基础上再奋斗到本世纪中叶，建成富强民主文明和谐美丽的社会主义现代化新云南，向党中央和全省各族人民交出新的优异答卷。

（二）将习近平总书记为云南擘画的宏伟蓝图变为美好现实的必然要求

党的十八大以来，习近平总书记两次亲临云南考察指导、三次给云南干部群众回信，在 COP15 第一、二阶段会议上分别发表主旨讲话和致辞，亲自见证中老铁路通车，对乌东德水电站首批机组投产发电作出重要指示，致信祝贺白鹤滩水电站首批机组投产发电，2023 年 4 月 20 日致信祝贺云南大学建校 100 周年，对云南工作作出一系列重要指示批示，为云南发展绘就了美好蓝图。特别是习近平总书记对云南作出"主动服务和融入国家发展战略，闯出一条跨越式发展的路子来""努力在建设我国民族团结进步示范区、生态文明建设排头兵、面向南亚东南亚辐射中心上不断取得新进展"等重要指示。

党的二十大精神和习近平总书记对云南的指示精神是云南发展的根本遵循，通过实施"3815"战略发展目标谋划，在全面建成小康社会的基础上，经过"十四五""十五五""十六五"三个五年规划的接续奋斗，闯出云南高质量跨越式发展新路子，各族人民共同富裕取得更为明显的实质性进展，基本建成我国民族团结进步示范区、生态文明建设排头兵、面向南亚东南亚辐射中心，一步一个脚印把习近平总书记为云南擘画的美好蓝图变为现实。其中，推动经济质和量的增长实现高质量发展，不断厚植现代化的物质基础，闯出一条高质量跨越式发展路子是推进云南现代化建设的必由之路；以铸牢中华民族共同体意识为主线，推动各族人民共同富裕，建设民族团结进步示范区是推进云南现代化建设的重大任务；突出生态文明建设在全局工作的地位，推动绿色化、低碳化发展，绘好七彩云南生态画卷，筑牢我国西南生态安全屏障，成为我国生态文明建设排头兵是推进云南现代化建设的政治担当；主动服务和融入国家重大发展战略，深化周边命运共同体实践，更好实现高水平对外开放，成为我国面向南亚东南亚辐射中心是推进云南现代化建设的时代使命。"3815"战略发展目标谋划，就是紧扣这些重大任务落实落地的时间线路图和任务清单化。

（三）更好满足全省人民日益增长的美好生活需要的必然要求

党的十八大以来，云南经济社会发展取得显著成效，完成脱贫攻坚历史性地解决了绝对贫困问题、全面建成小康社会的任务，为现代化建设奠定了坚实基础。但云南仍属于后发展和欠发达地区，发展质量不够高，速度不够快，发展不平衡不充分问题十分突出，支撑高质量跨越式发展，更好满足全省人民日益增长的美好生活需要的发展基础还不牢固。比如，以人均 GDP 指标测算，目前云南人均 GDP 仅相当于全国人均 GDP 的 72％左右。"3815"战略发展目标谋划是在准确把握云南在全国发展大局中的突出特点，深化新时代省情认知基础上的动员令和行动方案。云南在产业发展、乡村振兴、新型城镇化、基础设施、基本公共服务等方面存在短板，在改革开放、教育人才、科技创新等方面存在弱项，在安全发展、社会治理、党的建设等方面存在的挑战。"3815"战略发展目标谋划针对上述问题明确了具体任务，直面全省人均地区生产总值、常住人口城镇化率、城乡居民人均可支配收入等低于全国平均水平的客观差距，把"规划图"变成"施工图"，把人民对美好生活的期待变为"实景图"的具体体现。

二、现实基础

实施"3815"战略发展目标谋划，具有客观现实基础。党的十八大以来，云南经济社会建设成效显著，为现代化建设新征程奠定了坚实基础。云南发展势能良好，发展潜力正在释放，发展合力凝聚，发展信心坚定，把握国家重大发展战略和政策交汇叠加机遇，就可能实现后来居上。

（一）综合经济实力实现历史性突破，经济总量持续扩大

从总量看，云南省在全国的排名从第 24 名跃升到第 18 名，从 2012 年的 1.1 万亿元增长到 2022 年的 2.9 万亿元，进步较大。从增速看，2012 年到 2022 年十一年高于全国平均水平近 2 个百分点。2023 年以来，云南抓项目抓招商抓产业明显提速，地区生产总值增速高于全国平均水平。2023 年一季度实现同比增长 4.8%，增速高于全国 0.3 个百分点，超过辽宁上升到全国第 17 名。从长期来看，云南经济将继续实现量的合理增长和质的稳步提升。

（二）基础设施建设实现历史性突破，现代化交通网络基本形成

云南高速公路里程从 2012 年的 2900 多公里，增长到 2022 年突破 1 万公里，翻了 3.5 倍，居全国第 2 位。铁路运营里程 4981 公里，其中高铁运营里程 1212 公里。农村公路超过 27 万公里，居全国第 2 位。以滇中引水为代表的兴水润滇工程全面推进；乌东德、白鹤滩等世界级水电站投产发电，全省电力装机 1.1 亿千瓦、绿色能源占比超过 86%。通

信网络建成 6.6 万个 5G 基站，以及 79 个县级应急广播系统。物流集散网络覆盖广泛，达到 125 个县市区，乡镇快递网点实现全覆盖。

（三）特色产业发展实现历史性突破，现代化产业体系具备基础

云南特色产业正向业态融合、绿色低碳、信息智能、创新驱动方向转型升级，数字经济赋能三次产业的趋势加快。工业结构不断优化，效率提升明显。绿色能源成为第一大支柱产业，绿色铝硅产值突破 1800 亿元、产能规模居全国前列，绿色食品重点产业综合产值增长迅速。农业规模产值扩大，质量效益提高明显。云茶、云花、云咖、核桃、中药材种植面积和产量均居全国第一位，大量新鲜、高品质的蔬菜销往上海、广东、香港等地。文旅行业市场加快恢复，产业优化提质发展，实现高效统筹发展与安全生产。2023 年一季度，接待游客 2.85 亿人次，同比增长 61.1%。旅游业固定资产投资增速加快，集中开工重大文旅项目 85 个。2023 年"五一"假期，云南文旅市场复苏势头强劲，接待游客、旅游收入按可比口径同比分别增长 190.8%、193.7%，比 2019 年"五一"假期分别增长 134.8%、130.4%。

（四）生态文明建设实现历史性突破，绿美云南建设成效斐然

云南突出生态文明建设在全局发展中的地位，地州级城市空气质量优良天数比率在 98% 以上，2022 年居全国第一位。森林覆盖率稳居全国前列。云南生物多样性保护成效突出，绿美云南惊艳全球，云南的国际影响力和美誉度进一步提升。

（五）民生保障改善实现历史性突破，共同富裕取得新进展

云南脱贫攻坚任务全面完成，巩固脱贫攻坚成果与乡村振兴紧密

衔接，提高人民生活水平，教育、医疗服务保障能力与水平全面提升，覆盖城乡居民的社会保障体系基本建立，群众获得感、幸福感、安全感得到提升。2022 年，城镇、农村居民人均可支配收入达到 42168 元和 15147 元，分别比 2012 年翻了一番还要多。民族自治地方经济增速高于全省平均水平，13 个州市和 100 个单位创建成为全国民族团结进步示范州市和单位。

（六）面向南亚东南亚辐射中心建设开创新局面，改革开放纵深发展

云南主动服务和融入国家重大发展战略，积极推进高水平的制度性开放探索，围绕营造市场化、法治化、国际化一流营商环境，对标对表国际经贸规制，全面深化"放管服"改革，突破体制机制藩篱较低制度性交易成本；做好内外统筹双向开放，对内加强与粤港澳大湾区、长三角地区、成渝地区双城经济圈等合作。对外，中老铁路通车运营，中缅印度洋新通道海公铁联运成功运行，与南亚东南亚通航城市数量居全国首位，与周边国家建立多个多双边合作机制。2022 年，云南进出口额超过 500 亿美元，近 11 年来高于全国平均增速，面向南亚东南亚的区位优势、开放优势更加凸显。

总体来看，在准确把握云南高质量跨越式发展的新形势、新省情的基础上，在准确把握云南在全国发展大局中的"四个突出特点"的基础上，云南省委十一届三次全会科学谋划实施"3815"战略发展目标，制定了与全国同步基本实现现代化的任务书、时间表、路线图。

第二节

中国式现代化云南篇章的基本思路和重点任务

一、指导思想

云南省委十一届三次全会明确提出了推进新时代云南社会主义现代化建设的指导思想：高举中国特色社会主义伟大旗帜，以习近平新时代中国特色社会主义思想为指导，全面贯彻党的二十大精神，深入落实习近平总书记考察云南重要讲话和重要指示批示精神，加强党的全面领导，弘扬伟大建党精神，全面贯彻党的基本理论、基本路线、基本方略，统筹推进"五位一体"总体布局，协调推进"四个全面"战略布局，立足新发展阶段，完整、准确、全面贯彻新发展理念，服务和融入新发展格局，坚持稳中求进工作总基调，坚持统筹发展和安全，以推动高质量跨越式发展为主题，以深化供给侧结构性改革为主线，以改革创新为根本动力，以满足人民日益增长的美好生活需要为根本目的，努力在建设我国民族团结进步示范区、生态文明建设排头兵、面向南亚东南亚辐射中心上不断取得新进展，奋力开创新时代云南社会主义现代化建设新局面。

这一指导思想阐明了云南在推进社会主义现代化建设进程中，我们应该"举什么样的旗、以什么样的思想为指导、弘扬什么样的精神、推进什么样的布局、坚持什么样的发展原则、实现什么样的发展、怎样发展、为谁发展"等一系列重大问题，并在此基础上明确了要在建设我国民族团结进步示范区、生态文明建设排头兵、面向南亚东南亚辐射中心上不断取得新进展，奋力开创新时代云南社会主义现代化建设新局面的目标要求。

二、总体思路

云南省委十一届三次全会明确提出了推进新时代云南社会主义现代化建设的总体思路：牢牢把握中国式现代化的中国特色、本质要求和重大原则，立足云南实际，聚焦瓶颈补短板，突出关键强弱项，深挖潜能扬优势，守牢底线保安全，凝心聚力促团结，抓实党建强保证，向深化改革要红利、向扩大开放要活力、向科技创新要动力、向作风效能要实绩，实施"3815"战略发展目标谋划，奋力赶超，后来居上，"三年上台阶、八年大发展、十五年大跨越"，以高质量跨越式发展推进云南社会主义现代化建设，确保与全国同步基本实现社会主义现代化。

这一总体思路谋划了云南推进社会主义现代化建设的战略遵循、战略重点、战略安排和战略目标。云南在推进新时代中国特色社会主义现代化建设进程中，必须深刻领会和把握中国式现代化的科学内涵，立足实际，准确把握云南推进社会主义现代化建设的基础条件，弄清楚自身存在的差距，找准短板和弱项，谋划好发展重点领域，通过"三年上台阶、八年大发展、十五年大跨越"，确保与全国同步基本实现社会主义现代化。

三、奋斗目标

按照全面建成社会主义现代化强国两步走战略安排，结合云南省

"十四五"规划和省第十一次党代会确定的目标任务，推进云南基本实现社会主义现代化分阶段谋划、分步骤实施，未来，云南要完成"三年上台阶、八年大发展、十五年大跨越"的奋斗目标。

三年上台阶（2023—2025 年），实施系列三年行动计划，在补短板强弱项扬优势上取得新突破，在惠民生保安全促团结强党建上取得新成效，在增强边疆民族地区治理能力上取得新进展，到"十四五"末，高质量跨越式发展迈上新台阶。

八年大发展（2023—2030 年），现代化产业体系建设取得重大进展，经济高质量发展取得显著成效，社会事业发展取得明显进步，边疆民族地区治理能力持续增强，人民生活品质大幅提升，人民精神文化生活更加丰富，到"十五五"末，与全国发展差距明显缩小。

十五年大跨越（2021—2035 年），在全面建成小康社会基础上，经过三个五年规划的接续奋斗，闯出云南高质量跨越式发展新路子，各族人民共同富裕取得更为明显的实质性进展，基本建成我国民族团结进步示范区、生态文明建设排头兵、面向南亚东南亚辐射中心，到2035 年与全国同步基本实现社会主义现代化。到本世纪中叶，在实现第二个百年奋斗目标的伟大实践中，建成富强民主文明和谐美丽的社会主义现代化新云南。

到 2035 年要与全国同步基本实现社会主义现代化，未来三年是云南加快高质量跨越式发展步伐的重要阶段。为此，云南省委十一届三次全会结合实际科学谋划了云南省未来三年发展的主要目标：综合经济实力显著提升，全省地区生产总值达到全国中位水平，人均地区生产总值排位上升；居民收入增长和经济增长保持同步，城镇居民人均可支配收入达到全国平均水平，农村居民人均可支配收入接近全国平均水平；全省常住人口城镇化率显著提升；创新型云南建设迈出坚实步伐；绿色低碳发展取得积极成效；民主法治建设扎实推进；基本公共服务水平得到新提升；社会文明程度得到新提高；人民生活品质得到新改善；边疆民族地区治理能力得到新加强；民族团结进步示范区建设更深入，生态文明建设排头兵成效更显著，面向南亚东南亚辐射中心地位更凸显，周边命运共同体建设迈出新步伐；新时代党的建设新的伟大工程取得新进展，风清气正的政治生态得到巩固提升。

第一，综合经济实力显著提升，全省地区生产总值达到全国中位水平，人均地区生产总值排位上升。从静态来看，未来三年，云南年均 GDP 增长需达到 5％，才能实现这一目标。如果以《云南省国民经济和社会发展第十四个五年规划和 2035 年远景目标纲要》所确立的 2025 年云南经济总量达到 3.5 万亿元，则未来三年年均增长需达到 7％左右。从动态发展角度来看，如果目前处于中位的省份同样以 5％的速度增长，云南则需以 9％以上的速度增长。当然，现实经济增长受多种因素影响，以上仅是作一个简单的测算，到 2025 年云南经济总量要达到全国中位水平，发展的压力仍然较大。

第二，居民收入增长和经济增长保持同步，城镇居民人均可支配收入达到全国平均水平，农村居民人均可支配收入接近全国平均水平。2022 年，全国居民人均可支配收入为 36883 元，其中，城镇居民人均可支配收入为 49283 元，农村居民人均可支配收入为 20133 元。云南居民人均可支配收入为 26937 元，其中，城镇居民人均可支配收入为 42168 元，农村居民人均可支配收入为 15147 元。从静态来看，到 2025 年，如果云南城镇居民人均可支配收入要达到全国平均水平，每年需要增加 2300 元左右，年均增长需达到 5.5％左右。而农村居民人均可支配收入需每年增加 1600 元左右，年均增长则需超过 8%。

第三，全省常住人口城镇化率显著提升。2020 年至 2022 年，全国常住人口城镇化率分别为 63.9%、64.72%、65.22%，年均增长 0.66 个百分点；云南省常住人口城镇化率分别为 50.05%、51.05%、51.72%，年均增长 0.84 个百分点，增长超过全国 0.18 个百分点。如果按照《云南省国民经济和社会发展第十四个五年规划和 2035 年远景目标纲要》提出的到 2025 年全省常住人口城镇化率力争达到 60% 的目标，未来三年，每年至少增加 2 个百分点。

第四，创新型云南建设迈出坚实步伐。2022 年，在新材料、绿色能源、数字经济、装备制造等重点产业领域突破关键核心技术 40 余项，开发重点新产品（新材料）及新装备 30 余个。花卉品种、技术、标准数量及推广应用居全国第一。围绕生物医药产业关键节点重大科技需求，组织策划 38 项重大科技项目，研发新产品 9 个，获批上市新药品种 6 个。首次启动实施乡村产业关键技术集成示范项目 32 项，组织实施兴边富民产业发展项目 25 项。全省高新技术企业净增 523 户，增幅达到 25%，增速名列全国前茅。新增备案省级科技型中小企业 1450 户；通过评价入库的国家科技型中小企业 1494 户，同比增长 52%。到 2025 年，全省高新技术企业数量超过 2500 家、营业总收入超过 8000 亿元，高新技术产品（服务）销售收入超过 6000 亿元。

第五，绿色低碳发展取得积极成效。《中共云南省委 云南省人民政府关于完整准确全面贯彻新发展理念做好碳达峰碳中和工作的实施意见》提出：到 2025 年，云南绿色低碳循环发展的经济体系初步形成，清洁低碳安全高效的能源体系初步建立，城乡扩绿增汇取得显著成效。到 2030 年，经济社会发展全面绿色低碳转型取得显著成效，绿色能源强省建设取得显著成效，城乡扩绿增汇水平走在全国前列。到 2060 年，绿色低碳循环发展的经济体系和清洁低碳安全高效的能源体系全面建立，非化石能源消费比重大幅提升，城乡扩绿增汇领先全国，碳中和目标顺利实现，生态文明建设取得丰硕成果。

除以上发展目标外，未来三年还在民主法治建设、基本公共服务、社会文明程度、人民生活品质、边疆民族地区治理能力、民族团结进步示范区建设、生态文明排头兵建设、面向南亚东南亚辐射中心建设、党的建设等方面提出了明确的发展目标。

《中共云南省委关于深入学习贯彻党的二十大精神 奋力开创新时代云南社会主义现代化建设新局面的决定》明确指出，在产业发展、基础设施、乡村振兴、新型城镇化、基本公共服务等方面还存在不少短板，在改革开放、科技创新、教育、人才等方面还存在不少弱项，在安全发展、意识形态、社会治理、党的建设等方面还存在不少挑战。

总之，2023—2025 年是云南加快高质量跨越式发展步伐的重要阶段，要紧密结合实际，切实把党的二十大部署的目标任务，转化为新时代云南社会主义现代化建设的实际行动和工作成效。这一发展目标体现了云南省推进"五位一体"总体布局的要求，体现了云南在社会主义现代化建设过程中完整、准确、全面贯彻新发展理念的要求，体现了云南全面贯彻落实习近平总书记考察云南重要讲话和重要指示批示精神要求。要充分认识到，云南在民族团结、沿边区位、良好生态、绿色能源、高原特色农业、文旅资源、矿产资源、生物资源、劳动力资源等方面具有诸多优势。按照"3815"战略发展目标谋划，坚定发展信心，牢牢把握新时代新征程新的战略机遇，主动服务和融入国家发展战略，奋力闯出一条高质量跨越式发展路子来。

四、重点任务

云南省委十一届三次全会审议通过的《中共云南省委关于深入学习贯彻党的二十大精神　奋力开创新时代云南社会主义现代化建设新局面的决定》提出，聚焦瓶颈补短板，突出关键强弱项，深挖潜能扬优势，守牢底线保安全，凝心聚力促团结，抓实党建强保证；云南省委十一届四次全会审议通过的《中共云南省委关于深入学习贯彻习近平新时代中国特色社会主义思想　着力解难题促发展惠民生的意见》提出，一体推进"三大经济"，坚决打赢经济转型升级攻坚战；另外，省第十一次党代会以来提出了"六个大抓"等推动云南经济社会高质量跨越式发展的重点抓手。

（一）聚焦补短板，着力提升发展水平

第一，补齐产业发展短板，打造具有比较优势的产业集群。省委、省政府印发了《云南省产业强省三年行动（2022—2024 年）》，谋划了高原特色现代农业、绿色铝、光伏产业、先进制造业、绿色能源产业、烟草产业、新材料产业、生物医药产业、数字经济、文旅康养产业、现代物流业、出口导向型产业等 12 个重点产业，明确提出要把市场主体培引作为重中之重，树牢市场化、法治化、国际化理念，以低碳化、集群化、数字化、高端化为方向，以重点园区为载体，以延链补链强链为重点，聚焦重点产业招大引强，着力做深做精做特做

优，促进传统产业转型升级、新兴产业蓬勃发展、未来产业加快布局，努力在产业强省建设上取得突破性进展，把加快发展现代化产业体系作为强省富民的根本抓手，打造一大批具有比较优势和全国乃至国际竞争力的产业集群，为保障国家产业链和供应链安全作出云南贡献。

第二，补齐基础设施短板，全面提升基础设施整体水平。围绕全省基础设施建设补短板，制定基础设施建设三年行动，谋划开工一批重大工程项目，优化基础设施布局、结构、功能和系统集成，提出要着力构建现代化基础设施体系，部署并实施交通基础设施补短板行动、水利基础设施补短板行动、新型基础设施补短板行动、物流基础设施补短板行动、能源基础设施补短板行动、要素保障提升行动、协同产业发展行动、体制机制创新行动等重点措施。

第三，补齐"三农"工作短板，全面推进乡村振兴。围绕夯实粮食安全根基、牢牢守住不发生规模性返贫底线、健全农村劳动力转移就业服务体系、做好集体产权制度改革成果巩固提升工作、深入实施乡村建设行动等作出了安排部署。其中，省委、省政府印发的《云南省农村居民持续增收三年行动方案（2022—2024年)》提出，把一切为了农民增收作为"三农"工作的鲜明导向，夯实农民经营净收入、全力扩大工资性收入、积极增加财产净收入、合理提高转移净收入，多措并举，分享全产业链增值收益，推动全省农民收入持续较快增长，加快缩小云南省城乡居民收入差距及与全国的差距。与此同时，针对农村居民持续增收问题，制定了一系列重点举措，包括提效挖潜，巩固拓展经营净收入；量质并重，全力扩大工资性收入；深化改革，积极增加财产净收入；落实政策，合理提高转移净收入；多措并举，分享全产业链增值收益。

第四，补齐城镇化短板，推进以人为核心的新型城镇化。要优化城镇化空间布局，实施强省会行动，培育发展昆明都市圈，构建昆明中心城市核心；支持曲靖建设云南副中心城市，推动昆玉协同发展，加大红河、楚雄等新型城镇化建设步伐，推进滇中城市群一体化发展；提升区域中心城市和州（市）中心城市功能，提高沿边城镇开发开放水平，促进城市各具特色发展；推进以县城为载体的城镇化建设，加快小城镇建设发展。要实施城乡绿化美化三年行动，实施城市更新居住品质提升三年行动，按照省委、省政府《云南省绿美城市建设三年行动实施方案（2022—2024年）》部署，打造大中小"特色鲜明、景观优美、类型丰富、幸福宜居"的云南绿美城市。

第五，补齐基本公共服务短板，不断提高人民生活品质。要聚焦服务设施更加完善、服务供给趋于均衡、保障能力显著增强、水平效益不断提升、创新升级成效明显等目标，努力到2025年基本公共服务设施更加完善、普惠可及，优质均衡的基本公共服务体制机制基本建立。要在幼有所育、学有所教、劳有所得、病有所医、老有所养、住有所居、弱有所扶、优军服务保障、文体服务保障等方面下大力气提升。要实施就业优先战略，完善重点群体就业支持体系，持续做好高校毕业生及青年就业工作，加强困难群体就业兜底帮扶，支持和规范发展新就业形态，推进多渠道灵活就业。

（二）聚焦强弱项，着力增强发展动力

第一，全面深化改革，着力破除体制机制障碍。围绕打好重要领域和关键环节改革攻坚战，重点在深化国资国企改革、持续深化"放管服"改革、深化要素市场化改革、推动电力体制改革、建立完善社会资本投融资合作对接机制和深化财税体制改革等方面进行了安排部署。其中，在优化营商环境方面，印发了《云南省打造一流营商环境三年行动计划（2022—2024 年)》，提出以下奋斗目标，即以推动高质量发展为主题，以制度创新为核心，对标先进省份和城市的营商环境水平，紧扣促进市场主体倍增，聚焦市场主体关切，进一步转变政府职能，一体推进简政放权、放管结合、优化服务改革，加快打造市场化、法治化、国际化一流营商环境；提出采取一系列行动，包括实施市场环境提升行动、实施创新环境提升行动、实施政务环境提升行动、实施法治环境提升行动、实施人文环境提升行动等。

第二，推进高水平对外开放，以大开放促进大发展。加快打造成为中国联通南亚和东南亚的重要枢纽，推动以中老泰、中越为重点的国际班列班车高效运行，加强与西部陆海新通道重要枢纽的有效衔接。充分利用中国—东盟自贸区、《区域全面经济伙伴关系协定》（RCEP）等，做大做强货物贸易，提升服务贸易和投资质量，推进与周边国家规则、规制、管理、标准联通。

第三，强化科技创新，建设创新型云南。要实施创新驱动高质量发展重点工程，聚焦优势产业、支柱产业、新兴产业和"数字云南"等领域加强核心技术攻关，组建产业创新联合体，促进科技创新与实体经济深度融合。要实施全社会研发投入提升三年行动，提升企业创新话语权、决策权，实施"高升规、规升高"行动，引导国有企业提高研发经费投入水平，强化国有大中型企业研发平台建设，提高企业研发活动覆盖率，推动规模以上企业建立研发机构，支持规模以上企业建立研发准备金制度，推动企业、高校、科研机构建立协同创新机制，大力发展新型研发机构，强化科技金融工作，通过政策激励、措施倒逼、服务推进、考核引导，充分激发各类创新主体开展研发活动积极性，加快提升全省研发投入水平，增强产业发展内生动力，加快建设创新型云南，为全省经济社会高质量发展提供有力科技支撑。

第四，实施教育强省战略，办好人民满意的教育。要全力实施教育高质量发展三年行动计划，坚持把高质量发展作为各级各类教育的生命线，着力扩大优质教育资源供给，着力提高人才自主培养质量，办好人民满意的教育，着力提升教育服务国家战略和云南经济社会发展能力。

第五，实施人才强省战略，创造人才发展最好环境、最优生态。完善人才政策体系，实施好《云南省人才工作督查督办实施细则（试行）》《云南省支持柔性引进人才实施细则（试行）》《云南省"兴滇惠才卡"实施细则（试行）》等政策，推动人才政策落地。紧扣云南区位特点，打造中国（云南）自由贸易试验区人才特区，积极通过"人才飞地""离岸支持""柔性引进"等方式引进国内外高端人才，加快建成我国面向南亚东南亚人才新高地和区域性人才中心。

（三）聚焦扬优势，着力挖掘发展潜能

第一，充分发挥区位优势，全面提升辐射能力。要主动服务和融入国家对外开放战略，积极推动印度洋方向陆海大通道建设和参与西部陆海新通道建设，努力成为国内市场与南亚东南亚市场之间的战略纽带、"大循环、双循环"的重要支撑。积极参与周边命运共同体建设，推进媒体、企业、智库等社会力量与周边国家交流，深化扶贫开发、边境治理、公共卫生、教育科技等领域合作，持续实施"光明

行""心联通·云南行"等民生工程。

第二，充分发挥绿色能源优势，打造绿色能源强省。要保障"西电东送"国家战略，加快金沙江、澜沧江等流域国家大型水电基地建设，推进已建梯级水电站扩机项目，打造"风光水火储"多能互补基地，大力推进数字化绿色智能电网建设，建设国家清洁能源基地和区域国际能源枢纽。要有序开发风电、光伏等新能源，统筹并网消纳，推进"新能源＋"、分布式光伏建设，试点探索新能源微电网、直供电用电模式，推广"光伏＋现代农业""光伏＋水利工程"。

第三，充分发挥高原特色农业优势，打造绿色农业强省。围绕贯彻落实《云南省农业现代化三年行动方案（2022—2024 年）》，聚焦粮食、茶叶、花卉、蔬菜（含食用菌）、水果、坚果、咖啡、中药材、牛羊、生猪、乡村旅游、烟草、蔗糖、天然橡胶等重点产业，从抓产品到抓产业、从抓生产到抓链条、从抓环节到抓体系转变，推动重点产业转型升级、提质增效，实施做优一产、做强二产、做大三产、农业市场主体倍增、科技创新应用、扩大开放合作等重点工程，牢牢守住粮食安全底线。

第四，充分发挥文旅资源优势，打造文化旅游强省。要贯彻落实好《"十四五"文化和旅游发展规划》《"十四五"旅游业发展规划》《"十四五"文化发展规划》等政策文件。要培育一批世界级、国家级旅游产品和业态，高质量发展体制机制不断完善，文化和旅游创新能力显著提升，产业链现代化水平明显提高，实施文化和旅游市场主体倍增培育计划，促进市场主体质量和活力显著增强，现代旅游业体系更加健全，旅游有效供给、优质供给更为丰富，云南旅游在国内外的影响力、竞争力明显增强，擦亮云南旅游金字招牌。要深入实施"文化润滇"行动，建立健全新时代艺术创作体系，打造一批精品艺术力作，推进文化遗产保护传承利用体系不断完善，健全文化和旅游公共服务体系，提高市场监管能力，文化铸魂、文化赋能和旅游为民、旅游带动作用全面凸显。

第五，充分发挥矿产资源优势，打造有色金属产业强省。云南有72种（含亚矿种）矿产的保有资源储量居全国前 10 位，其中锡、铟矿资源储量居全国第一位，铜、铅、锌矿资源储量居全国第二位，同时云南形成了以贵金属、锡、钛、铜等为代表的金属材料产业，以锗、铟、砷、镓、磷、蓝宝石等为基础的光电子与微电子材料产业，以精细化工为重点的化工新材料产业，拥有真空冶金国家工程实验室、稀贵金属综合利用新技术国家重点实验室等国家级创新平台。另外，随着碳足迹评价体系建立和我国碳排放权交易步伐加快，未来具备低碳足迹的新材料产品优势将愈发明显。推进矿业、磷化工产业等转型升级，推动资源规模开发与集约利用、循环利用。打造有色金属加工制造产业基地，大力发展有色金属工业及下游装备制造、电子信息、电力电气等产业集群。打造战略性新材料产业集群，依托铜、锡、锌等矿产资源及铂族金属循环利用优势，打造一批具有核心竞争力的高端新材料领航企业，形成多个先进制造业集群。建设稀贵金属和先进铜材、锡材、铝材、硅材、钛材、锂材等新材料产业基地。建设多品种有色金属储备基地。实施新一轮找矿突破战略行动，完善矿产资源储量动态更新机制。加强与周边国家合作，鼓励本土企业"走出去"合作找矿开矿。

第六，充分发挥生物资源优势，打造生物产业强省。云南有占全国种类总数一半以上的中药资源，建有"中国西南野生生物种质资源库""模式动物表型与遗传研究"等国家重大科技基础设施以及近百个重点实验室、工程研究中心及临床医学研究中心等创新平台，中药材种植面积达 900 万亩、综合产值达 1195 亿元。要推动生物资源优势向生物产业优势转变，实施生物产业集聚培育、前沿领域攻坚、创新基础设施、质量品牌打造、龙头企业培引等工程，培育壮大医药、健康、农业、林业、能源、环保等领域产业集群，打造重点生物产业集聚区。

第七，充分发挥劳动力优势，做好承接产业转移文章。云南已经成为名副其实的劳动力输出大省，根据国家统计局云南调查总队发布的数据，2019—2022 年，云南省农民工数量从 875.3 万人增长至 1010.6 万人。要深化东西部协作，以建好沪滇产业园为抓手，带动云南与先进地区建立产业合作长效机制、利益共享机制、园区合作运营机制，探索建立重点产业转移服务体系。突出抓好产业链招商，成立产业转移工作专班，加强统筹规划，协同招商引资工作，建立产业梯次转移承接机制，制定产业承接指导目录，引导资源优化配置，强化"链主"企业推动产业转移。

（四）聚焦保安全，着力守牢发展底线

第一，持续推进强边固防；第二，坚决守住意识形态安全防线；第三，全力维护国家经济安全；第四，筑牢西南生态安全屏障；第五，加强和创新社会治理。

（五）聚焦促团结，着力凝聚发展合力

第一，高质量推进民族团结进步示范区建设；第二，大力发展全

过程人民民主；第三，加强新时代统一战线工作；第四，全面推进法治云南建设。

五、重要抓手

（一）"六个大抓"

云南省委十一届一次会议提出"六个大抓"，明确了云南发展的"强引擎"。第一，要大抓产业发展，推动产业链延链补链强链，推动产业集群发展，做强实体经济。第二，要大抓营商环境，力争用3年左右时间营商环境实现全面提升并进入全国一流水平。第三，要大抓市场主体，让市场主体多起来、活起来、大起来、强起来。第四，要大抓改革开放，以深化改革激发市场主体活力、激发各类要素潜能，做好内外统筹、双向开放文章。第五，要大抓创新发展，培育更多高科技企业，让科技创新更好服务实体经济、引领未来经济发展。第六，要大抓绿色发展，让生态高颜值与发展高素质齐头并进。

（二）"三大经济"

大力发展资源经济、加快发展口岸经济、全面振兴园区经济是云南省委、省政府在深刻分析比较优势和增长潜力的基础上，作出的重大决策部署，为全省经济发展划出了重点、指明了方向。云南省教育厅等3部门制定了《推动资源经济口岸经济园区经济高质量发展13条措施》等政策，具体内容如下：第一，坚持创新驱动，增强发展动能。重点支持完善创新平台支撑体系、攻克资源经济领域关键核心技术、提升产业链技术创新能力。第二，集聚核心要素，提升创新能级。重点支持高新区打造科技创新高地、推动创新要素向口岸、园区集聚、促进科技成果转移转化。第三，深化产教融合，提升服务水平。重点支持构建高等教育与产业集群联动发展体系、推进产教联合体和共同体建设、建设世界一流新型研究生院。第四，强化政策保障，激发人才活力。重点支持加强创新人才及团队建设，加强专业技术人才服务建设，推进工学一体化技能人才培养，对开发区、园区事业单位绩效工资政策予以倾斜。

六、根本保证

《中共云南省委关于深入学习贯彻党的二十大精神　奋力开创新时代云南社会主义现代化建设新局面的决定》提出，坚定不移全面从严治党，为新时代云南社会主义现代化建设提供坚强保证。包括：第一，坚持把党的政治建设摆在首位；第二，坚持用马克思主义中国化时代化的最新成果凝心铸魂；第三，完善党的自我革命制度规范体系；第四，建设高素质干部队伍；第五，增强党组织政治功能和组织功能；第六，深化作风革命效能革命；第七，坚决打赢反腐败斗争攻坚战持久战。《中共云南省委关于深入学习贯彻习近平新时代中国特色社会主义思想　着力解难题促发展惠民生的意见》提出，深入学习贯彻习近平总书记关于党的建设的重要思想，打造过硬队伍、建强基层基础。

《中共云南省委关于深入学习贯彻党的二十大精神　奋力开创新时代云南社会主义现代化建设新局面的决定》号召：奋进新时代，建功新征程。全省各级党组织和广大党员干部要高举中国特色社会主义伟大旗帜，更加紧密地团结在以习近平同志为核心的党中央周围，全面贯彻落实党的二十大精神，坚定信心、团结奋斗，解放思想、真抓实干，奋力开创新时代云南社会主义现代化建设新局面，为全面推进中华民族伟大复兴作出更大贡献！

第三节

典型案例：云南文旅产业的数字化转型升级

一、基本概况

作为旅游大省，云南"互联网＋旅游"的生动实践开启较早。2017年，云南省委、省政府面对云南旅游市场乱象频生、产业结构不合理的问题，积极探索"互联网＋旅游"实践。云南省与腾讯公司合作建设全域旅游智慧平台"一部手机游云南"，着力重整旅游资源和产品、重构诚信和投诉体系、重建市场规则和秩序、重塑旅游品牌和形象，全力推动旅游业全面转型升级。

"一部手机游云南"全域智慧旅游生态模式，是指由政府引导、企业参与，以数字科技为驱动，以目的地为核心，以资源数字化、数字产业化、产业数字化为主线，利用大数据、云计算、人工智能、区块链、物联网等技术，深耕目的地智慧化管理、服务和游客体验，旨在提升旅游管理部门的现代化治理能力、涉旅企业的精准服务水平和游客的多元化旅游体验，形成开放共享、合作共赢的全域旅游数字生态共同体。

自2018年10月正式上线运行以来，"一部手机游云南"不断推动云南旅游服务与旅游管理智能化、信息化、规范化，助力实现"游客旅游体验自由自在、政府管理服务无处不在"的目标。自项目推出以来，在政府引导、企业参与、市场主导下，不断探索创新、突破重构，在云南"旅游革命"浪潮中砥砺前行，助推了云南文化和旅游新生态构建和全国旅游数字化进程。"一部手机游云南"平台，先后被列为 2020 年文化和旅游部信息化发展典型案例和 2021 年首批智慧旅游提高适老化程度示范案例。

目前，"一部手机游云南"成为云南旅游产业转型升级的新引擎、游客舒心游云南的独特法宝。经过多年的探索实践和完善提升，"一部手机游云南"App 和小程序共建立了 40 个左右的应用场景及 60 余个预约服务信息、预约预订、导游导览等一站式服务功能；"一部手机游云南"已建成"一中心两平台五大统一体系"，即一个云南旅游大数据中心，一个旅游综合管理平台"一部手机管旅游"、一个旅游综合服务平台"游云南"客户端，统一用户身份、统一管理体系、统一支付体系、统一诚信体系、统一评价体系。

二、主要做法

"一部手机游云南"项目开创了"高位推动、多部门协同联动、全省所有州市联动、政府企业游客三端联动"的全域智慧旅游的"云南模式"。该项目将国家政策支持与云南省内统筹推动相结合，在提升游客体验、便利政府管理、带动企业发展等方面下足功夫，做好"互联网＋旅游"文章。主要做法具体表现为：

（一）提升游客体验

面向游客端的"游云南"客户端主要为游客提供旅游咨询、预定、导览、便捷入园、智慧厕所和智慧停车场、交通出行、投诉和退货等服务。截至 2023 年 4 月底，"游云南"App 累计下载量达 4426 万次，累计安装用户数达 862 万人，累计服务人次超过 2 亿次，仅 2022 年平台交易额就达 1.64 亿元。

新冠疫情期间，"一部手机游云南"积极落实"预约错峰限量"出游要求，在 2020 年 5 月上线"分时预约"板块，实现团队游客通过行程单快速预约、核销入园，助力云南旅游业复工复产。此外，"游云南"客户端还相继上线 ETC 充值、洗手点等功能，让旅途更方便。

同时，在云南省各州市，"一部手机游云南"成为提升景区智慧化水平、推进文化和旅游服务体系建设的重要平台。例如，在大理白族自治州，21 个 3A 级及以上景区完成智慧景区建设。此外，云南省昆（明）大（理）丽（江）、昆（明）磨（憨）两条美丽高速公路及怒江美丽公路沿线共 65 个智慧服务区已上线"一部手机游云南"平台，车位、厕所、淋浴间、油价、通知、公告等服务尽在指尖。

（二）便利政府管理

为便于各级政府、文化和旅游部门及时发现和处理问题，有效提供公共服务和旅游信息服务，"一部手机管旅游"平台于 2020 年 4 月上线试运行。这是云南旅游市场治理数字化的重要尝试。

平台集合了投诉、退货、诚信评价（含餐饮企业、酒店住宿、旅行社、旅游汽车公司、租赁车公司、旅游景区、涉旅商品经营户 7 个业态）、旅行社管理、导游管理、综合考核、景区预约等智慧管理功能。目前，云南省各级涉旅管理部门和涉旅企业通过"一部手机管旅游"为游客服务，做到高效服务游客、高效监管市场。

其中，构建"1+16+129+X"旅游投诉处置工作体系是全国首次将政府、游客、涉旅企业纳入同一网络平台上进行投诉处置。目前，已实现99％的投诉24小时办结，平均办理时长在4小时以内，成为全国旅游投诉处置最快的省份。"一部手机游云南"充分利用大数据、人工智能等新技术，架构起强大的数字中枢，实现了旅游治理效能的提升。

（三）带动企业发展

"一部手机游云南"上线截至当前共迭代70余个版本。2021年1月，在"一中心两平台"架构设计基础上，部署上线了面向旅游企业的云南旅游交易平台，实现旅游资源要素数字化和产品管理、交易服务在线化。自此，"游云南"客户端由原来的OTA在线旅游自营模式升级为线上旅行OTP店铺模式。

平台针对旅游企业推出了"双0"模式，即平台0佣金和"T+0"结算模式。这一模式最大限度地缩短了资金占压周期和成本，不仅能提高旅游企业资金周转速度，还能大幅度降低企业的经营成本。同时，新推出的"游云南"旅游交易平台，为旅游企业提供了包括开店、运营、分销、经营管理的一体化工具，为进一步丰富云南旅游产品市场和游客更多优质选择提供了平台。

（四）持续优化运营模式

2020年以来，腾云公司不断优化、完善运营策略。一是建设地面网络服务体系。比如，与红河州建水县合作，落地建设集"30天无理由退货+旅游集散+旅游咨询+游云南会员服务+智慧旅游展示+十大名品展销"于一体的"游云南"服务驿站。二是全方位拓宽流量渠道。通过助力产业复苏奖补政策的牵引，与云南省内 243 家旅游企业累计合作研发 502 款云南旅游新产品。与微信合作，为全省 93 个景区开通"搜一搜"官方品牌区。与交投集团、昆交集团、南方电网合作，接入 ETC（云通卡）充值、省内汽车票预订以及充电桩查询等高频场景应用。三是助力"游云南"客户端宣传推介。仅 2020 年累计完成 140 多场品牌推广活动，整体曝光量达 48.5 亿次；线上投放累计完成曝光量超 12.7 亿次；发布《"一机游"模式发展白皮书》，曝光量达 2.75 亿次。

三、经验启示

通过"一部手机游云南"数字文旅平台，进一步厘清了"政府公共服务与市场旅游信息服务边界"，充分让"有形之手"和"无形之手"结合，云南本土旅游企业通过最低成本的直销通道，在数字化升级的基础上实现企业经营的降本增效。主要经验启示表现为：

（一）探索"互联网＋旅游"模式，推动旅游与科技融合

"一部手机游云南"用科技理念和手段，引领旅游行业传统流程的时代化提升，催生了诸多典型应用和创新模式，对旅游与科技融合进行了积极探索和应用实践。在科技与应用耦合的广泛性和融合度上，在统筹政府和市场深度协同方面，其资源实质性整合和发展运营模式创新实践对行业今天推动"互联网＋旅游"有积极的示范和借鉴作用。

"一部手机游云南"将对客服务与旅游服务管理相结合，不仅为

文旅服务提供了解决方案，也实现了"一部手机管旅游"。其中，"一部手机管旅游"建设运营解决方案，运用智慧化手段，推进多级监管、协同监管、大数据监管和信用监管等新型监管模式，实施动态监管。利用信息化手段创新旅游市场监管机制，提升监管效率。目前，"一部手机管旅游"平台已为政府管理部门提供景区预约、旅游投诉管理、旅游商品退货处置、旅游综合监管考核、文旅网络信息监测、涉旅企业诚信评价、旅游资源信息管理、涉旅信息综合管理等 13 项服务，实现了全省各类文旅业务的数字化、移动化协同办公，实现了旅游评价、督办管理、监管考核、准入准出、引导改进的全面闭环，更好地提升了文旅管理单位的管理效率和涉旅企业的服务品质，为游客提供了权威、全面、智慧、便捷的服务。

（二）以智慧化方式提升产业效能，推动产业数字化升级

"一部手机游云南"从 To G、To B、To C① 端存在的问题入手，着重解决文化和旅游产业流程复杂、链条冗长、客户数多、需求不尽相同等难点。集全域旅游、智慧科技、大数据共享于一体，横向融合技术能力、营销能力、资源整合能力等核心优势，发挥集成效应，纵向构建云南文化和旅游产业链，共建旅游规划、投资、建设、运营和服务的一体化平台，以智慧化方式提升产业效能，推动产业数字化升级，成为中国文化和旅游产业转型升级的典范。

（三）数字赋能个性化旅游服务，发展个性化体验式旅游

"一部手机游云南"涵盖了游前、游中及游后的整个旅游生命周

---

① To G（政府资源）指的是针对 G 端市场的目标客户；To B（企业之间资源）指的是针对 B 端市场的目标客户；To C（消费者资源）指的是针对 C 端市场的目标客户。

期，从一键投诉到退货无忧，从智慧导览到智慧厕所，从识花君到所购即所得，从大众化旅游线路预订到个性化智能推荐定制，全方位解决了旅游场景中"吃住行游购娱"各个核心要素。

从千篇一律的传统观光型旅游到千人千面的个性化体验式旅游，云南省大力推广的高端智慧旅游平台"一部手机游云南"给出了不一样的实践，诠释了什么是从旅游大省迈向旅游强省的抓手，如何以数字化、智能化为依托，帮助传统产业转型升级，使工业化生产成本产生个性化旅游服务体验成为可能。同时，也率先垂范了"互联网＋旅游"的转型升级实践，回答了智慧旅游"智从何来"的问题。

（四）创新推动旅游数字化发展，推动旅游业可持续发展

面对各地竞相发展态势，"一部手机游云南"不断结合国家新战略、技术新模式、产业新要求、游客新需求，实现创新发展和可持续发展。第一，以区域为导向。最大程度地体现云南特色，解决云南旅游的实际问题。第二，以技术为推动。充分利用新技术新方法，不断进行升级更新。第三，以运营为目标。充分调研市场需求，深度下沉运营旅游服务体系，同时提高旅游服务水平和服务质量。第四，以数据为基础。持续运维旅游大数据中心，不断开发适应开放社会信息体系的数据体系，全面推动地方数字化治理和产业转型升级。

四、研讨题

1. 文旅产业如何加快数字化升级？

2. 未来产业数字化趋势如何把握？

第十一讲

以高水平安全保障高质量发展

11

党的十八大以来，我国面临更为严峻的国家安全形势，外部压力前所未有，传统安全威胁和非传统安全威胁相互交织。习近平总书记高瞻远瞩，创造性地提出总体国家安全观，推动中国特色国家安全理论和实践实现历史性飞跃，为做好新时代国家安全工作提供了行动指南和根本遵循。习近平总书记强调，"坚持统筹发展和安全，坚持发展和安全并重，实现高质量发展和高水平安全的良性互动"①。新时代新征程，我国经济社会发展对良好的内外部安全环境需求更大、对国家安全状态水平要求更高。云南作为祖国西南的重要门户和战略通道，在国家总体安全格局中具有特殊作用、特殊责任、特殊使命，必须自觉把全省国家安全工作放到全国国家安全大局中来谋划和推进，立足云南省情实际、发展现状、区位条件、内外环境，加快建设我国面向南亚东南亚辐射中心，在高质量跨越式发展中提高维护国家安全的能力，在维护和塑造国家安全中增强发展的安全性、稳定性。云南始终牢记习近平总书记的谆谆嘱托，深刻领悟"两个确立"的决定性意义，切实增强"四个意识"、坚定"四个自信"、做到"两个维护"，深入践行总体国家安全观，统筹发展和安全，坚决担负起维护边疆稳固的重大政治责任，筑牢祖国西南安全稳定屏障，坚决守好祖国西南大门。

---

① 《习近平谈治国理政》第 4 卷，外文出版社 2022 年版，第 390 页。

第一节

准确把握云南在国家安全格局中的
定位及面临的形势任务

一、准确把握云南在国家安全格局中的定位

需要从历史和现实两个维度准确把握云南在国家安全格局中的定位。

（一）历史维度

从西南边疆形成发展及历朝历代治理边疆的视角来看，云南所处的位置和所能发挥的作用都十分突出。云南地处祖国西南边疆，是人类最早的发祥地之一。夏、商、周时期的诸侯国就开始经营这一地区，战国末期"庄蹻入滇"为秦汉时期在云南设置郡县打下了良好基础。秦王朝进一步推行开发云南的政策，修"五尺道"，在云南派官置吏，云南与内地的联系进一步加强。西汉继承秦王朝开发西南边疆的政策，汉武帝设置益州郡，赐滇王金印，标志着云南地区接受中央王朝直接统治。东汉在西汉的基础上，设立新的统治机构，使云南的统治得到进一步加强。魏、蜀、吴三国鼎立时期，云南与贵州、四川西南部统称为"南中"，作为蜀国的一部分。西晋时期，诸王争权混战，政局动荡，云南建置多次调整。南北朝时期，中原内乱严重，宋、齐、梁、北周等王朝都把云南纳入其统治范围，内地人民为避战乱，不断迁入云南境内，出现汉地移民云南的高潮。隋朝统一中原

后，采取措施消除云南的地方割据，云南被重新置于中央王朝的直接统治之下。唐初在云南置 16 个州，起用当地少数民族首领为羁縻制的长官，初步恢复了汉晋时中央王朝在云南设置郡县的规模。^① 当南诏崛起并与吐蕃联合时，无论是经济实力还是军事实力都显著提升，云南地区也首次登上了东南亚的政治舞台。宋朝统治者为避其锋芒以大渡河为界，承认安南独立并与大理国分而治之。元朝重视西南边疆，通过在云南设立行省，产生了重要而深远的影响，也是西南边疆史乃至亚洲史上的一个转折点。^② 明朝实现卫所地区内地化，三征麓川割据势力获胜，对构建统一多民族国家作出了重要的贡献。明朝云南南部疆界被迫内收，凸显邻邦因素之重要。清朝时期的西南边疆，更多地参与全国的政治生活与经济生活。清廷重视与缅甸、越南的关系，表明西南边疆的战略地位日趋重要。云南在保障西南疆域安全和建立统一的多民族国家以及发展国家对外政治、经济和外交关系中都发挥了积极作用，这种作用在元明清时期尤为明显。中原王朝对西南边疆的治理模式不断演化，不论是从羁縻职官制度到藩王镇边、流官和土司的三重军政管理结构还是到平定三藩和改土归流，都凸显了云南在西南边疆乃至整个国家的安全稳定中所处的重要位置。在这一历史进程中，还形成了云南独特的边屯文化，正是有边屯文化的浸润，成为云南人民战胜困难的基因来源，各族人民奋勇抗争，坚决反对外来经济文化侵略，为云南、为国家、为民族建功立业。^③

近代史上，云南是帝国主义国家竞相争夺的地区，成为近代中国

---

① 《云南省情》编委会编：《云南省情：2021 年版》，云南人民出版社 2022 年版，第 75—77 页。

② 宋才发、王颖慧：《西南边疆地区社会治理法治化问题探讨》，《贵州民族研究》2019 年第 7 期。

③ 张佐：《云南边屯文化的传播与形成》，《云南社会科学》2014 年第 1 期。

重要的国防前沿。鸦片战争后，英、法两国在南亚和东南亚展开了激烈争夺，继而将侵略的矛头指向云南，企图在云南建立各自殖民地。英、法等国家的步步逼近使西南边疆的地缘政治环境发生了深刻变化，云南成为近代中国重要的国防前沿。1875 年，英国武装探测队进入滇西腾冲地区，遭到云南景颇族、傣族、汉族等各族民众的强烈抗击，迫使英国武装探测队退回缅甸。这是一场反对英国殖民主义势力由缅入滇而掀起的一场伟大的爱国主义运动，在云南抗英史上独树一帜，在中国近代反侵略战争史上亦有着极其独特而重大的历史意义，是云南近代史上首次爆发的反殖民主义运动。1883 年，法军入侵滇东南，苗族项崇周组织苗族、瑶族、壮族、傣族、汉族等各族人民英勇抗击拥有先进武器的法军，多次取得胜利。在路权的争夺中，法国从清政府的手中取得滇越铁路云南段的修筑权，1910 年 1 月 1 日通车，是当时云南唯一的铁路，也是中国最早通向境外的铁路。英国企图修筑滇缅铁路，但在云南人民高涨的争保矿权路权的抵制下遭到失败。辛亥革命后，为挫败袁世凯妄自称帝、开历史倒车实行独裁统治的阴谋，以唐继尧为都督、蔡锷为代表的爱国将领在云南首举义旗，大获全胜之后，万众欢腾，争相庆贺。《云南会城护国门碑记》有记载称：天南一隅，揩拄中原；兴师仗义，劳哉滇人。乃巩国基，乃辟垣门。[①]充分肯定了云南在维护国家安全中的重要地位和作用。1911 年，英国派出了一支 2000 多人的队伍入侵中国片马地区，焚烧汉文化学堂、设立兵营、实行武装占领、设官治理……云南各族人民反抗、全国人民抗议，清政府和民国政府都不承认英军对片马的占领。1926 年，英国被迫承认片马是中国的领土，这也为我国后来最终收回这一地区打

---

① 参见张诚、马颖生主编：《云南会城护国门碑记》，云南美术出版社 2015 年版。

下了基础。1934 年，英帝国主义武装侵占佤族班洪和班佬等部落共管地区的银矿，"班洪事件"发生，班洪王胡玉山召集佤山的 17 部落王开紧急会议，剽牛盟誓，出兵抗击英军，得到了全国人民的声援，为维护国家统一和领土主权作出了贡献。

云南在我国经济史和对外交往史中占有重要位置，为维护国家经济安全作出了突出贡献。早在 2000 多年以前，云南就是我国与南亚东南亚之间的陆路通道。古代的南方丝绸之路，包括蜀身毒道、茶马古道、安南道、大理买马道、伊洛瓦底江水道、西江水道、红河水道等，把云南与印度洋沿岸国家紧密地联系在了一起。明、清以来，大量的云南人前往南亚东南亚从事商贸活动，商号遍及缅甸、印度、老挝、越南各国。抗日战争时期，滇缅公路、滇越铁路成为支撑中国抗战的重要生命线，云南在国家安全中扮演了更为特殊的角色，大批工矿企业、高校及研究机构迁往云南，保存了国家经济建设及教育文化的精华，如我国第一条通往国外的铁路——滇越铁路、我国第一座水电站——石龙坝水电站、昆明电缆公司生产的我国第一根电线、云南北方光电仪器有限公司设计制造出的我国第一台军用望远镜等。日寇入侵滇西后，西南边疆成为全国最早反攻并获得全面胜利的正面战场。中华人民共和国成立之初，当时国际上的反华势力对新中国实行严密的经济封锁，其中就包括橡胶禁运。橡胶的缺乏，严重地影响到新中国工业的发展。云南的西双版纳州自那时起就承担了发展天然橡胶种植的任务，为中国的工业化计划提供了关键原料。

云南自然资源丰富，是重要的生物生态安全屏障。云南素有"生物多样性宝库""动物王国""植物王国""有色金属王国""世界王国"等美誉，早在 100 多年前，云南就立法保护森林资源，清光绪三十四年（1908 年），云南临安府知府制定颁布了《奖励开垦种植章程》，对栽植树木作出了明确和具体的规定。虽然这是一部地方性法规，但从目前的历史文献研究来看，《奖励开垦种植章程》是我国近代历史上最早的一部有关森林的专门法规，比清宣统元年（1909 年）清朝政府颁布的《推广农林简明章程》还要早一年。这源自云南人民对自然资源保护利用的超前意识和不断探索，《奖励开垦种植章程》的制定和颁布与当时中国特殊的历史背景，以及云南独特的自然与社会环境有着密切关系，可以说正是在上述因素的共同作用下，中国最早的有关林业的法规章程，才有可能和有条件首先出现在地处边疆的云南，也使得云南这个被认为是落后和闭塞的省份，在近代森林法治的领域"敢为天下先"，走在了全国前列，开风气之先。[①]

（二）现实维度

世界百年未有之大变局越是演进，中华民族伟大复兴的进程越是向前发展，我国国家安全所面临的风险考验也越来越复杂。新中国成立 70 多年来，改革开放 40 多年来，我们国家发生了翻天覆地的变化，创造了经济快速发展奇迹、社会长期稳定奇迹。2008 年国际金融危机以来，国际力量对比发生了明显变化，世界的不确定性增强。一方面，以美国为首的西方国家实力相对下降，其"控制"和"支配"世界的能力也在下降；另一方面，以中国为代表的新兴力量迅速"崛起"，在世界经济中所占比重不断增加。中国的崛起使得以美国为代表的一些西方国家感到不安，这些国家的战略焦虑升级，形成了一些

---

① 尹仑：《中国第一部林业法规——云南临安府〈奖励开垦种植章程〉》，《云南档案》2021 年第 4 期。

新的安全矛盾，有时会演化为安全冲突，甚至可能会陷在"安全困境"中出现一种恶性循环。

国家安全风险挑战增多，我国的周边安全形势更趋复杂。虽然中国周边大多数国家都不愿意在中美之间选边站队，但个别国家和势力积极迎合、策应、配合美国的对华遏制战略，对中国周边安全环境构成严峻挑战。

云南肩挑两洋、接壤老越缅三国，是我国唯一同时比邻东南亚和南亚的省份，是对外开放的前沿和通道，同时也是国内和国际安全风险的叠加地带。党的十八大以来，党中央高度重视周边，习近平总书记多次在重要场合提出中国始终将周边置于外交全局首要位置的重要论断。2013 年中央召开了新中国成立以来的首次周边外交工作座谈会，习近平总书记在会上指出："无论从地理方位、自然环境还是相互关系看，周边对我国都具有极为重要的战略意义。"① 近年来，尽管中国周边安全形势复杂多变，部分地区动荡不安的不稳定不确定性因素增多，但总体保持和平稳定，为区域合作创造了良好的环境，也成为中国崛起的重要战略依托。边防稳固，国之大计，云南安全稳定对国家安全战略的权重不断增加，成为维护国土、军事、政治、经济、文化和社会等安全的重要前沿。党和国家高度重视云南的经济社会发展和突出的战略位置，在"兴边富民行动"、"西部大开发"、"桥头堡"、"一带一路"倡议、《区域全面经济伙伴关系协定》的签署以及中老铁路的建设通车等国家重大战略部署中，都将云南放在重要突出的位置上，这些重大战略部署事关国家全局和云南经

---

① 习近平：《为我国发展争取良好周边环境推动我国发展更多惠及周边国家》，人民网，2013 年 10 月 26 日。

济社会的发展，同时也包含全局性、战略性的维护国家安全之义，对于确保 21 世纪中国的社会政治稳定和维护国家安全与利益具有重要的现实意义和深远的历史意义。

二、清醒认识云南国家安全工作的形势任务

习近平总书记深刻指出，云南民族问题、宗教问题、边境问题相互交织，要求我们不断增强边疆民族地区治理能力。长期以来，云南国家安全工作面临各种复杂因素的叠加影响，既有来自经济、生态、公共安全等领域的风险挑战，也有来自文化、网络、意识形态等领域的风险挑战。在清醒认识云南国家安全工作的复杂形势的基础上，才能积极有效应对各类外部和内部的国家安全风险挑战，有效维护国家安全。

（一）外部安全风险

在世界进入动荡变革期的大背景下，中国周边地区和"一带一路"沿线国家的政局变化和内部冲突可能会影响中国边境安全，威胁中国海外利益。云南比邻南亚东南亚国家，部分国家有着极为深刻复杂的内外矛盾，这些地区存在的安全风险也会外溢至云南，云南需要通过积极参与区域和次区域合作与相关国家尤其是与云南接壤的这些国家的边境省份共同发展、共建繁荣、共享安全。

（二）民族宗教领域风险

云南是全国民族工作任务最重的省份之一，做好民族工作，事

关云南发展的全局，事关云南乃至全国的安全稳定。根据第七次全国人口普查数据，云南全省总人口为 4720.9 万人，少数民族人口为 1563.6 万人，占 33.12％。而且具有世居民族最多、跨境民族最多、人口较少民族最多、民族自治地方最多、实行区域自治的民族最多、民族文化最为多元等鲜明特征。云南省的边境地区包括红河、文山等 8 个州市，边境线长达 4061 公里，与缅甸、老挝、越南毗邻。在云南的 8 个边境州市中，跨界民族地区与境外的跨界民族地区相连成片，呈现地域广阔、民族众多且相互交错、交往密切的特点。与中国一样，云南周边的缅甸、老挝和越南等国家都是多民族的国家，少数民族众多，云南比邻的跨界民族的地区，在各国均属边疆少数民族聚居的地区，该区域总人口的 50％ 以上是少数民族。[①]

云南跨界民族地区宗教的多样性和同一跨界民族宗教的相似性，也为宗教渗透提供了一定的便利，带来了一定的宗教安全挑战。长期以来，西方敌对势力常常利用我国边境地区的民族、宗教等问题制造事端、企图遏制中国的发展。境外宗教文化的渗透，增加了处理云南边疆、边境各少数民族宗教文化问题的复杂性。云南边境地区还存在着跨国毒品贩卖、人口非法流动等问题。因此，需要时刻铸牢中华民族共同体意识，做好云南的民族宗教工作，全面推进民族团结进步示范区建设。

（三）生物生态安全风险

云南是西南生态的安全屏障，承担着维护区域、国家乃至国际

---

① 张金平：《云南跨界民族的宗教安全问题探析》，《云南民族大学学报（哲学社会科学版）》2010 年第 4 期。

生态安全的战略任务。云南建设生态文明排头兵，重点任务就是要维护生物安全和生态安全，筑牢国家西南生态安全屏障。云南肩负着西部高原、长江流域、珠江流域三大生态安全屏障的建设任务，地处众多国际、国内河流的上游或源头，生态区位极其重要。云南是我国生物多样性最丰富的省份，是我国重要的生物多样性宝库和西南生态安全屏障，有着"植物王国""动物王国""世界花园"的美誉，也是全球 36 个生物多样性热点地区中"中国西南山地""东喜马拉雅地区"及"印度—缅甸"三大区域的核心和交汇区域，是全球生物物种最丰富且受到威胁最大的地区之一，云南的生物多样性在中国乃至全世界占有十分重要的地位。生态环境是云南的宝贵财富，也是全国的宝贵财富。云南承载着维护生态安全、生物安全、经济安全等多重任务。从安全上看，云南生态的优越性与脆弱性是并存的，一旦出现问题，势必对区域、对国家乃至对国际的生态安全都会造成严重的影响。对云南而言，保护好生态环境就是"国之大者"。习近平总书记赋予云南努力成为生态文明建设排头兵的定位，不是一般的要求，而是重要的政治要求。

云南作为全国唯一野生生物种质资源库，具有重要的战略意义和重大价值。在经济安全领域、生物安全领域的窃密与反窃密斗争一直在进行，境外机构对云南省种质资源、珍稀资源和工艺诀窍的窃取是非常严重的。① 云南还面临着严峻的外来物种入侵问题。2016 年至 2020 年，昆明海关共检疫截获有害生物 1110 种、187140 种次，其中检疫性有害生物 88 种、31361 种次。② 2019 年 5 月 21

---

① 周在群：《云南大开发战略与国家安全》，《国家安全通讯》2000 年第 11 期。
② 《云南防止外来有害生物入侵　筑牢国门生物安全防线》，中国政府网，2021 年 4 月 14 日。

日，云南发布《云南省外来入侵物种名录（2019 版）》，这是我国首个省级外来入侵物种名录。[①] 例如，草地贪夜蛾是近年入侵我国的外来有害生物典型物种。云南是全国阻击草地贪夜蛾的第一线，发生和防治面积占全国的 60％以上。[②]

由于特殊的地形地貌、气候条件、水资源特点和人口经济状况等因素影响，云南仍面临水资源短缺等挑战。以滇中城市群的水安全现状为例，昆明市多年平均降雨量为 1000 毫米，人均水资源量为 905 立方米，其中，滇池流域人均水资源量不足 200 立方米，是我国严重缺水城市之一。玉溪和红河中心城区不足 500 立方米，曲靖中心城区和楚雄楚南经济带不足 800 立方米。[③] 同时，云南处于多条国际河流的上游，是"同饮一江水 澜湄一家亲"澜湄合作的主要参与省份，在维护澜湄水资源安全及防范相关领域风险方面承担着重要作用。云南水文系统自 2021 年起，积极服务国家外交大政方针，对湄委会及五个湄公河五国（越南、老挝、柬埔寨、泰国、缅甸）开展国际报汛工作，开展不同程度的数据共享工作，为下游防洪抗旱、水资源管理、保护沿岸各国人民生命财产安全发挥了十分重要的作用，为推进国际睦邻友好和共同繁荣发展作出了贡献。

（四）跨境安全风险

边境安全是实现总体国家安全的重要组成部分，涉及我国的国土安全、国防安全、政治安全、文化安全、社会安全、生态安全等

---

① 《〈云南省外来入侵物种名录（2019 版）〉发布》，中国科学院网站，2019 年 5 月 23 日。

② 杨静：《虫口夺粮：云南打响外来物种阻击战》，《瞭望》2022 年第 6 期

③ 云南省水利厅：《云南省滇中城市群水安全规划（公开征求意见稿）》，云南省人民政府网站，2021 年 2 月 2 日。

内容。习近平总书记考察云南时指出，云南经济要发展，优势在区位、出路在开放。他强调："越是开放越要重视安全，统筹好发展和安全两件大事。"①

当前，云南依然面临着诸多跨境安全风险挑战。例如，跨境贩毒、跨境网络诈骗案件多发、周边国家政治局势动荡的外溢效应凸显以及新冠疫情、登革热和艾滋病等跨境公共卫生安全叠加的隐忧。云南处于全国禁毒斗争的前沿阵地，因毗邻"金三角"，云南成为许多毒贩入境的走私通道和必经之地。我国西南边境贩毒活动突出，毒品主要来自境外，绝大多数来自"金三角"地区，仍是现阶段中国毒情的主要特征。从 2018—2022 年间全国法院一审审结毒品案件排名前 10 的省份来看，我国禁毒斗争的主战场仍在西南，云南也位列其中。2021 年全年缴获海洛因 1.81 吨，同比下降 52.1%，其中来自"金三角"地区 1.78 吨、"金新月"地区 22 公斤，分占缴获总量的 98.8% 和 1.2%。缴获冰毒 15 吨，同比下降 29.3%，其中来自"金三角"地区 13.4 吨，占缴获总量的 89.3%。2022 年，云南出入境边防检查总站共查破毒品案件 644 起 1001 人，缴获毒品 7.6 吨，占全国移民管理机构查获毒品数的 85%。包括中国、老挝、缅甸和越南在内的澜湄流域地区是全球艾滋病防控形势最为严峻的地区之一。老挝、缅甸和越南等国家还是登革热发病数较多的国家，受这些国家的影响，云南和广西等边境省份均出现过登革热的本地暴发。还有近年来，每年春季尤其是三四月份开始的跨境烟霾问题比较突出，对云南的空气质量和环境保护带来不小的挑战。2023 年 3 月以来，酷热干旱及春季大规模农业垦植致使老挝、泰

---

① 《十九大以来重要文献选编》（中），中央文献出版社 2021 年版，第 764 页。

国、缅甸三国交界地区、越南北部多处连日爆发山火，所产生的严重烟霾天气已导致老挝中部省份，泰国清迈、清莱及缅甸掸邦地区空气质量（AQI）持续保持在 400 以上的危险水平，PM2.5 指数远超世界卫生组织建议限值的 27 倍，超 200 万人因呼吸道疾病而被迫住院，随着湄公河流域近十年最严重的空气污染来袭，东盟国家治理跨境烟霾的努力正在遭受前所未有的挑战。①

（五）其他领域安全风险

云南历来是自然灾害频发、多发的省份之一，自然灾害形势复杂严峻。以 2022 年为例，据统计各类自然灾害共造成 16 个州（市）127 个县（市、区）1042.82 万人次不同程度受灾，因灾死亡失踪 67 人，紧急转移安置 1.88 万人次；农作物受灾面积 814.34 千公顷，绝收面积 111.43 千公顷；房屋倒塌 462 间，严重损坏 2501 间，一般损坏 2.96 万间；灾害造成直接经济损失 123.62 亿元。与 2021 年相比，受灾人口、死亡失踪人口、农作物受灾面积、直接经济损失分别增加 27.56％、139.29％、48.88％、12.06％。②

云南省遭受的网络安全攻击也持续居高不下。网络攻击手段、攻击模式不断升级，有组织、有目的的网络攻击愈加明显。据云南省信息通信行业抽样监测数据显示，2022 年以来，云南省骨干通信网络月均发现计算机恶意程序 30 余万次、移动恶意程序 3 万余次、恶意 IP 地址近 2 万个、恶意域名 25 万余个、拒绝服务攻击流量近

---

① 毕世鸿、张程岑：《东盟跨境烟霾问题及其治理合作》，《南洋问题研究》2019 年第 3 期。

② 《2022 年云南省自然灾害情况》，云南省应急管理厅网站，2023 年 1 月 1 日。

15T（15 太字节）。①

　　云南在安全生产方面也面临严峻的风险挑战。2022 年，全省生产安全事故总量和死亡人数同比分别下降 23.9％、25.6％；较大生产安全事故起数和死亡人数同比分别下降 45.5％、40.2％；连续 37 个月未发生重大生产安全事故，全省安全生产形势持续稳定。但是，重点行业安全风险隐患仍较大，如煤矿行业共发生事故 9 起、死亡 20 人，同比分别增加 4 起、14 人，上升 80％、233.3％，其中较大事故 3 起、死亡 14 人，同比增加 3 起、14 人。

---

①　注：资料源自云南省通信管理局。

以高水平安全保障高质量发展的
云南实践与未来路径

云南地处边疆，各类风险矛盾相互交织、相互关联、易变多变。云南坚持守土有责、守土负责、守土尽责，一以贯之把防范和化解重大风险作为国家安全工作的主线，牢牢把握国家安全和社会稳定工作主动权，坚决守住不发生系统性区域性风险的底线，在以高水平安全保障高质量发展的进程中不断勇于实践与探索。

一、云南实践

"治国必治边"①，边境稳则社会稳，边境安则全局安。一直以来，各族干部群众坚决做好新时代强边固防工作，坚持守边有责、守边负责、守边尽责，扛起为国守边政治责任，千方百计筑牢边境管控和新冠疫情防控的"铜墙铁壁"，不断巩固和拓展经济平稳健康发展、民族团结进步、人民安居乐业、社会和谐稳定、边疆稳固安宁的良好局面。

（一）持续推进强边固防

持续巩固"组织强边、守土固边、富民兴边、和谐稳边"的工作

---

① 《习近平在中央第七次西藏工作座谈会上强调　全面贯彻新时代党的治藏方略　建设团结富裕文明和谐美丽的社会主义现代化新西藏》，《人民日报》2020 年 8 月 30 日。

成果。在边境一线建起强边固防和疫情防控联防所、哨卡点、执勤点，并建立临时党支部；边境县普遍构建了乡镇党委、村级党组织、村民小组党支部、党员中心户四级联防联控网格体系；深化军民合作，压实"五级书记抓边防"责任，实行边境线"五级段长制"，全面推进边境立体化防控设施建设，健全边境联防体制机制，选配联防员入驻边境联防所，基本建成人防、物防、技防相融合的边境立体化防控体系。深化国际执法合作，持续开展打击走私、偷渡、赌博、电信诈骗等跨境违法犯罪专项行动。加快打造边疆党建长廊示范带，优先把沿边行政村（社区）建成现代化边境幸福村，实现边民富、边关美、边防固。

（二）坚决守住意识形态安全防线

牢牢掌握党对意识形态工作领导权，全面落实党委（党组）意识形态工作责任制和网络意识形态工作责任制，构建网上网下一体、内宣外宣联动的主流思想舆论格局，广泛践行社会主义核心价值观。建强县级融媒体中心，构建省、州（市）、县（市、区）三级联动的全媒体传播体系，建设面向南亚东南亚区域性国际传播中心。健全网络综合治理体系，完善网络舆情监测预警、应对处置和舆论引导机制，深入开展"云岭净网"专项整治行动，多措并举坚决守住意识形态安全防线。

（三）全力维护国家经济安全

在以习近平同志为核心的党中央坚强领导下，全省上下团结奋斗，难中求进、干中求进、变中求进、稳中求进。全力稳经济、增动能、惠民生、防风险、保稳定，突出做好稳增长、稳就业、稳物价工作，守住了不发生规模性返贫的底线、生态环境质量只能更好不能变坏的底线、不发生规模性疫情和系统性风险的底线，在经济发展、基础设施建设、新能源新材料和电池产业发展、高原特色农业发展、营商环境优化和市场主体培育、进出口特别是中老铁路运营、强边固防、民生保障等方面取得了明显进展，全省经济发展呈现持续恢复、稳中向好的良好态势。狠抓宏观经济调控，稳中向好态势更加巩固。积极壮大"三大经济"，新动能加速释放。加快重大项目建设，筑牢经济发展基础。

云南努力健全重要产业链供应链风险监测预警和研判处置机制，维护产业链供应链安全与防控疫情相结合，强化重点产业链核心环节管控，保证重点企业正常生产和运输渠道畅通。加强重要战略物资储备，实现粮食、能源资源、战略性矿产资源、重要产业原材料等关键领域安全可控。健全财政风险防控体系，强化预算约束和绩效管理，兜牢兜实基层"三保"底线。强化金融稳定保障体系，依法将各类金融活动全部纳入监管，强化省属国有企业债务约束，持续深入打好防风化债主动仗，牢牢守住不发生系统性风险底线。强化企业境外投资监管和服务，构建海外利益保护和风险预警防范体系。

(四) 筑牢西南生态安全屏障

绿美云南建设全面开启，西南生态安全屏障逐步牢固。云南以创建生态文明建设排头兵为统领，坚持山水林田湖草沙一体化保护和系统治理，实施国土空间规划和城乡环境整治十大工程。健全现代环境治理体系，强化污染物协同控制和源头防控，以更高标准打好蓝天、碧水、净土保卫战。实施全面节约战略，完善绿色低碳循环经济体系，统筹推进节能减排十大重点工程，推动形成绿色低碳的生产方式和生活方式。实施重要生态系统保护和修复重大工程，以国家重点生态功能区、生态保护红线、自然保护地等为重点，统筹推进森林云南建设和国土绿化行动，做好高黎贡山生物生态安全风险防范与保护工作。持续推进九大高原湖泊保护治理，以革命性举措抓好重要江河湖库保护治理。稳步推进自然保护地整合优化和建设管理，争取创建亚洲象、哀牢山、香格里拉、高黎贡山等国家公园。拓展2020年联合国生物多样性大会（COP15）后续效应，实施生物多样性保护重大工程，推动建立生态环境保护跨省跨境合作机制，强化外来入侵物种防控，共同维护国际区域生态安全。[①]

（五）加强和创新社会治理

加快建设更高水平的平安云南。坚持和发展新时代"枫桥经验"，推动社会治理重心下移，健全矛盾纠纷多元化解机制，规范和加强新时代信访工作，完善网格化管理、精细化服务、信息化支撑的基层治理平台，推进各级综治中心规范化建设、实体化运行，健全共建共治共享的社会治理体系，提升群防群治水平。加快推进市域社会治理现代化试点工作，创新推动市域、基层、网格分层治理，探索打造边疆民族地区社会治理的"云南样本"。完善社会治安整体防控机制，依法严惩群众反映强烈的各类违法犯罪活动，推进扫黑除恶常态化，打好新时代禁毒人民战争。提高公共安全治理水平，健全应急管理体

---

① 《中共云南省委关于深入学习贯彻党的二十大精神 奋力开创新时代云南社会主义现代化建设新局面的决定》，云南省人民政府网站，2022年11月28日。

系，深入开展安全生产专项整治三年行动，全面提升防灾减灾救灾和重大突发公共事件处置保障能力。

二、未来路径

党的二十大报告指出"必须坚定不移贯彻总体国家安全观，把维护国家安全贯穿党和国家工作各方面全过程，确保国家安全和社会稳定"①。党的二十大报告明确要求，到 2035 年，社会保持长期稳定，国家安全体系和能力全面加强。聚焦推进国家安全体系和能力现代化的重点任务，云南要深入研究谋划，细化工作措施，统筹发展和安全，全力维护民族团结、边疆稳固、社会安定，筑牢祖国西南安全稳定屏障。

（一）健全国家安全体系

全面落实国家安全责任制，不折不扣把党中央关于国家安全工作的决策部署落到实处。始终坚持以习近平同志为核心的党中央对国家安全工作的集中统一领导，健全完善习近平总书记重要指示批示精神和中央国安委决策部署落实情况的跟踪督办机制，以实际行动忠诚拥护"两个确立"、坚决做到"两个维护"。严格落实国家安全责任制，制定出台《党委（党组）国家安全责任制实施细则》，严密国家安全工作责任链条和督促检查考评体系，将国家安全责任制落实情况纳入巡视巡察重要内容，层层压实各级党委（党组）维护国家安全主体责任。

---

① 《习近平著作选读》第 1 卷，人民出版社 2023 年版，第 43 页。

深入实施守边固边工程，巩固拓展党政军警民合力强边固防工作机制。严厉打击跨境违法犯罪，加强国防教育，高质量建成 374 个现代化边境幸福村，结合口岸建设和以县城为重要载体的城镇化建设，规划建设沿边城镇带和兴边富民中心城镇，形成城乡协调发展、村镇城立体支撑的强边固防新格局。

（二）增强维护国家安全能力

注重协同高效、法治思维、科技赋能、基层基础，统筹推进云南各领域国家安全工作。坚决维护政治安全。严密防范严厉打击敌对势力渗透、破坏、颠覆、分裂活动，深入开展反恐怖斗争，坚决打赢网络意识形态斗争，坚定维护国家政权安全、制度安全、意识形态安全。铸牢中华民族共同体意识，全面开展民族团结进步全域创建，持续推进兴边富民行动，深入实施"枝繁干壮""幸福花开""石榴红"等工程。坚持我国宗教中国化方向，深入实施"润土培根"工程，持续开展宗教界人士践行"四条标准"主题实践，依法加强宗教事务管理，促进民族团结、宗教和顺。

加强重点领域安全能力建设。确保粮食、能源资源、重要产业链供应链安全，加强海外安全保障能力建设，维护我国公民、法人在海外的合法权益，维护海洋权益，坚定捍卫国家主权、安全、发展利益。提高防范化解重大风险能力，严密防范系统性安全风险。着力防范经济金融风险，充分发挥巡视巡察、审计监督的利剑作用，聚焦地方政府债务、金融、国资国企等领域开展监督，严厉打击非法集资，牢牢守住不发生系统性风险的底线。

提高干部群众国家安全意识和能力。以落实国家安全领导责任和工作责任为抓手，全面加强国家安全教育，推动各级领导干部更加自觉地统筹发展和安全两件大事，做到守土有责、守土负责、守土尽责。实施总体国家安全观专题培训三年行动计划，以省、州（市）、县（区、市）三级党校（行政学院）为主阵地，开设总体国家安全观专业课程，对全省党委国家安全机构人员全覆盖培训。将《总体国家安全观学习纲要》及国家安全有关法规制度纳入各级党委（党组）学习计划，作为理论学习中心组学习、干部培训、党员学习的重要内容，各级领导干部统筹发展和安全的意识和能力显著提升。加强国家安全战线党的建设，坚持以党的政治建设为统领，锻造忠诚纯洁可靠的国家安全干部队伍。贯彻落实《关于全面加强国家安全教育的意见》，扎实开展全民国家安全宣传教育，创新宣传教育方式方法和平台载体，增强全民国家安全意识和素养，筑牢国家安全人民防线。不断增强边境群众国家、国民、国土、国门、国界意识，努力使人人有责、人人尽责的国家安全人民防线越筑越牢。

（三）提高公共安全治理水平

坚持安全第一、预防为主，建立大安全大应急框架。完善公共安全体系，加强信息化源头管控、精准化监测预警、动态化风险评估等制度机制建设，推动公共安全治理模式向事前预防转型。严格落实安全生产责任制，深入开展安全生产专项整治行动，加强重点行业、重点领域安全监管，深入开展安全隐患排查整治，有效遏制重特大安全事故。

加强重点行业安全监管执法和全产业链质量安全管控。坚持最严谨的标准、最严格的监管、最严厉的处罚、最严肃的问责，强化食品药品安全监管，确保人民群众"舌尖上的安全"。推动城乡公共安全监管执法和综合治理一体化，把好基层公共安全第一道关口。健全生物安全监管预警防控体系，全面提高全省生物安全治理能力。加强个人信息保护，确保数据安全。

扎实抓好安全生产和防灾减灾救灾工作。加强矿山、燃气、危化品、交通运输、建筑施工等重点领域和行业安全监管，深入开展重大事故隐患专项排查整治行动，有效防范遏制重特大生产安全事故发生；持续加强应急基层基础和防灾减灾重点项目建设，严格落实防汛"1262"预警与叫应机制，最大限度减轻自然灾害损失。

（四）完善社会治理体系

持续加强和创新基层社会治理，深入推进普法强基补短板专项行动。坚持和发展新时代"枫桥经验""浦江经验"，推动领导干部接访下访和挂联包案规范化常态化，省级领导干部每半年至少下访接访1次、州（市）和省级机关单位领导班子成员每季度至少下访接访1次、县（市、区）和州（市）机关单位领导班子成员每月至少下访接访1次、乡镇（街道）领导干部随时下访和开门接访、村（社区）干部随时上门走访，及时把矛盾纠纷化解在基层、化解在萌芽状态。

充分发挥党的领导政治优势，统筹政府、社会、市场各方力量，完善市域社会治理的组织架构和组织方式，提高市域社会治理能力，努力把重大风险防范化解在市域。深入推进市域社会治理现代化试点工作，加快"多网合一"建设，共建共治共享的社会治理体系不断健全。

强化社会治安整体防控，发展壮大群防群治力量。积极推进立体化信息化社会治安防控体系建设，大力推广社会面"1、3、5分钟"快速响应等机制，有效提升社会面掌控力。持续发展壮大群防群治力量。进一步加强见义勇为工作，扬正气、鼓士气，营造见义勇为社会氛围。完善群众参与平安建设的组织形式和制度化渠道，创新互联网时代群众工作机制，更好地广纳民智、广聚民力，建设人人有责、人人尽责、人人享有的社会治理共同体。

深入实施反有组织犯罪法，推进扫黑除恶常态化。依法惩治群众反映强烈的违法犯罪活动，不断提升人民群众安全感。依法严惩群众反映强烈的黄赌毒、食药环、盗抢骗和电信网络诈骗等各类违法犯罪活动，推动全面落实打防管控措施和行业监管责任。

第三节

典型案例：筑牢西南生态安全屏障

一、基本概况

云南作为我国西南生态安全屏障，承担着维护区域、国家乃至国际生态安全的战略任务和重大职责。云南被誉为"动物王国""植物王国""世界花园""物种基因库"，在国家"两屏三带"十大生态安全屏障中，云南肩负着"西部高原""长江流域""珠江流域"三大生态安全屏障的建设任务，生态区位极其重要。西南生态安全屏障既是保护核心区，也是防范前沿区，系统多样性与文化多元性高度耦合，内向防御与外向连通高度统一。① 党的十八大以来，云南把生态环境保护作为生态文明建设排头兵的"主战场"，坚决当好"主攻手"，全面加强生态环境保护治理，全力筑牢国家西南生态安全屏障，取得了历史性突破。

二、主要做法

云南生态区位特殊，在我国生态文明建设中占据着独特地位，在守住自然生态安全边界、确保我国生态安全、建设人与自然和谐共生的中国式现代化，以及推进人类命运共同体构建方面，都发挥着不可

---

① 曹津永：《筑牢西南生态安全屏障为何如此重要》，《光明日报》2023 年 6 月 3 日。

替代的作用。可以预见，以云南为核心区域的西南生态安全屏障建设，必将在生物多样性保护、人与自然和谐共生的文化生态体系构建和生态安全多边合作等方面取得卓越成效。为守护好得天独厚的生物多样性和优质的生态环境，云南省牢固树立绿水青山就是金山银山的发展理念，打好生物生态安全攻坚战，筑牢西南生态安全屏障。主要做法具体表现为：

（一）全面加强生物多样性保护

围绕生物多样性保护进行了一系列重大创新。云南制定出台全国第一部生物多样性保护地方性法规《云南省生物多样性保护条例》，开创了我国生物多样性保护立法的先河；编撰完成 120 万字的《云南大百科全书·生态编》，成为全国乃至全世界百科全书史上第一部单独成编立卷的综合性百科全书；在全国各省（区、市）率先发布《云南省生物物种名录（2016 版）》《云南省生物物种红色名录（2017版）》《云南省生态系统名录（2018 版）》《云南省外来入侵物种名录（2019 版）》《云南省新物种新记录种名录（1992—2020）》和《云南的生物多样性》白皮书，为生物多样性保护与持续利用奠定了科学基础。建成了全国唯一、亚洲第一、世界第二的中国西南野生生物种质资源库，出台了加强生物多样性司法保护十六条措施，"云南绿孔雀"案被列为全球生物多样性保护十大案例之首。根据 2018 年完成的云南自然保护区森林生态系统服务功能价值评估报告，云南省国家级、省级自然保护区森林生态系统服务功能总价值为每年 2129.35 亿元。其中，涵养水源 623.45 亿元、保育土壤 384.99 亿元、固碳释氧224.28 亿元、积累营养物质 14.66 亿元、净化大气环境 81.15 亿元、生物多样性保护 800.82 亿元。每公顷森林生态服务价值平均为 13.02 万元，约相当于保护区外森林价值的两倍。强化自然保护地监管，积极维护高黎贡山等重点区域生物生态安全，不断提升生物生态安全防范能力。充分发挥"动物王国、植物王国、世界花园"生态品牌优势，做实林长制，科学开展森林草原防灭火工作，深入实施重要生态系统保护和修复重大工程，推进大规模国土绿化行动，加强珍稀濒危物种和极小种群物种抢救保护。拓展深化 COP15 会议成果，扎实推进亚洲象、香格里拉、高黎贡山、哀牢山等国家公园创建工作，积极开展生物多样性保护，持续讲好人与自然和谐共生的"中国故事"。

（二）主动服务和融入国家生态安全体系

落实主体功能区战略，构建"三屏两带六廊多点"生态安全格局，实施重要生态系统保护和修复重大工程，推进以国家公园为主体的自然保护地体系建设，加强高黎贡山生物生态安全风险防范和保护，全省重要生态系统得到有效保护。开展九大高原湖泊"两线三区"（湖滨生态红线、湖泊生态黄线，生态保护核心区、生态保护缓冲区、绿色发展区）划定工作，推动湖泊保护条例修订，形成湖泊保护与管控长效机制，彻底转变"环湖造城""贴线开发"格局。截至目前，全省划定生态保护红线面积 11.84 万平方千米，占全省国土面积的 30.9%。其中，生物多样性重要区域划入红线面积 6.53 万平方千米，占红线面积的 55.2%。滇东南、滇南、滇西、滇西北、无量山—哀牢山等生物多样性保护重要区域均划入生态保护红线。通过划定严守生态保护红线，自然保护地 100% 纳入生态保护红线，全省超过 90% 的国家重点保护植物和 80% 的国家重点保护动物得到有效保护。金沙江、怒江、澜沧江、伊洛瓦底江等约 70%的面积纳入生态保护红线，金沙江、澜沧江 60%以上，红河、怒江 50%以上的自然岸线纳入生态保护红线，强化维护大江大河上游水源涵养功能。已划建国家公园、自然保护区、风景名胜区、地质公园、森林公园、湿地公园、水产种质资源保护区、矿山公园、沙漠（石漠）公园、水利风景区及国际履约的自然保护地等 11 类 360 处自然保护地，保护面积达 8294.6 万亩，约占全省国土面积的 14.32%。各类保护地的建立，使全省 90%的典型生态系统和 85%的重要物种得到有效保护。

（三）积极参与国际生态保护合作

积极推动与周边国家和地区的跨境生态保护合作。自 2015 年起，云南省人民政府与老挝北部九省每两年举行"中国云南—老挝北部合作工作组"会谈；2016 年，与越南河江老街莱州奠边省签署了《开展边境林业及野生动植物保护合作的协议》，与缅方共同召开了中缅边境北段生物多样性保护与可持续发展合作研讨会，将边境森林火灾防控作为重要议题；与越南北部四省签订了合作协议，双方建立了中越边境各县（市）联络员机制，开展各具特色的森林防火联防联控工作。同时，积极推动跨境林业有害生物交流共享机制建设。2020 年，云南与老挝丰沙里省就加强黄脊竹蝗等重大林草有害生物防控达成有效共识。云南省临沧市部分县级林草部门与缅甸佤邦南邓特区农业局签署了联防联控协议备忘录，隔境开展了白蛾蜡蝉防治技术指导及培训，建立起联防联控机制。云南省与周边国家依托大湄公河次区域经济合作机制，开展生物多样性保护领域的合作。

大湄公河次区域核心环境项目目前已执行完成两期，通过选定试点区域建立生物多样性保护走廊，联通野生动物栖息地，促进廊道区域内的生态保护和恢复以及生态扶贫开发。期间，推动广西、云南与越南、老挝等签订合作谅解备忘录，创新跨界合作模式，组织区域知识分享会和能力建设培训、实地调研活动等。云南成功举办 COP15 大会第一阶段会议以及云南生物多样性成就展等系列活动，推动发布《昆明宣言》，成立"昆明生物多样性基金"，为全球环境治理注入了新的动力。

（四）打好蓝天、碧水、净土保卫战

六大水系水质持续改善，大气环境质量进一步提升，土壤污染风险得到有效管控。实施"湖泊革命"攻坚战，滇池沿岸违规违建问题整治取得决定性成效，九大高原湖泊保护治理从"一湖之治"向"流域之治"再到"全域联治"转变，九湖生态保护核心区面积是之前一级保护区面积的 2.8 倍。纳入国家考核的地表水断面Ⅰ—Ⅲ类水体比例提升到 91.6%，劣Ⅴ类水体比例下降到 1.5%。九大高原湖泊水质总体向优向好，滇池、星云湖摘掉了劣Ⅴ类"帽子"，泸沽湖（云南部分）被评为首批全国 9 个美丽河湖优秀案例之一。2022 年，九大高原湖泊水质总体稳中向好，阳宗海全湖平均水质由Ⅲ类好转为Ⅱ类，洱海水质连续 3 年评价为优，泸沽湖（云南部分）入选全国首批美丽河湖 9 个优秀案例。2023 年 1 月至 7 月累计均值评价，泸沽湖Ⅰ类，洱海、抚仙湖、阳宗海Ⅱ类。全省受污染耕地安全利用率达 90.7%，土壤污染风险得到有效管控。2022 年，16 个州（市）政府所在地城市空气质量优良天数比例达到 99.7%，居全国首位。

三、经验启示

（一）牢记"国之大者"谋划自身定位

在习近平生态文明思想的科学指引下，云南牢牢立足全国发展大局，坚持在全国一盘棋中谋划和推动生态文明建设。由于云南特殊的地理位置、巨大的南北高差和两大洋面大气环流的影响，形成了立体气候和多样化的生境条件，动植物种类的丰富度、特有率和古老性等均为国内其他省区所不及。云南的生物多样性不仅在数量上占优势，在特有性方面也极为罕见，全球 36 个生物多样性热点地区，主要或部分在云南的就有 3 个。同时，云南与缅甸、老挝、越南三国接壤，国界线上许多地方生态系统交错复杂。因此，西南生态安全屏障既是生物多样性保护的核心战场，又是防范生物入侵的第一线，更是通过生态系统多样性和稳定性应对生物入侵、通过生物和生态系统多样性构建生态安全屏障的典型试验场。除典型的温带草原、典型的荒漠和海洋生态系统外，云南涵盖了从热带到高山冰缘荒漠，从水生、湿润、半湿润、半干旱到干旱等各类自然生态系统类型，堪称地球生态系统的缩影。对云南而言，保护生态安全是一种责任，更是一种担当，必须牢记"国之大者"，坚持系统观念，立足全国发展大局，全力守好这方碧绿、这片蔚蓝、这份纯净，通过筑牢我国西南生态安全屏障，为打造青山常在、绿水长流、空气常新的美丽中国作出贡献。

（二）坚持山水林田湖草沙一体化保护和系统治理

筑牢我国西南生态安全屏障是一项系统工程，必须从系统和全局角度出发，统筹考虑森林、草原、湿地、河流、湖泊等多种自然形态，坚持山水林田湖草沙一体化保护和系统治理，遵循自然规律推进生态保护和修复。遵循生态系统内在规律，宜林则林、宜草则草、宜荒则荒，推进山水林田湖草沙一体化保护和系统治理，做到在保护面前，生态环境再小不破坏，经济利益再大不动摇。着力解决矿山地质环境隐患、植被退化损毁、水土流失、动植物栖息地和环境破坏等生态问题。例如，洱海流域山水林田湖草沙一体化保护和修复工程项目于 2022 年 6 月 7 日被纳入"十四五"全国第二批山水林田湖草沙一体化保护和修复工程项目名单。截至目前，该项目已完成生态保护修复面积 24345.97 公顷。生态环境部公布的洱海水质 2022 年 1 月至12 月评价结果为优。

（三）协同推进高质量发展和高水平保护

坚持以系统思维、辩证思维把握高质量发展和高水平保护的关系，通过推动高水平保护为高质量发展提供重要支撑。绿水青山就是金山银山。云南自然资源丰富，要找到并不断拓展将绿水青山转化为金山银山的路径，在绿色转型中推动发展实现质的有效提升和量的合理增长。着厚植生态优势，以绿美云南建设为牵引，推动城乡绿起来、美起来，促进人居环境明显改善，把云南的"绿"、云南的"美"守护好、维系好、充实好，完整无缺地留给子孙后代。以"双碳"目标为引领，有保有压、立新破旧，建立健全绿色低碳循环发展经济体系，把资源能源利用效率提上去，把排放强度降下来，有效降低发展的资源环境代价，实现经济社会发展和生态环境保护协调统一。创新推动绿水青山转化为金山银山，通过高水平环境保护塑造发展新动能、新优势，以高品质生态环境支撑高质量发展，打造人与自然和谐共生现代化的云南样板。实践证明，统筹好经济发展和生态环境保护的关系，既让生态优、环境美，也让产业绿、收入多，我国西南生态安全屏障就会更稳固、更持久，人民群众的生态环境获得感、幸福感、安全感就能更加充实、更有保障、更可持续，美丽中国的战略擘画就会不断变为现实。

四、研讨题

1. 如何理解云南承担的维护区域、国家乃至国际生态安全的战略任务和重大职责？

2. 云南在生物多样性保护方面有哪些好的做法及取得哪些成效？

第十二讲

以高质量党建引领高质量发展

12

云南全面建设社会主义现代化，关键在全面加强党的领导，关键在全面从严治党。新时代新征程，云南必须全面贯彻新时代党的建设总要求，坚持把党的政治建设摆在首位，建设敢于担当、干事创业的干部队伍，推动基层党组织全面强起来，加大人才引进培养力度，把党风廉政建设和反腐败斗争进行到底，构建山清水秀的政治生态，坚定不移推进新时代党的建设新的伟大工程，勇于自我革命，从严管党治党。

第一节

以高质量党建引领高质量发展的云南实践

在全面建设社会主义现代化国家新征程上，我们要深刻领悟"两个确立"的决定性意义、坚决做到"两个维护"，深刻领会把握我们党百年奋斗的重大成就和历史经验，牢记初心使命、赓续红色血脉，继续推进新时代党的建设新的伟大工程，将党建势能转化为发展动能，以高质量党建推动高质量发展，奋力谱写好中国梦的云南篇章。

一、加强基层党组织战斗堡垒建设

坚持以组织体系建设为重点，突出政治功能，着力提升组织力，推动基层党组织全面进步、全面过硬。2012 年以来，结合党组织分类定级，年均滚动整顿 2000 个左右软弱涣散党组织。持续开展全省"两新"组织、新业态新就业群体党的组织和工作覆盖提升行动，截至 2021 年底，成立省直 11 个行业党委，选派 2.2 万名党建工作指导员，全省非公经济组织和社会组织党组织覆盖率分别达 65.90％和71.99％。在全国率先探索开展党支部标准化、规范化建设，已有17.5 万个基层党组织创建达标，其中省级示范基层党组织 1000 个。围绕健全基本组织、建强基本队伍、开展基本活动、落实基本制度、强化基本保障"五个基本"，研究制定 12 个领域党支部规范化建设标准，分 3 年统筹推进各领域党支部规范化建设达标创建。

二、加强党员干部能力建设

为进一步改进作风、服务基层、狠抓落实、提质增效，切实加强机关效能建设，坚定不移推进全面从严治党向纵深发展，中共云南省委、云南省人民政府于 2022 年 2 月 16 日印发了《云南省推进作风革命加强机关效能建设的若干规定（试行）》（以下简称《规定》）。《规定》坚持解放思想、实事求是，积极学习借鉴先进地区的经验做法，用创新的思维、改革的办法解决问题、推动发展，其始终坚持把解决问题作为工作实践的重要标准。《规定》坚持以自我革命的精神推进作风革命、效能革命，不断改进工作作风，大力弘扬"马上就办、真抓实干"的作风，牢固树立以钉钉子精神抓落实的工作理念，把抓落实作为开展工作的主要方式，做到任务一布置，马上抓落实；工作一部署，马上去推动；工作一完成，马上就反馈，让"踏石留印、抓铁有痕"成为云南广大党员干部的鲜明特质，牢固树立"今天再晚也是早、明天再早也是晚"的效率意识。

（一）狠抓十项重点任务

一是把贯彻落实习近平总书记考察云南重要讲话及指示批示精神情况纳入政治督查、纪检监察、巡视巡察和年度综合绩效考评的重要内容。有关地区和部门在省委作出安排后 10 日内提出贯彻落实方案，明确责任单位、进度安排和完成时限，建立工作台账，并按照要求及时报告贯彻落实情况。

二是贯彻落实党中央、国务院重要会议、重要文件精神和重大决策部署，有关地区和部门在省委、省政府作出工作安排后 20 日内提出贯彻落实方案，并按照规定时限和要求报送贯彻落实情况。党中央、国务院文件要求制定配套文件的，在规定时限内制定配套文件；没有明确时限的，在 3 个月内制定出台，特殊情况可在半年内制定出台；省委办公厅、省政府办公厅建立党中央、国务院文件配套制定管理台账，每月动态梳理汇总 1 次落实情况。

三是贯彻落实省委、省政府工作安排，各地区各部门在 1 个月内提出具体工作措施，并建立落实反馈机制，按照要求报送贯彻落实情况。省委、省政府重要文件自发布后，牵头落实部门应当每半年书面汇报 1 次落实情况，重要工作及时报告。

四是严格落实党内法规执行责任制，各地区各部门在职责范围内推进党内法规执行工作，推动党内法规贯彻落实。建立健全党内法规和规范性文件效力评估制度，制定机关定期开展评估。

五是提高落实批办性、指导性批示件办理效率，有时限要求的，按照要求落实反馈；没有时限要求的，7 个工作日内落实反馈，特殊情况不超过 15 个工作日；紧急情况随到随办，及时反馈；情况复杂，在规定时限内未办结的，定期报告进展情况。

六是省委、省政府确定的重大建设项目，实行多评合一，全流程联审联办，建立省级重大项目清单制度、服务专班制度，相关地区和部门全程跟踪协调、帮办代办。对项目立项、要素保障、规划施工、竣工验收等阶段的行政审批、中介服务、公共服务事项进行梳理，编制全流程落实计划表，倒排节点、挂图作战。

七是发生重大突发事件，事发地党委、政府和有关部门要认真履行属地责任和部门责任，主要负责同志第一时间赶赴现场，及时果断处置。发生区域性、系统性问题时，主要负责同志要掌握全局、坐镇指挥，不顾此失彼。情况紧急的，事发地党委、政府接报后，30 分钟内向省委、省政府应急办电话报告，1 小时内通过信息渠道书面报告。

八是提高便民为民服务效率，实行前台综合受理、后台分类审批、综合窗口出件，及时更新省内通办、跨省通办、"最多跑一次"等事项清单。推动政务信息共享，推行"互联网＋政务服务"，优化 12345 便民服务平台功能，完善全省一体化政务服务平台和"一部手机办事通"，提高"全程网办"比例。

九是切实提高服务企业效能，坚持"政府围着企业转，企业有事马上办"。深化行政审批制度改革，减环节、减材料、减时限、减费用，提高审批效率；实行政府权责清单和证照分离；推行"无差别受理、同标准办理"；加强一体化"互联网＋监管"平台应用；推动惠企政策"免申即享"；畅通企业诉求反映渠道，落实市场主体直接评价营商环境和政务服务"好差评"制度；打造市场化法治化国际化营商环境，切实解决企业发展遇到的痛点、难点、堵点问题，力争 3 年实现全面提升并进入全国一流水平。

十是聚焦招引、培育、服务市场主体，坚持产业化、市场化方向，既抓存量、又抓增量，实施"市场主体倍增"计划、龙头企业培引计划和招大引强专项行动，推进新一轮"央企入滇"。各地区和各相关部门党政主要负责同志每季度至少安排 1 次外出招商，并将招商情况纳入年度考核。

（二）用好三个具体方法

一是项目工作法。项目工作法是坚持任务项目化、项目清单化、清单具体化，明确每项工作的责任单位、责任人员、完成时限、工作标准等，形成任务部署、推进实施、考评验收工作闭环的一种科学工作方法。项目工作法的具体要求有以下三个方面：首先，科学确定任务项目。围绕贯彻落实党中央决策部署和省委工作安排，把政策变成思路、把思路变成方案、把方案变成一个个具体项目。结合本地区本部门实际，聚焦重点工作、重点产业、重点企业、重点项目，主动思考、谋划和对接。建立项目化清单管理制度，时间倒排、任务倒逼、责任倒查，明确时限清单、任务清单、责任清单，形成责任链条。其次，扎实推进项目落实。省委、省政府每季度轮流在州（市）举行一次重大项目集中开工仪式，让每个州（市）比一比、晒一晒，形成你追我赶、奋勇争先的良好发展局面。加快落实"一张蓝图"统筹项目实施，"一个窗口"提供综合服务，"一张表单"整合申报材料的审批机制，推进项目网上办事大厅建设，实现一窗受理、受办分离、抄告相关、联合查看、并联审批、限时办结、联合验收。各地区各部门重大项目，除国家审批事项外，自申请立项到竣工验收全流程审批时间不超过 50 个工作日。最后，保障项目实施效果。建立项目协调落实机制，中长期重大项目和年度省级重大项目，按照属地原则，由各州（市）政府负责管理推进，省级行业主管部门指导，省发展改革委统筹协调。年度"重中之重"项目、跨州（市）项目、省本级项目，按照所属行业，由省政府分管负责同志定期协调，省级行业主管部门主要负责同志挂钩管理，要素保障部门优先支持，省发展改革委统筹调度，各州（市）政府负责推进。

二是一线工作法。一线工作法是把办公室搬到项目建设一线、招商引资一线、乡村振兴一线，在基层一线解难题、促发展，不要总坐在办公室，坐在会议场上的一种工作方法。一线工作法的具体要求有以下四个方面：首先，党的方针政策在一线宣传。省级党政机关领导班子成员每年至少 1 次、州（市）级党政机关领导班子成员每半年至少 1 次、县级党政机关领导班子成员每季度至少 1 次到基层开展宣传宣讲。其次，社情民意在一线掌握。大兴调查研究之风，省级党政机关领导班子成员每年至少 30 日，州（市）级党政机关领导班子成员每年至少 60 日，县级党政机关领导班子成员每年至少 90 日到基层调研，亲自确定调研题目、分析调研材料、协调解决问题、撰写调研报告。再次，工作在一线落实。省级党政机关领导班子成员每半年至少 1 次、州（市）级党政机关领导班子成员每季度至少 1 次、县级党政机关领导班子成员每月至少 1 次到基层一线现场办公。最后，矛盾在一线化解。落实信访"领导包案""带案下访""公开接访"等制度。省级党政领导班子成员每半年至少 1 次、州（市）级党政领导班子成员每季度至少 1 次、县级党政领导班子成员每月至少 1 次到基层接待群众来访，乡镇（街道）党政领导班子成员随时接待群众来访。

三是典型引路法，典型引路法是发现培育典型、总结宣传典型、大力推广典型，形成示范引领、比学赶超的良好氛围的一种工作方法。典型引路法的具体要求有以下三个方面：首先，坚持目标导向。对标中央部委、先进地区，选准各行业各领域先进典型，选树一批加快发展、改善民生、疫情防控、强边固防、保护生态、管党治党等方面表现突出的先进典型进行宣传推广，适时将典型经验做法上升为制度性措施规定。其次，坚持问题导向。坚持稳中求进、稳字当头，把主动发现问题、分析研究问题、补齐工作短板作为工作常态，把解决突出问题，防范化解重大风险隐患作为重要实践标准，形成在发展中解决问题，在解决问题中推进发展的工作机制。最后，坚持结果导向。按照整体工作上台阶、主要指标有突破、亮点工作创一流的要求，制定可问效、可考评、可追责的标准，对标先进、争创一流，形成学典型、争一流、创佳绩的良好局面。

（三）力戒形式主义、官僚主义

一是科学制定并严格执行年度发文、会议计划，减少临时性发文、开会。少开会、开短会、开解决问题的会，能合并的合并、可套开的套开，全省性特别是召开到县级的会议一般以视频形式召开，能通过调研指导、现场办公解决的不开会。少发文、发短文、发管用的文，没有配套要求的一般不制发配套文件。

二是各地区各部门一般不直接向省委、省政府报送简报，重要工作按照"一事一报"原则报送专报，篇幅原则上控制在 1000 字以内，常规性工作不报专报。专报制发部门对内容真实性负责，由主要负责同志审核把关亲笔签字方可报送。

三是严格落实统筹规范督查检查考核要求，未经批准，不得以党委、政府名义开展督查检查考核，不得设置以下级党委、政府为对象的督查检查考核；严格执行年度计划和审批备案制度，未纳入计划或者未审批备案的，不得擅自开展。

四是科学制订年度调研计划，避免同时或者频繁到同一地区扎堆调研。增强调研工作的针对性、实效性，重在了解情况、推进工作、解决问题、总结推广经验。不得简单把调研次数作为评价工作的依据，搞评比打分、排名通报、责任追究。

五是改进督查检查考核和巡视巡察方式方法，避免过度留迹留痕，减少填表报数、做台账、报材料负担。除党中央和省委明确规定外，不得将成立议事协调机构、制定工作方案、召开会议、印发文件、纪要记录等作为评价工作的依据。

（四）推动形成转作风下基层抓落实的工作合力

一是各地区各部门主要负责同志是本地区本部门推进作风革命、加强机关效能建设的第一责任人，党政其他领导同志按照分工落实工作责任。建立由党委、政府办公厅（室）牵头，纪检监察、组织人事、宣传、机关党工委以及政府综合部门等密切配合的工作机制。各级党组织要把改进作风、提升效能纳入党委（党组）理论学习中心组学习、党支部"三会一课"的重要内容，作为民主生活会、组织生活会对照检查的重要内容。

二是坚持好干部标准，树立重基层、重一线、重实干、重实绩的导向，健全容错纠错机制，鼓励干部敢于担当作为，旗帜鲜明为政治坚定、敢抓敢管、不怕得罪人的干部撑腰鼓劲。对不担当、不作为、不负责，庸懒散拖、阻碍事业发展的干部，坚决果断调整处理。

三是大力宣传推广各地区各部门的成功经验和实践成效。加强对作风革命和机关效能建设的监督检查和跟踪问效，注重解决实际问题，防止简单以下访次数等评价工作，防止新的形式主义，防止增加基层负担。对有令不行、有禁不止和搞应付性执行、选择性落实的，要严肃追责问责。

四是坚持领导机关和领导干部带头，形成一级带一级、一级抓一级的良好局面。省级党政机关要扎实开展"对标先进、争创一流"主题实践活动，使各项工作走在前、作表率。各地区各部门主要负责同志要定期带领中层干部走出办公室，聚焦产业发展、聚焦营商环境、聚焦招商引资，主动服务群众、服务基层、服务企业，建立"三服务"清单，为群众为基层为企业做好服务保障，切实在一线转作风、在一线解难题、在一线促发展，并结合职能职责和年度工作目标，加强对机关干部的考核。

五是各地区各部门要坚持激励与鞭策相统一、严管和厚爱相结合，科学设置考评指标，改进年度考评，强化平时考评，突出考评重点，完善综合绩效考评的内容、方法和程序。注重考评贯彻新发展理念、实现高质量发展等核心指标，将"推进作风革命、加强机关效能建设""对标先进、争创一流"、完成省委、省政府年度重点工作等情况作为综合绩效考评内容，把考评结果作为领导班子总体评价和领导干部业绩评定、职务调整、奖励惩处的重要依据。

第二节

以高质量党建引领高质量发展的未来路径

一、严肃政治纪律和政治规矩

聚焦"两个维护"，强化政治监督，是新时代我们党加强自身建设肩负的重大政治使命。党的二十大报告指出，中国共产党是最高政治领导力量，坚持党中央集中统一领导是最高政治原则，并把推进政治监督具体化、精准化、常态化纳入完善党的自我革命制度规范体系的重要内容，作出重大部署。当前，中华民族伟大复兴进入关键时期，实践表明，形势越是严峻复杂、任务越是艰巨繁重，就越要加强政治监督，始终确保党团结统一，步调一致向前进。

（一）不断强化政治监督

"两个维护"要体现在坚决贯彻党中央决策部署的行动上，体现在履职尽责、做好本职工作的实效上，体现在党员、干部的日常言行上。习近平总书记强调，"两个维护"的内涵是特定的、统一的，全党看齐只能向党中央看齐，不能在部门打着维护党中央权威的旗号损害民主集中制。要围绕全面建设社会主义现代化国家目标任务，完整准确全面贯彻新发展理念、加快构建新发展格局、着力推动高质量发展等重大战略部署，聚焦贯彻落实习近平总书记重要讲话特别是对云南工作重要指示批示精神、党中央决策部署及省委工作安排强化政治监督，推进政治监督具体化、精准化、常态化，监督保障全面推进乡村振兴、省委"3815"战略发展目标以及壮大资源经济、口岸经济、园区经济等重点任务的贯彻执行，严明政治纪律和政治规矩，及时发现、着力解决"七个有之"问题，确保全省各级党组织在政治立场、政治方向、政治原则、政治道路上同以习近平同志为核心的党中央保持高度一致。

（二）加强对"一把手"的监督

要破解对"一把手"监督和同级监督难题，必须明确监督重点，压实监督责任，细化监督措施，健全制度机制。各级党委（党组）要充分认识加强对"一把手"和领导班子监督的极端重要性和现实紧迫性，强化上级党组织监督，做实做细同级监督，推动党员领导干部增强政治意识，不断提高政治判断力、政治领悟力、政治执行力，自觉践行忠诚干净担当，带头维护党中央权威和集中统一领导，确保全党步调一致向前进。认真贯彻落实《中共中央关于加强对"一把手"和领导班子监督的意见》和省委实施意见要求，督促各级党委（党组）履行全面监督责任，各级党委（党组）主要负责人履行第一责任人职责，各级党委（党组）领导班子成员履行"一岗双责"。各级纪委履行专责监督责任，各级党的工作机关结合各自职责定位履行职能监督责任。各级领导干部特别是"一把手"要做到严于律己、严负其责、严管所辖，充分发挥"头雁效应"。

（三）激励干部担当作为

严格落实新时代好干部标准，把政治标准放在首位。党的十八大以来，树立重实干重实绩的鲜明用人导向，大力选拔敢于负责、勇于担当、善于作为、实绩突出的干部，重用有信念、有思路、有激情、有办法的干部。一是从对党忠诚的高度看待干部担当作为。注重从精神状态、作风状况考察政治素质，既看大事要事难事中的表现，又看在面对大是大非、矛盾危机时是否坚持原则、担当负责，更要看日常工作中是否敢于担当责任、勇于直面矛盾、善于解决问题。二是大胆使用敢担当善作为的干部。坚持有为才有位，突出实践实干实效，让想干事、能干事、干成事的干部有机会有舞台。严格落实每年定期调研分析领导班子和后备干部队伍工作机制，注重在基层一线考察识别干部，经常性、近距离、有原则地接触干部，全方位、多角度、立体式考准察实干部。坚持全面历史辩证地看待干部，公平公正对待干部，对个性鲜明、坚持原则、敢抓敢管、不怕得罪人的干部，符合条件的要大胆使用。提拔重用在贯彻落实中央及省委重大决策部署、完成急难险重任务中敢担当善作为的干部。建立多渠道发现识别担当作为干部机制，注重在巡视巡察、重大工作督察、审计等工作中发现担当作为的干部。三是坚决调整不担当不作为的干部。坚持优者上、庸者下、劣者汰，对巡视巡察等工作中发现的贯彻执行党的路线方针政策、中央及省委决策部署不坚决不全面不到位等问题，组织部门要及时跟进。对思想保守、等待观望，不想担当作为；拼劲不足、闯劲不大，不敢担当作为；标准不高、作风不实，不真担当作为；能力不足、方法不多，不善担当作为的干部，特别是主观上消极避事、畏缩避难、推诿避责的干部，根据具体情节该免职的免职、该调整的调整、该降职的降职。各级党组织要结合实际适时制定干部不担当不作为的"负面清单"，使能下成为常态。

不断完善干部考核评价机制，充分发挥考核的激励鞭策作用。不断健全能上能下的选人用人机制，着力解决为官不正、为官不为、为官乱为等问题，推动形成能者上、优者奖、庸者下、劣者汰的用人导向和从政环境。一要健全完善干部政绩考核。把贯彻执行中央及省委决策部署的情况作为考核重点，突出政治考核、作风考核、实绩考核，将干部在干事创业中的担当作为情况纳入政治考核内容，引导干部牢固树立"以人民为中心"的政绩观，正确看待"显绩"和"潜绩"、眼前利益和长远利益，防止不切实际设定发展目标、层层加码分解工作任务、层层加重问责追责，切实解决以"文山会海""问责泛化"推动工作，以"属地管理"之名推卸责任，表态多调门高、行动少落实差等突出问题，力戒形式主义和官僚主义，杜绝"形象工程""政绩工程"。二要推进干部考核精准化。充分体现差异化要求，根据不同地区、不同行业、不同层级、不同岗位的特点，合理设置考核指标和权重，改进考核方式方法，完善分级分类考核，按照职能相近、工作相似的原则归并考核项目和种类，严格控制"一票否决"事项，坚决杜绝考核走过场、搞形式，切实增强考核的科学性、针对性、可操作性，调动和保护好各区域、各战线、各层级干部的积极性。探索运用大数据、云计算建立干部考核工作数据库。三要建立健全干部考核工作制度体系。贯彻执行中央制定出台的党政领导干部考核工作条例，制定云南省具体考核工作办法。建立和完善以组织部门为主体的干部考核工作综合协调机制。完善年度考核制度，解决考核机制不顺、程序繁琐、内容过多、指标过泛、结果运用不充分等问题；建立健全日常考核制度，建立干部日常考核档案，着力构建分类考核、多维评价、高效综合、直观简便的干部考核工作制度体系。四要强化干部考核结果分析运用。把干部考核结果作为干部选拔任用、评先奖优、绩效奖励兑现、治庸治懒、问责追责、能上能下等工作的重要依据，使政治坚定、奋发有为的干部得到褒奖和鼓励，使慢作为、不作为、乱作为的干部受到警醒和惩戒。采取合理方式及时向干部反馈考核结果，引导干部发扬成绩、改进不足，更好忠于职守、担当奉献。

二、持续推进作风革命效能革命

（一）持续推进作风建设

切实改进工作作风，密切联系群众，使我们的党始终成为中国特色社会主义事业的坚强领导核心。党的二十大报告指出，党风问题关系执政党的生死存亡。弘扬党的光荣传统和优良作风，促进党员干部特别是领导干部带头深入调查研究，扑下身子干实事、谋实招、求实效。锲而不舍落实中央八项规定精神，抓住"关键少数"以上率下，持续深化纠治"四风"，重点纠治形式主义、官僚主义，坚决破除特权思想和特权行为。把握作风建设地区性、行业性、阶段性特点，抓住普遍发生、反复出现的问题深化整治，推进作风建设常态化长效化。全面加强党的纪律建设，督促领导干部特别是高级干部严于律己、严负其责、严管所辖，对违反党纪的问题，发现一起坚决查处一起。坚持党性党风党纪一起抓，从思想上固本培元，提高党性觉悟，增强拒腐防变能力，涵养富贵不能淫、贫贱不能移、威武不能屈的浩然正气。深入贯彻中央八项规定精神及省委推进作风革命、效能革命的若干措施，把握作风建设地区性、行业性、阶段性特点，分类推进专项整治，坚决纠治"四风"改头换面、隐形变异问题。推动主体责任落细落小、抓长抓常，以"小"见大，以"小"见严，持续唱好"四季歌"、打好"组合拳"、播好"连续剧"。对顶风违纪行为露头就打、从严查处。持续加固中央八项规定精神堤坝，坚决防反弹回潮、防隐形变异、防疲劳厌战，以优良党风政风引领社风民风。

（二）时刻牢记为民宗旨

要增强宗旨意识，坚持全心全意为人民服务，始终把人民放在心中最高位置，强化公仆意识和为民情怀。一要增强与人民群众的感情。我们党的宗旨是全心全意为人民服务，用毛泽东的话来说，不是半心半意，也不是三心二意，这就必须有深厚的人民情怀。广大党员、干部要在学习贯彻习近平新时代中国特色社会主义思想中牢固树立以人民为中心的发展思想，坚持一切为了人民、一切依靠人民，自觉问计于民、问需于民，始终同人民同呼吸、共命运、心连心，着力解决人民群众急难愁盼问题，把惠民生、暖民心、顺民意的工作做到群众心坎上。各级党组织和广大党员、干部要按照以习近平同志为核心的党中央要求，站稳人民立场，强化宗旨意识，坚守初心使命，践行党的群众路线，把人民群众满意不满意作为评判主题教育成效的根本标准，解决好人民群众最关心最直接最现实的利益问题，把惠民生的事办实、暖民心的事办细、顺民意的事办好，让现代化建设成果更多更公平惠及全体人民。坚持执政执纪执法为民、纠风惩腐治乱为民，着力解决好群众急难愁盼问题。二要提高做群众工作的本领。为人民服务不能空有一腔热情，必须深入了解老百姓急难愁盼的问题具体有哪些，加强调查研究，提高为民办事的能力。要聚焦解决就业、教育、医疗、托育、住房、养老等民生领域突出问题，建立民生项目清单，完善解决民生问题的制度机制；要落实党员领导干部直接联系群众制度，对群众普遍关切的问题及时开题作答、解疑释惑、回应诉求；要广泛开展党员志愿服务，激励党员在服务群众、奉献社会中发挥作用。持续巩固乡村振兴、房地产"三保"、医疗服务等专项整治成果，紧盯职业技能培训、政府和国企项目"两拖欠"、养老领域等群众反映强烈的问题，以及群众广泛关注的食品安全、"打伞破网"、信访不畅、停车乱收费等问题开展整治，切实维护好人民群众最关心最直接最现实的利益，让人民群众的获得感、幸福感、安全感更加充实、更有保障、更可持续。

（三）为跨越发展保驾护航

打响"云南效率""云南服务""云南诚信"营商环境品牌。持续推进优化营商环境监督治理，严肃查处影响和破坏营商环境问题背后的责任、作风和腐败问题，推动形成亲不逾矩、清不远疏，公正无私、有为有畏的政商关系。纪检监察机关必须切实发挥监督保障执行、促进完善发展作用，保障民营经济健康发展等决策部署落地落实，为营造市场化、便民化、法治化的营商环境提供坚强纪律保障。一是围绕营造公平竞争的市场环境强化权力监督。督促有关职能部门对滥用行政权力排除、限制竞争等行为开展整治，积极保护各类市场主体合法权益。同时，将优化营商环境与"扫黑除恶"专项斗争监督执纪问责工作相结合，严肃查处垄断经营、欺行霸市、强买强卖等破坏市场秩序问题。二是围绕营造高效廉洁的政务环境狠抓作风建设。避免形式主义、官僚主义问题影响政策落地和改革执行的连续性、稳定性和及时性。三是围绕营造透明诚信的法治环境促进制度完善。全力推进打造一流营商环境三年行动计划和市场主体倍增计划，推动资源配置、政策设计、工作力量向市场主体聚焦，实施好《云南省优化营商环境条例》。

三、一体谋划推进 "三不腐"

（一）坚定不移正风肃纪反腐

要保持反腐败政治定力，不断实现不敢腐、不能腐、不想腐一体推进的战略目标。必须清醒认识到，腐败和反腐败较量还在激烈进行，并呈现出一些新的阶段性特征。反腐败永远在路上，只要存在腐败问题产生的土壤和条件，腐败现象就不会根除，反腐败斗争也就不可能停歇。要坚决惩治政治问题和经济问题交织的腐败，深化惩治权力集中、资金密集、资源富集领域腐败，坚决清理整治风险隐患大的行业性、系统性腐败。紧盯重点对象，纠治党的十八大以来不收敛、不收手问题，坚决惩治群众身边的"蝇贪"，严肃查处领导干部亲属和身边工作人员利用影响力谋私贪腐问题。坚决惩治新型腐败和隐性腐败。坚持受贿行贿一起查，加大对行贿行为惩治力度。做好"通篇文章"，深化以案为鉴、以案促改、以案促治。

（二）抓住重点加强监管

习近平总书记强调，深化标本兼治，夯实治本基础，一体推进不敢腐、不能腐、不想腐。"三不"是一个有机整体，不是三个阶段的划分，也不是三个环节的割裂。要始终保持战略定力和斗争精神，着力构建"三不"一体推进、同向发力的有效机制，坚决打好反腐败斗争攻坚战、持久战，就要抓住重点加强监管，要坚持靶向治疗、精确惩治，持续强化不敢腐的震慑。找准"不能腐"的重点部位，加强财政资金监管。不断完善财会监督体系，将财政资金监督制约的理念和要求融入制度设计和执行，及时纠正违反财经纪律行为。紧盯预算编制、政府采购、出借资金、"多头申报"和"多头投资"等过程中的关键少数、关键业务、关键环节，强化从源头到末梢的全流程、全要素、全方位管控，将监管延伸至"最后一米"，防止出现财政资金管理使用中的违纪违法问题。重大项目审批监管。在"不能腐"上深化拓展，坚持前移反腐关口，深化源头治理。加强重点领域监督机制改革和制度建设，建立健全政府投资项目全过程监管机制，加强对项目立项、规划、审批等各环节的权力监督和制约，切实防止裁量权滥用。健全防治腐败滋生蔓延的体制机制，探索按照有关规定实施项目失信、行贿人等不良记录"黑名单"制度，加强联合惩戒惩治。防止领导干部插手干预工程等腐败问题的发生，减少权力对微观经济活动的不当干预，更加常态长效防范和治理腐败问题。

（三）加强廉洁文化建设

贯彻落实党中央及省委加强新时代廉洁文化建设部署要求，结合党中央开展的主题教育，加强反腐败斗争形势教育、道德教育、纪法教育，筑牢拒腐防变的思想防线。统筹廉洁文化阵地建设，涵养新时代好家风，教育引导广大党员、干部清清白白做人、干干净净做事。一是用革命文化淬炼公而忘私、甘于奉献的高尚品格。围绕党史重大事件、重要活动、重要人物等，讲好党的故事、革命的故事、英雄的故事，加强革命传统教育，从党的百余年奋斗历程中汲取力量，从中国共产党人廉洁为民的事迹中汲取营养，传承和弘扬以伟大建党精神为源头的精神谱系。注重发掘总结党反对腐败、建设廉洁政治的历史和经验，提炼革命文化蕴含的廉洁理念，运用好革命博物馆、纪念馆、党史馆等红色资源，开办红色廉洁文化专题展览，在红色教育中传承党的廉洁基因。深入挖掘宣传革命先辈的廉洁事迹和崇高品格，学习和传承廉洁风范，激励党员、干部廉以律己、无私奉献。二是用社会主义先进文化培育为政清廉、秉公用权的文化土壤。加强实践养成、示范引领，推动党员、干部带头践行社会主义核心价值观，培育和形成廉荣贪耻、向上向善的社会氛围。总结提炼新时代全面从严治党的成功经验，丰富发展廉洁文化的思想内涵和时代价值，使之与党内政治生活、政治文化、社会主义法治文化相融相通，成为党员、干部的思想共识和价值追求。把实践中较成熟、可践行的廉洁要求转化为制度规范，与乡规民约、行业规章、团体章程等相结合，发挥教化、指引和规范作用。三是用中华优秀传统文化涵养克己奉公、清廉自守的精神境界。结合实施中华优秀传统文化传承发展工程，汲取崇德尚廉、廉为政本、持廉守正等传统廉洁文化精华，增强文化自信和历史自信。挖掘历史文献、文化经典、文物古迹中的廉洁思想，整理古圣先贤、清官廉吏的嘉言懿行，推动中华优秀传统文化创造性转化、创新性发展。组织开展我国反腐倡廉历史研究，把握腐败导致人亡政息的历史规律，运用历史智慧推进党风廉政建设。

把党的建设作为一项伟大工程来推进，并且始终坚持党要管党、从严治党的原则和方针，是我们党的一大创举，也是立党立国、兴党强国的一大法宝。党的十八大以来，我们把全面从严治党作为新时代党的建设的鲜明主题，提出一系列创新理念，实施一系列变革实践，健全一系列制度规范，推动党的建设这项伟大工程不断深化发展，初步构建起全面从严治党体系。我们要坚定不移全面从严治党，全面加强党的建设，以为云南高质量跨越式发展提供政治、思想、组织保证。

第三节

典型案例：龙陵县强党建促现代化边境 小康村建设

一、基本概况

　　龙陵县位于云南西部边陲，地处高黎贡山南麓的怒江、龙川江之间，有国土面积 2884 平方千米，国境线长 19.71 千米，山区面积占 98％。全县辖 5 镇 5 乡，5 个城市社区、46 个农村社区、70 个村委会，居住着汉族、傈僳族、彝族、傣族、阿昌族等 23 个民族，2021 年末，全县户籍总人口 30.5981 万人，其中，少数民族人口 2.0069 万人，是云南省著名的侨乡之一。近年来，龙陵县以慢不起、等不得的紧迫感和责任感，坚持不断探索党建引领乡村振兴新路子，聚焦组织振兴推动产业、人才、文化、生态全面振兴，着力建设好美丽家园、维护好民族团结、守护好神圣国土，充分运用项目工作法、一线工作法、典型引路法，推进乡村振兴"3＋6＋1"和"个十百"工程，全力推动乡村振兴标杆区建设，按下龙陵乡村振兴"快捷键"，跑出乡村振兴"加速度"。在抓党建促乡村振兴工作中，龙陵县按照"抓点成典、推典成景"的工作思路，立足边疆、民族、山区的县情，凝心聚力、真抓实干，精准施策、攻坚克难，切实发挥基层党组织引领乡村振兴的战斗堡垒作用和党员先锋模范作用，探索出了产业带动致富型、集体经济强村型、文旅融合创新型、基层治理有效型、人才助力推动型、特色文化传承型、绿水青山生态型、同心共筑堡垒型八种行之有效的抓党建促乡村振兴发展模式，形成了一批有亮点可看、有做法可学、有经验可推的抓党建促乡村振兴示范点，走出了一条具有龙陵特色的抓党建促乡村振兴之路。

二、主要做法

在全面推进现代化边境小康村建设的过程中，龙陵县围绕"铸魂、堡垒、头雁、先锋、稳边"任务，深化抓党建促强边固防行动，打造"党建＋强边固防"示范长廊，推广"党建＋产业＋边民"融合模式，助力现代化边境小康村建设，"强边固防示范村"创建和民族团结进步示范村、组创建，实现边民富、边疆兴、边防固、边关美的目标。

龙陵县紧扣抓党建促现代化边境小康村建设"1 个主题"，围绕铸牢中华民族共同体意识"1 条主线"，抓实美丽乡村建设专项行动、群众意识提升专项行动"2 个行动"，坚持示范型、提档型、达标型"3 个标准"，打造乌木山组群、沿边组群、等养组群、鱼塘垭口组群 4 个示范组群的"11234"的工作思路，举全县之力推动以"基础牢、产业兴、环境美、生活好、边疆稳、党建强"为主要目标的现代化边境小康村建设，按照习近平总书记的指示要求，建设好美丽家园、维护好民族团结、守护好神圣国土。

（一）紧扣"1 个主题"

结合强边固防工作开展以来对村组两级党组织的锤炼、锻炼，在抵边村民小组全覆盖成立 41 个农村党支部，持续地给基层党组织压担子、教方法，引导推动督促各农村党支部成为所在村民小组的领导核心，充分发挥基层党组织的战斗堡垒作用和党员的先锋模范作用，使基层党组织广泛地组织、动员、发动各族群众全面参与到现代化边境小康村建设中来，广大党员在现代化边境小康村建设中始终能够冲在前、走在前，为现代化边境小康村建设提供坚强组织保障。

（二）突出"1 条主线"

充分挖掘龙陵县木城乡 8 个世居民族长期以来形成的共同生产生活、共同守边戍边、共同繁荣发展的精神财富，深度挖掘等养民兵排"一把锄头一杆枪、二十一年守边疆"，各族群众 30 余年一代人接续一代人修建安定大沟。近年来，广大党员群众发扬"镇守边关、视死如归"的艰苦奋斗、爱国爱家、戍守边疆的精神，着力夯实民族团结思想基础，通过各民族的团结奋斗加快了现代化边境小康村建设，通过现代化边境小康村建设又使各民族更加紧密团结在一起，不断铸牢了中华民族共同体意识。

（三）抓实"2 个专项行动"

结合龙陵县木城乡美丽乡村建设和群众意识不强的现实情况，启动美丽乡村建设专项行动和群众意识提升专项行动"2 个专项行动"。一是深入实施美丽乡村建设专项行动。在木城乡范围内实施路城环境综合治理、村庄环境综合治理、农户庭院环境综合治理 3 个综合治理工程，在抵边村寨发动群众全面推开"四微"（微花园、微菜园、微果园、微景观）建设，推动村规民约，"红黑榜"、"门前三包"、卫生日等常态化制度化，结合现代化边境小康村建设，开展最美庭院、最美花园、最美果园、最美菜园、最美村庄、最美公路评比表彰，着力推动乡村面貌展现新变化、新突破、新气象。二是深入实施群众意识提升专项行动，结合党员设岗定责全覆盖组建"国门宣讲团"，并依托火塘会、户主会、群众会、"三会一课"等经常性、常态化针对党员群众开展现代化边境小康村建设、"四个意识"等专项宣讲，以串一回"门子"、讲一点政策、问一下民意、促一项工作、办一件小事为抓手，将木城乡符合条件的 350 余名党员分包联系 2133 户群众，全面推开党员联系服务群众工作，助力现代化边境小康村建设工作，让为什么要建设现代化边境小康村，什么是现代化、边境小康村，怎样建设现代化边境小康村深入人心，引导群众始终感党恩、听党话、跟党走。

（四）坚持"3 个标准"

结合木城边境乡 38 个自然村自然资源禀赋、村庄规划建设现状、发展基础条件，将 38 个自然村划分为示范型、提档型、达标型3 个标准，以自然村为单位分类施策推进现代化边境小康村建设，以基础牢、产业兴、环境美、生活好、边疆稳、党建强为基本要求，计划将等养、富宝新村、糖厂新村、四楞、新坪、坪子寨、光坡、大坪子、马鹿塘、小新寨 10 个自然村打造成为现代化边境小康村示范型自然村，将木城、郑家寨、垭口、裕民、塔上水、小黑箐、桦桃林、乌木寨、橄榄寨 9 个自然村打造为现代化边境小康村提档型自然村，将刷布场、梅子寨、下绿水、等散、新寨、小寨、老厂、上蛮旦、下蛮旦、锅底塘、栗树、公养山、三和、下花椒、常兴寨、大青树、棠梨坪、芭蕉林、里格楞 19 个自然村打造成现代化边境小康村达标型自然村。

（五）打造"4 个示范组群"

坚持示范引领，围绕推"点"成"典"、抓"典"成"景"的工作思路，着力为现代化边境小康村建设提供典型经验和借鉴。打造乌木山"党建+社会治理"示范组群。以乌木寨万亩草山、马鹿塘、大坪子、小新寨民族特色村寨为重点，着力将乌木寨万亩草山打造成生态观光、生态养殖的"党建+产业振兴"示范点，将马鹿塘、大坪子两个自然村打造成为支部作用发挥好、基层治理成效好、生态宜居环境好的"党建+社会治理"示范点。打造沿边"党建+民族团结""党建+守边固边"示范组群。以光坡、新坪、坪子寨、四楞、裕民组为重点，着力将光坡、四楞、裕民组打造成为"党建+民族团结"示范点，将新坪打造成"党建+守边固边"示范点，将坪子寨打造成"党建+社会治理"示范点。打造等养"党建+守边固边""党建+乡村振兴"示范组群。以等养现代化边境小康示范村为重点，通过挖掘等养历史文化、民兵排守边固边精神财富，加强美丽村庄建设，加快产业培植培育，着力将等养自然村打造成为"党建+守边固边""党建+乡村振兴"示范点。打造鱼塘垭口"党建+乡村振兴"示范组群。围绕军警地共建，通过富宝新村美丽乡村建设、咖啡产业培植、咖啡精深加工发展，着力将鱼塘垭口打造成为"党建+乡村振兴"示范点。

三、经验启示

（一）基层党组织的战斗堡垒作用发挥是现代化边境小康村建设的有效保障

党政军民学、东西南北中，党是领导一切的。边境基层党组织的凝聚力、组织力、动员力、战斗力直接决定了谋全局的现代化边境幸福村的建设成效，只有充分发挥党委把方向、议大事的作用，在边境一线村民小组全覆盖地成立党组织，有效提升农村党支部的规范化建设，促进农村党支部作用发挥，始终做到哪里任务险重哪里就有党组织坚强有力的工作，才能确保现代化边境小康村建设保质保量，精准高效。

（二）党员的先锋模范作用发挥是现代化边境小康村建设的强大动力

现代化边境小康村建设是一项系统性、复杂性工程，面对提前2年时间率先建成的目标要求，工作难度和工作强度都非常大。因此，在现代化边境小康村建设过程中，党员干部干什么、怎么干、干得怎么样，群众看在眼里、记在心里，只有党员干部冲锋在前，坚守一线，示范带动，才会带动群众变"要我干"为"我要干"。正因为有了广大党员干部的示范带动，才能够在现代化边境小康村建设中动员群众全民参与，全面参与。

（三）群众的全面参与是现代化边境小康村建设的基础前提

现代化边境小康村建设工作中，党委把方向，政府抓落实，群众才是主力军，同时也是最主要的受益者，在工作开展中，如果仅仅依靠地方党委、政府"孤军奋战"，那么最后的结果就会变成党员干部在干、群众在看，甚至变成"形象工程"。只有在建设前广泛收集听取人民群众的意愿，在建设中充分发动群众投工投劳、积极参与美丽乡村建设，在建设后共同享受、共同维护，才能让边境各族群众在现代化边境小康村建设中始终感党恩、听党话、跟党走，这也是高质量建设现代化边境小康村的基础和前提。

四、研讨题

1. "党建＋"的理念与行动逻辑是什么？

2. 龙陵县"党建＋"的经验在您所在地实践的可行性及面临的困难是什么，如何克服？

参考文献

1. 2015 年 1 月 21 日习近平总书记在云南省考察工作结束时的讲话。

2. 习近平：《在第二届"一带一路"国际合作高峰论坛开幕式上的主旨演讲》，《人民日报》2019 年 4 月 26 日。

3. 习近平总书记给云南人民的三次回信以及指示贺信。

4. 中国共产党云南省第十一届委员会第四次全体会议公报。

5.《共产党宣言》，人民出版社 1998 年版。

6. 中共云南省委关于认真传达学习贯彻落实习近平总书记考察云南重要讲话精神（2020 年 1 月）。

7. 云南省人民政府：《云南省国民经济和社会发展第十四个五年规划和 2035 年远景目标纲要》。

8. 云南省人民政府：《云南省生态文明建设排头兵规划（2021—2025 年）》。

9. 中共中央组织部干部教育局：《新发展理念案例选·协调发展》，党建读物出版社 2019 年版。

10. 国家发展改革委政策研究室：《牢牢把握新发展理念的"根"和"魂"》，2021 年 2 月 4 日。

11. 王宁：《在云南省第十一次党代会上作的〈坚定沿着习近平

总书记指引的方向阔步前进 为全面建设社会主义现代化谱写好中国梦的云南篇章而奋斗〉的报告》。

12. 王宁：《奋力谱写中国式现代化的云南篇章》，《求是》2023年第3期。

13. 中共云南省委理论学习中心组：《奋力绘就七彩云南生态画卷章》，《人民日报》2023年3月24日。

14. 《云南统计年鉴2022（第37卷）》，云南年鉴社2022年版。

15. 云南省地方志编纂委员会：《云南省志（卷五十九少数民族语言文字志)》，云南人民出版社1998年版。

16. "云南这十年"系列新闻发布会。

17. 黄小军、贾卫列：《生态文明与云南绿色发展的实践》，云南人民出版社2020年版。

18. 吴宣恭：《新发展格局及对构建中国特色社会主义政治经济学体系的启示》，《经济纵横》2021年第2期。

19. 陈鸿宇：《协调发展理念研究：新时代全面发展的制胜要诀》，社会科学文献出版社2020年版。